Rudolf Steiner 12 감 각

루돌프 슈타이너의 인지학 입문

12감각_ 루돌프 슈타이너의 인지학 입문
1판 1쇄 · 2016년 12월 25일
1판 2쇄 · 2019년 3월 31일
개정판 1쇄 · 2023년 4월 30일

지은이 알베르트 수스만
옮긴이 서유경

펴낸이 발도르프 청소년 네트워크 도서출판 푸른씨앗

편집 백미경, 최수진, 김기원, 안빛 | **디자인** 유영란, 문서영
번역 기획 하주현 | **마케팅** 남승희, 이연정

등록번호 제 25100-2004-000002호 **등록일자** 2004.11.26.(변경 신고 일자 2011.9.1.)
주소 경기도 의왕시 청계로 189 **전화** 031-421-1726 **페이스북** greenseedbook
카카오톡 @도서출판푸른씨앗 **전자우편** gcfreeschool@daum.net

www.greenseed.kr

값 **28,000원**
ISBN 979-11-86202-60-9 03120

12 감각

이 책은 현상학적이며 총체적인 고찰 방법을 지향합니다.

오늘날 사람들은 말합니다. 관찰하고 실험한 것을 논리적으로 해석하지 못하는 사람은 진정한 학자가 아니며, 또한 자신의 사고를 단계적으로, 기존에 검증된 방법론에 따라서 전개하지 못하는 사람은, 진정한 사상가가 아니라고 말입니다. 하지만, 친애하는 여러분, 만약 만물의 실재가 창조적 실재라면, 만물의 실재가 인간이 발전시킨 변증법적이고 실험적인 방법을 조롱하기라도 한다면, 그리고 자연 자체가 창조적인 원동력에 의해 움직이는 것이라면, 위에서 말한 검증된 방법론에 따른 논리전개가 과연 가능할 수 있을까요? 그렇다면 인간의 과학도 창조적이 되어야만 진정자연의 본질에 접근할 수 있지 않을까요? 그러나 오늘날 학자들의 견해는 이와 다르며, 다음과 같이 천명하고 있습니다. '자연이 창조적 실재이든 혹은 몽상적 실재이든, 그것은 과학의 관심 영역이 아니며, 과학은 오로지 실증적인 방법론을 따를 뿐이다. 자연이 창조적 실재라는 것이 도대체 과학과 무슨 관계가 있단 말인가? 이것이 우리 과학자들의 견해이다.'라고 말입니다.[1]

루돌프 슈타이너

Rudolf Steiner

차례

인간의 12감각에 대한 6일간의 강연 13

자아감각과 역사적 양심 326

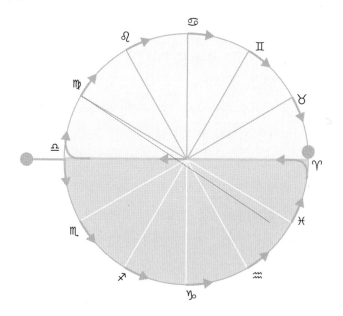

서문

지난 수십 년간 정기적으로 루돌프 슈타이너의 감각론에 대한 강연과 세미나를 주관해 왔습니다. 그러는 동안 강연과 세미나에 참가했던 분들이 강연 내용을 책으로 읽을 수 없겠느냐고 문의를 해 왔습니다. 이미 많은 사람이 루돌프 슈타이너의 감각에 대한 인식(우리가 느끼지 못할 뿐, 그 것은 매 순간 우리 자신의 감각기관을 통해 알 수 있는 것이지만!)에 큰 관심을 가지게 되었으나, 정작 강연에서 필기한 내용만으로는 그 어려운 주제를 제대로 이해하기가 수월치 않았을 것이라 짐작합니다. 게다가 우리가 일반적으로 알고 있듯이 인간에게 다섯 개의 감각기관이 있는 것이 아니라, 열두 개의 감각기관이 있다는 주장 앞에서는 더더욱 이해하기가 어려웠을 것입니다. 그럼에도 불구하고 저는 많은 분의 이러한 요구를 줄 곧 외면해 왔습니다. 왜냐하면, 의사라는 직업상 조용히 앉아서 저술에 몰두할 시간적 여유가 없고, 또한 글로 쓰는 작업보다는 말로 하는 강연에 더 편안함을 느끼기 때문입니다. 강연을 할 때는 청중의 표정이나 반응을 읽고 그때그때 내용과 속도를 조절할 수 있지만, 글로 쓴다는 것은 보이지 않는 독자를 상대로 하기 때문에 그럴 수가 없다는 것이 부담스러웠다고나 할까요. 하지만 출판에 대한 요구는 시간이 갈수록 더욱 더 절실

해졌고, 마침내 저는 오랜 망설임 끝에 6일짜리 강연 내용을 녹취하여 편집한 뒤, 책으로 출간하기로 하였습니다. 다만 한 가지 조건은 강연에서처럼 구어체의 특성을 가능하면 그대로 살린다는 것이었습니다. 「Uitgeverij Vrij Geestesleven」 출판사는 이러한 일련의 작업을 거쳐 마침내 이 책을 세상에 내놓았습니다.

바라는 것이 있다면 이 책을 읽는 동안 독자 여러분이 강연에 참가한 청중의 입장이 되어 주십사하는 것입니다. 그리고 제가 설명하는 많은 부분을 되도록이면 그림으로 형상화해서 이해해주셨으면 합니다. 그러면 여러분은 책을 읽어 나가는 동안 저와 함께 점차 하나의 구체적인 형상을 만들어가게 될 것입니다. 강연에서의 청중과 마찬가지로, 처음에는 단순한 덩어리에 불과했던 것이, 어느 순간부터 서서히 그러나 확고하게 하나의 구체적인 형태가 되어 그 전체적인 모습을 드러내는 것을 경험하는 것이지요. 이때에야 비로소 서로 관련성이 있는 개별 개체들의 집합인 전체의 모양을 볼 수 있습니다. 저는 이 6일 간의 강연(이 책의 내용이기도 합니다)에서, 루돌프 슈타이너가 1909년 10월 23일, 25일, 26일 베를린에서 「감각론」에 대해 강연$_2$한 내용을 누구나 이해하기 쉽게 설명하려고 노력

했습니다. 루돌프 슈타이너의 인지학에 대한 지식이 전혀 없는 사람에게는 이 강연이 인지학이라는 정신과학의 입문과정으로 기능할 수 있도록 (왜냐하면 이 강연을 인지학이 추구하는 인간상에 대한 기초과정으로 볼 수 있기 때문입니다), 그리고 루돌프 슈타이너의 저서를 이미 접해 본 사람에게는 새로운 자극과 영감을 줄 수 있도록, 그 접근 방식이나 예를 적절하게 사용했습니다.

책을 읽다보면 각각의 감각기관과 별자리 사이의 상호 관련성에 대한 내용을 보게 될 것입니다. 이 주제에 대해 관심이 있는 분들은 루돌프 슈타이너가 1916년 6월 20일과 7월 18일에 강연3한 내용을 참고하기를 권해 드립니다.

마지막으로 독자의 이해를 돕기 위해 도표와 그림을 실었습니다. 도해가 생동감 있는 것들을 딱딱한 그림으로 만드는 위험을 내포하고 있지만, 그럼에도 불구하고 적당한 위치에 도해를 삽입하는 것이 필요하다고 생각했습니다. 도해를 통해서 책에 기술된 내용의 맥락을 함축적으로 그려 낼 수 있기를 바랍니다.

2판을 출간하며

초판에 대한 뜨거운 관심이 저를 매우 고무시켰습니다. 무엇보다 이 책이 독자들(개인 혹은 그룹을 통해) 스스로 연구하는데 도움이 되길 바랐던 저의 은밀한 염원이 실현되었기 때문입니다.

2판에서는 표현에서 부족했던 점과 몇 가지 미비한 점에 대한 독자들의 의견을 적극 수용하였습니다. 이 책을 세심하게 읽고, 자극을 주신 모든 분께 진심으로 감사드립니다. 이 책이 인간에게 더 큰 애정(인간이 그토록 〈절실히 갖기를 원하는〉4)을 갖도록 하는 데 기여할 수 있기를 바랍니다.

3판을 출간하며

강연이 끝난 뒤에 항상 토론회가 있었는데, 그 곳에서 많은 분이 말씀해 주신 조언들을 이번 판에 반영하였습니다. 좋은 책이 나오도록 청중의 입장에서 끝없는 인내심을 가지고 조언해 주고, 또한 문서 작성에 기술적으로 많은 도움을 준 절친한 친구, 루드 반 레네스Ruud van Renesse에게 특히 감사를 전합니다.

이번 판에서는 열감각에 관해 많은 내용을 보강했고 자아감각의 내용은 별도의 장으로 분리시켰습니다. 그리고 감각기관과 별자리와의 관련성에 대해서도 많은 부분을 보강했습니다. 불확실한 내용이나 오류 등을 이번 판에서 대폭 손질했으나, 여전히 미진한 구석이 남아 있을 것입니다. 독자 여러분의 지속적인 질책과 조언을 기다립니다.

인간의 12감각에 대한 6일간의 강연

첫째 날

인간이 세상에 태어나 처음으로 외부 세계를 경험하는 도구인
감각기관이 지각하는 세계는 실체와 얼마나 유사한가?
12라는 수와 밀접한 관계가 있는 루돌프 슈타이너의 감각론에서는
개별적인 감각기관 하나하나가 별개로 분리되어 이해되는 것이 아니라,
전체가 하나의 통일을 이루는 구성체라는 것을 인식하게 될 것입니다.

루돌프 슈타이너의 인지학을 이해하기 위한 접근 방식은 다양합니다. 사람들은 나름대로 자신이 원하는 방식을 선택하겠지요. 저는 구체적인 주제에서 출발하고자 합니다. 물론, 사람에 따라서는 인지학에 대한 전반적인 이해를 우선순위로 택할 수도 있습니다. 이는 인지학에 대한 기본적인 이해를 바탕으로 구체적인 주제를 이해하기 위한 시도일 것입니다. 그러나 제한된 강연 시간 안에 가능하다면, 그 반대의 접근 방법도 흥미로울 것입니다. 하여 저는 일반적인 내용에서 출발해서 구체적인 사실에 접근하는 방법이 아닌 구체적인 사실에서 출발하여 전체의 모습을 그려나가는 방식으로 루돌프 슈타이너의 인지학을 소개해 보고자 합니다.

우리가 다루고자 하는 주제는 루돌프 슈타이너의 감각에 대한 이론입니다. 루돌프 슈타이너는 감각론이 인지학의 〈첫 번째 장〉이라고 했습니다. 이는 인간의 감각기관이 인지학을 이해하기 위한 첫 단계라는 뜻이지요.

감각기관은 인간이 세상에 태어나 처음으로 외부 세계를 경험하는 도구입니다. 따라서 감각기관은 어떻게 작용하는가? 우리는 감각기관을 통해 어떠한 경험을 하는가? 감각기관이 지각하는 세계는 실체와 얼마나 유사한가? 하는 질문들은 인지학을 이해하는데 있어서 중요한 내용들입니다. 그리고 감각론이 인지학을 이해하는 첫 단계라고 해서 결코 그 내용이 쉽다는 의미는 아니라는 점도 미리 말씀드립니다.

루돌프 슈타이너의 감각론은 12라는 수와 밀접한 관계가 있습니다.

이 12라는 수는 우연히 생긴 것이 아니며, 총체적인 단위로서 어떤 의미를 지닙니다. 여러분은 이 강연을 듣는 동안 루돌프 슈타이너의 감각론에서는 개별적인 감각기관이 하나하나 분리되어 이해되는 것이 아니라, 전체가 하나의 통일을 이루는 구성체라는 것을 인식하게 될 것입니다. 따라서 이 구성체가 서서히 모습을 드러낼 때까지 인내심을 갖고 경청해 주시기를 바랍니다.

인간에 대한 이해를 바탕으로 하는 학문인 루돌프 슈타이너의 인지학은 인간의 정신세계에 대한 탐구로서, 때로는 심오한 경지에 이르는 그의 사상을 이해하기란 결코 쉽지 않습니다. 그러나 다른 한편으로 그의 이론은 일상생활에 구체적인 도움을 주는 매우 실천적인 이론이기도 합니다. 그렇게 볼 때, 감각론을 통해 루돌프 슈타이너의 인지학에 접근해 보는 것은 유익하고도 즐거운 체험일 수 있습니다. 감각은 우리가 일상생활에서 늘 경험하는 세계이므로 쉽게 검증해 볼 수도 있으니까요.

루돌프 슈타이너의 인지학은 자연과학과 상치하는 개념이 아니며, 자연과학으로 설명할 수 없는 부분에 대한 이해를 도모하고 보완하는 정신과학입니다. 강연을 하는 동안 자연과학의 용어나 지식들을 함께 인용하여 설명할 것입니다. 자연과학이 풀지 못하는 많은 수수께끼가 정신과학과의 조화 속에서 해결의 실마리를 찾을 수 있음을 여러분은 확인하게 될 것입니다. 이미 여러분이 잘 알고 있는 내용에 대한 설명도 있겠으나, 인간의 감각기관에 대해 이렇게 총체적인 맥락 속에서 해석하고 고찰하는 시도는 지금까지 한 번도 들어본 적이 없는 새로운 경험이 아닐까 합니다.

인간이 시각, 청각 그리고 촉각 등의 여러 가지 감각기관을 소유하고 있다는 사실은 이미 잘 알고 있습니다. 하지만 감각기관 상호간의 관계에 대해서는 그렇게 많이 알려져 있지 않습니다. 루돌프 슈타이너의 감각에 대한 새롭고도 독창적인 사고는 바로 감각기관들이 하나의 질서 있는 체계를 구축하고 있다고 보는 점입니다. 유명한 피타고라스의 표현을 빌자면, 인간의 감각기관들이 우주의 질서를 형성하고 있다는 것입니다. 우리는 여섯 번에 걸친 강연을 통해 이러한 놀라운 인식에 도달하게 될 것입니다.

하나의 감각기관은 또 다른 감각기관과 불가분의 관계를 맺고 있으며, 모든 감각기관은 전체적인 조화 속에서 하나의 구성체를 이루고 있습니다. 따라서 하나의 감각기관을 이해하기 위해서는 동시에 다른 감각기관에 대한 이해를 반드시 전제해야 합니다. 즉, 전체적인 질서 체계 속에서만 개별적인 감각기관에 대한 이해가 비로소 가능하다는 의미이지요. 바로 이 점이 루돌프 슈타이너의 감각기관에 대한 이론이 탁월하고도 독창적인 이유입니다. 그렇기 때문에 저 역시 개별적인 감각기관을 임의로 선택해서 설명하는 방식을 취하지 않을 것이며, 앞서 말한 전체적인 우주의 질서를 고려할 것입니다.

지금부터 감각기관이 어떠한 질서 체계를 형성하고 있는지 단계적으로 살펴보려고 합니다. 우선, 여러분이 익히 알고 있는 촉각에 대한 설명으로 시작하고 다음으로 다소 생소할 수 있는 생명감각을 설명하겠습니다. 그리고 나서 고유운동감각을 다루려고 합니다. 그 다음은 다시 여러분에게 친숙한 균형감각에 대해 설명드릴 것입니다. 이어서 후각, 미각과 시각에 대해 살펴보고, 그 다음은 열감각(또는 온도감각) 그리고 청각에 대한 순서로 진행하려고 합니다. 마지막으로 지금까지 들어본 적이 없는 언어감각, 사고감각(또는 상상감각) 그리고 자아감각에 대해서 설명하겠습니다.

앞에 열거한 감각기관들을 모두 합치면 12라는 숫자를 얻게 됩니다. 12라는 숫자만으로도 이미 우주와의 어떤 연관성을 감지한 분들도 있을 것입니다. 〈우주 개념〉을 담고 있는 12라는 수를 통해, 인간에게 우연히 12개의 감각기관이 있는 것이 아니라는 사실을 깨닫게 됩니다. 인간의 감각기관이 그 어떤 다른 수도 아닌 12라는 수와 관계한다는 사실은 중요한 의미가 있습니다.

1

촉각

오늘은 여러분이 잘 알고 있는 촉각에 대해 설명하고자 합니다. 그런데 시작 단계에서부터 벌써 문제에 봉착하게 됩니다. 하나의 감각기관을 설명하고 이해하기 위해서는 오로지 이 하나의 감각기관에만 몰두해야 하나, 이미 앞에서 언급했듯이 루돌프 슈타이너의 감각론은 감각기관 상호간의 긴밀한 관계 속에서만 개별적인 감각기관에 대한 이해가 가능하다고 했습니다. 따라서 하나의 감각기관만 별도로 분리해서 설명하려는 노력은 늘 어려움에 부딪힐 수밖에 없습니다.

여러분의 이해를 돕기 위해서 예를 하나 들겠습니다. 우리 모두는 무엇인가를 만지고 느낄 수 있습니다. 그런데 제 앞에 있는 책상을 만지면 저는 우선 차갑다는 느낌을 받습니다. 그렇다면 이 느낌은 촉각이 아니라 열감각과 관계가 있을 것입니다. 또한 책상의 이곳저곳을 만져보기 위해서는 몸을 움직여야 합니다. 움직이는 순간마다 제 몸의 균형은 달라지겠지요. 촉감을 감지하기 위해 균형감각이 동시에 작용하는 것이지요. 물론 책상을 만질 때 표면이 거칠다거나 매끄럽다거나 하는 재질에 대한 인상도 함께 받게 됩니다. 또한 책상을 만지기 위해 몸을 움직인다는 것은 고유운동감각(이 시점에서 다소 이해하기 어려울 수 있는 감각이라 나중에 다시 설명하겠습니다)도 관계하는 것을 의미합니다. 결코 하나의 감각기관만이 독립적으로 작용하는 것이 아니라는 사실을 깨닫게 되지요. 이렇듯 인간의 지각활동에는 항상 여러 감각기관이 동시에 작용한다는 것을 알 수 있습니다. 그렇기 때문에 우리가 감각기관들의 이러한 상호연관성을 가능한 배제하고, 하나의 개별적 감각기관에만 사고를 집중하는 것은 결코 쉬운 일이 아닐 것입니다. 그럼에도 불구하고 지금부터 오로지 촉각이라는 하나의 감각기관에만 주의를 기울여서, 이 감각기관의 신비로운 특성을 밝혀보려고 합니다.

　　우리가 단지 촉각만을 가진 존재라고 한번 상상해 보십시오. 촉각을 통해 어떤 느낌을 받게 될까요? 촉각을 통해 무엇을 의식하며, 어떠한 세계를 경험하게 되는 것일까요? 촉각이라는 감각기관으로는 차갑다거나 혹은 따뜻하다 그리고 매끄럽다거나 혹은 거칠다는 사실을 감지할 수 없으며 내 몸의 균형이 바뀐다는 것도 느낄 수 없습니다. 다른 모든 감각을 제외하고 오로지 촉각에만 몰두한다면 우리는 과연 무엇을 느낄 수 있을까요? 다음과 같은 실험을 해 보기로 합시다.

오로지 촉각만을 소유한 존재가 되기 위해 빛이 완전히 차단된 캄캄한 공간을 조성합니다. 무엇인가를 만지게 되면 시선이 무의식적으로 그 대상을 따라가기 때문입니다. 거부감을 줄 수도 있겠지만, 그곳에서 우리 모두가 한 마리의 징그러운 벌레가 된다고 상상해 봅시다. 한 올도 걸치지 않고 벌거벗은 상태로 칠흑 같은 어두운 공간에서 벌레가 된 자신을 상상합니다. 친숙한 공간에서 하는 실험은 의미가 없습니다. 기억 속에 이미 그 공간에 대한 구조가 입력되어있기 때문입니다. 따라서 무엇인가 부딪힐 때 여러분은 이미 그것이 의자임을 알아차릴 수도 있습니다. 완전히 낯선 새로운 공간이어야 합니다. 그럴 때에 비로소 여러분은 오로지 촉각만이 작용할 때의 느낌을 조금씩 체득하게 될 것입니다. 기억도 상상도 작용하지 않는 완전히 낯선 공간에서 여러분은 난생 처음 새로운 세계를 경험하게 될 것입니다.

이 실험을 통해서 어떤 경험을 하게 될까요? 이러한 느낌을 표현하기 위한 적합한 단어를 찾기란 쉽지 않을 것입니다. 인간은 사고하는 존재이며, 우리가 사용하는 언어는 인간의 복잡한 사고를 반영하고 있기 때문에, 하나의 단어는 여러 가지 의미를 내포하고 있습니다. 난생 처음 촉각으로 무엇인가를 감지할 때의 느낌을 어떻게 표현할 수 있을까요? 혹시 더 이상 나아갈 수 없는 저항에 부딪힌 느낌일까요? 그렇습니다. 실제로 저항감 내지 장애를 느끼게 됩니다. 하지만 〈저항감〉이란 표현도 적합하다고 보기는 어렵습니다.(왜냐하면 하나의 단어가 여러 감각기관의 작용을 표현하기 때문이지요) 이러한 느낌을 표현할 수 있는 유일한 단어는 〈그 무엇〉이며, 거의 동시에 그 무엇인가에 대한 생각입니다. 다시 한번 오로지 촉각이라는 감각기관만을 소유한 벌레가 되어 난생 처음 돌 위를 기어오른다고 상상해 봅시다. 무엇을 느낄까요? 저항감일까요? 아직 그런 단계에까지 이르지는 못할 것입니다. 〈그 어디에〉 있는 〈그 무엇〉을 느낄 것입니다. 처음으로 〈깨어나는〉 것과 같은 느낌입니다. 조금 다르게 표현해 보겠습니다. 저항감은 외부에서 오는 자극인데, 무엇을 만지게 되면 우리 영혼 내부에도 어떤 변화가 일어납니다. 의식이 깨어나는 것이지요. 인간 의식이 깨어나는 과정은 사실 이렇게 단순하지만은 않습니다만, 미미하게나마 의식이 깨어나는, 다시 말해서 〈그 무엇〉(어떤 단어도 적합하지 않다는 것을 다시 한 번 강조합니다)에 닿게 되어 처음으로 잠에서 깨어나는 것과 같은 느낌을 가지게 됩니다. 실제로 우리는 누군가를 살며시 건드리기만 해도 잠에서 깨울 수 있습니다. 굳이 잠든 사람을 깨우기 위해 찬물을 끼얹거나 소리를 지르지 않더라도 말이지요.

여러분은 신기하고도 특이한 경험을 하셨습니다. 여러분이 외부 세계의 〈그 무엇〉인가를 향하여 나아갈 때, 동시에 〈그 무엇〉도 여러분을 향해 온다는 것이지요. 바로 이 점이 촉각의 고유한 특성입니다. 외부 세계의 어느 한 부분으로 인해 자신의 한 부분을 의식하게 되는 것입니다. 손가락으로 무엇인가 만지게 되면 〈그 무엇〉과 동시에 손가락을 의식하게 되고, 볼이 어딘가에 닿으면 〈그 무엇〉과 동시에 볼을 의식하게 되는 것이지요. 우리는 이렇게 촉각으로 신체를 의식하게 됩니다. 이 〈깨어남〉의 과정은 특별한 현상, 즉 경계의 체험과 연관되어 있습니다. 어떤 물체에 부딪쳤을 때, 우리는 경계와 경계가 맞닿음을 깨닫습니다. 스스로 자신의 한계를 서서히 그러나 분명히 의식하게 되는 것이지요. 이러한 의식이 싹트는 과정은 오랜 시간을 거쳐 천천히 이루어집니다.

여러분은 다음과 같은 질문을 던져본 적이 있는지요? '갓난아기는 침대와 신체의 경계를 구별할 수 있을까? 자신의 손과 이불의 경계를 구별할 수 있을까?' 우리는 이 물음을 통해 새로운 사실을 인식할 수 있습니다. 갓난아기는 아직 이런 의식이 발달하지 않은 상태입니다. 수백 번 침대에 부딪는 경험을 통해 아주 서서히 경계에 대한 의식이 생기게 되지요. 이런 과정은 촉각에 의해 이루어지며 이를 통해 인간은 높은 차원의 인식 수준에 이르게 됩니다.

하등동물은 이런 단계까지 발달되어 있지 않습니다. 강장동물에 속하며 작은 입과 오므릴 수 있는 촉수를 가진 말미잘을 생각해 봅시다. 물고기가 촉수를 스쳐갈 때 말미잘의 반응을 관찰해 보면 흥미롭습니다. 물고기가 촉수에 닿으면 말미잘은 깜짝 놀라 촉수를 오므리고 몸을 완전히 수축시킵니다. 그러다가 천천히 다시 몸을 부풀리며 촉수를 뻗습니다. 다시 돌에 닿으면 이번에도 여지없이 놀라며 촉수를 오므립니다. 돌에 위협이 없음을 감지할 때까지 이런 행위를 되풀이 합니다. 그러나 벌레의 경우는 다릅니다. 벌레가 스스로 돌에 닿을 때는 바짝 달라붙어 기어오릅니다. 하지만 여러분이 손가락으로 벌레를 건드리면 벌레는 깜짝 놀라 몸을 움츠리지요. 두 동물의 반응에서 차이를 발견할 수 있습니다. 벌레는 말미잘과 같은 하등동물보다는 한 단계 더 발달한 것입니다. 강장동물과 같은 하등동물은 아직 이런 단계에까지 이르지 못한 것이지요. 말미잘은 스스로가 물체에 닿았는지, 아니면 물체로부터 자극을 받았는지를 파악하기까지 매번 시간이 걸립니다. 말미잘과 같은 하등동물은 아직 자신의 몸과 외부 세계와의 경계에 대한 감각이 제대로 발달되어 있지 않음을 알 수 있습니다. 하지만 벌레는 자기 몸의 경계를 감지하는 정도의 감각은 가지고 있습니다. 벌레가 되어보는 실험에서 보듯이, 인간은 태어나는 순간에 처음으로 잠에서 〈깨어남〉을 촉각으로 경험하게 되고, 점진적인 발달 과정을 통하여 엄청난 차원의 인식에까지 이르게 됩니다. '나라는 존재가 어떻게 이 세상을 만나고 경험하며, 어떻게 신체의 크기를 인식할 수 있는가? 나의 한계는 어디인가?'라는 물음에 대한 답은 인간이 태어나면서부터 시작되어 수년에 걸친 길고 긴 과정을 거쳐서 비로소 얻어지는 것입니다.

눈으로는 자신의 신체를 부분적으로 볼 수 있다면, 촉각을 통해서는 몸 전체를 직접 만지며 느껴볼 수 있습니다. 인류 역사를 보면 얼마 전까지만 해도 이런 일차적인 감각의 중요성을 인식하고 있었습니다. 아기가 태어나면 가능한 한 신체를 둘러싸는 형태의 옷을 고안해서 입혔지요. 아기를 옷으로 예쁘게 치장하는 것은 부차적인 문제였습니다. 위아래가 붙은 유아용 통옷이 좋은 예입니다. 이 통옷은 아기들이 힘차게 두 발을 뻗어 촉각의 발달을 촉진시키기에 아주 적합한 형태의 옷입니다. 두 발이 허공에서 버둥거리지 않고 통옷에 닿게 어깨 끈을 조절할 수 있도록 고려해서 재단을 했기 때문이지요. 아기들이 발을 버둥거릴 때 닿는 느낌이 없다면, 마치 안개 속을 헤매는 것과 같은 불안함을 느낄 것입니다.

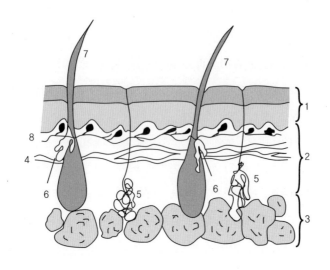

1. 표피   2. 진피   3. 피하조직   4. 혈관
5. 땀샘   6. 기름샘   7. 모발   8. 촉각소체와 신경섬유

지금까지 큰 맥락 속에서 촉각을 살펴보았다면, 이제는 세부적인 관점에서 접근해 보려고 합니다. 촉각의 구조는 아주 간단합니다. 그림 1에서 보듯이, 피부는 표피, 진피 및 피하조직 이렇게 세 개의 층으로 구성되어 있으며, 부속 기관으로 혈관, 땀샘, 기름샘 및 모발 등이 있습니다. 진피에는 신경섬유가 복잡하게 얽혀 있는데, 신경의 말단에 촉점 또는 촉각소체라고 부르는 감각점이 분포되어 있습니다. 이렇게 촉각의 신경섬유는

피부 표면에 노출되어있지 않고, 피부의 중간층인 진피에 들어 있습니다. 만약 촉각의 신경조직이 피부 표면에 분포되어 있다면, 우리는 어떤 물체를 만져도 물체에 닿는 경계를 감지하지 못할 것입니다. 후각의 구조가 바로 그렇습니다. 후각 편에서 다시 설명하겠지만, 촉각과는 달리 비강의 점막조직에 분포된 후각의 신경세포는 자극에 직접 노출되어 있습니다. 따라서 코로 흡입된 기체가 신경말단에 직접 감지되는 후각으로는 물체의 〈경계〉를 의식하지 못합니다. 반면, 촉각은 피부 내부에 분포한 감각점을 통해서 피부의 경계만을 의식할 수 있으며, 피부 바깥의 물체에 절대로 직접 닿을 수 없습니다. 즉, 우리는 단지 촉각이 전달하는 경계의 상을 인식할 뿐이며, 바로 이 점이 촉각의 놀라운 특성입니다. 촉각이라는 감각기관으로는 외부 세계의 본질에 도달할 수 없다는 것이지요. 우리는 단지 〈그 무엇〉인가를 경험할 뿐입니다. 또 하나의 다른 세계가 존재한다는 사실과 그 세계의 표면 〈그 어딘가〉를 의식하게 되는 것입니다.

이렇게 다른 세계와 접촉함과 동시에 자신에 대한 의식, 즉 자신의 몸을 의식하게 됩니다. 촉각의 발달을 통해 아기는 우주와 하나였던 상태에서 점진적으로 깨어나 자신의 신체를 의식하기 시작합니다. 인간은 옷을 입는 존재이므로 의복을 걸치고 있을 때도 촉각을 분명히 느낄 수 있습니다. 우리가 지금 이곳에 있다는 사실도 촉각을 통해 인식할 수 있으며, 특히 우리가 서 있을 때(신발을 신고 있든지 혹은 맨발이든지 상관없이) 발바닥을 통해 촉각을 가장 확실히 느낍니다.

이제 우리는 촉각의 중요한 속성을 파악하게 되었습니다. 인간에게 촉각이 없다면 마치 바다 위에 떨어진 빗방울이 흔적도 없이 바닷물에 흡수되어 버리는 것처럼, 우리 모두는 분리되지 않은 하나로 느끼게 될 것입니다. 아무리 두터운 코끼리의 피부라 할지라도 촉각이 없다면 분리감을 느끼지 못하기는 마찬가지일 것입니다. 우리는 이러한 촉각의 의미를 평소에는 잘 의식하지 못합니다. 그림 2를 통해 촉각의 의미를 좀 더 자세히 살펴보겠습니다.

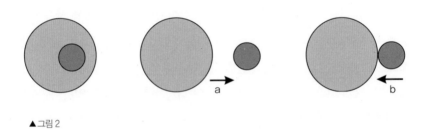

▲ 그림 2

여러분이 우주와 완전히 한 몸을 이루고 있다고 가정해 봅시다. 우주와 하나인 상태에서는 마치 잠을 자는 것처럼 아무 것도 의식하지 못할 것입니다. 수수께끼 같은 이유로, 어느 날 우연히 우주에서 〈나〉의 존재가 분리됩니다. 이 상태에서도 〈나〉라는 존재는 여전히 아무런 의식이 없습니다. 의식 없는 잃어버린 자아의 형태로 표류하게 된 것입니다. 〈나〉라는 존재가 자아를 의식하기 시작하는 것은 일차적으로 우주에서 분리되고, 다시 이 우주와 마주서게 될 때에 비로소 가능한 것입니다. 그림 2에서처럼, 우선 〈나〉의 존재인 작은 원이 대우주인 큰 원에서 분리되어 a의 방향으로 이동하고 작은 원은 다시 b의 방향으로 되돌아갑니다. 큰 원과 작은 원이 서로 경계를 이루어 닿을 때, 〈나〉라는 존재는 우주를 인식함과 동시에 자아에 대한 의식도 갖게 되는 것입니다. 이 그림은 널리 알려진 사실을 묘사하고 있습니다. 태초에 인간은 신과 하나인 상태였습니다. 그 뒤 인간은 신의 세계에서 분리되었고, 인류의 역사란 인간이 추방된 낙원으로 돌아가고자 하는 부단한 노력에 불과합니다. 인간은 촉각을 통해 끊임없이 낙원의 문을 두드리지만 문은 열리지 않습니다. 그러나 결코 비극적인 사건이라고만 할 수는 없습니다. 우주와 분리됨으로써 비로소 인간은 자아를 의식하는 존재가 될 수 있었으니까요.

위에서 살펴본 바와 같이, 신과 동일한 차원에서 분리된 인간은 다시 그 세계로 돌아가고자 하는 동경 속에서 살아갑니다. 이러한 동경은 끊임없이 더듬고 어루만지고자 하는 원초적인 욕구로 표출됩니다. 여기서 우리는 촉각의 또 하나의 특성을 접하게 됩니다. 촉각은 아주 상반하는 두 가지 방식으로 작용한다는 것입니다. 첫 번째 방식은 아주 구체적으로 나타납니다. 촉각을 통해 우리는 눈에 티가 들어간 사실을 깨닫고, 모래가 입에 들어가거나 가시가 목구멍에 걸린 것을 느낍니다. 이렇게 촉각은 몸의 안전을 지키는 역할을 합니다. 촉각의 또 다른 표현 방식은 인간관계의 은밀함이나 친밀함을 나타내는 것입니다. 예를 들어, 어린아이의 고운 머릿결이 햇빛에 비칠 때, 그 모습이 귀여워 머리를 쓰다듬지 않을 수 없습니다. 촉각은 객관적인 사물을 감지하는 기능과 함께 내면적인 친밀함을 표시하는 주관적인 기능도 수행합니다.

이런 양면성이 촉각의 또 하나의 고유한 특성입니다. 그러나 촉각의 두 가지 방식을 혼동해서는 안 되겠지요. 예를 들어, 환자를 진찰하는 의사가 진료를 하는 중에 촉각의 이 두 기능을 분간하지 못한다면 곤란할 것입니다. 이런 상황에서는 촉각의 두 기능을 더욱더 엄격하게 구별해야 되겠지요.

촉각의 이러한 양면성, 즉 장작개비를 보며 한편으로는 단단하고 견고한 물질임을 느끼고, 다른 한편으로는 그 재질의 훌륭함에 감탄하여 만져보고 싶은 충동을 느끼게 되는, 이런 점이 바로 촉각의 묘한 패러독스입니다. 촉각은 인간의 원초적인 동경을 표출하며, 인간은 촉각을 통해 의식의 저 깊은 곳에서 자신과 유사한 존재로부터 단절되고 격리되었음을 느낍니다. 우리가 우주로부터 완전히 동떨어졌다면 이런 욕망은 생기지 않을 것입니다. 만약 우리가 우주와 완전히 분리되어 우주의 존재 자체를 인식하지 못한다면, 존재하지 않는 대상에 대한 동경은 생길 수 없을 것입니다. 그러나 우리는 끊임없이 우주와 대립하는 동시에 우주와 어떤 관계를 맺으며 살아갑니다. 하지만 인간의 이런 근원에 대한 동경은 채워질 수 없는 목마름일 뿐입니다. 아무리 가까이 다가가도 우리는 촉각을 통해 다가가는 세계의 경계만을 인식할 수밖에 없기 때문입니다.

독일의 낭만파 시인 노발리스Novalis는 자신의 단편집에서 '접촉은 분리이자, 동시에 결합이다'라고 했습니다. 우주의 심오한 비밀을 단적으로 표현하고 있는 이 말 속에 앞서 설명한 내용이 함축적으로 담겨 있습니다. 인류의 진화과정은 인간이 대자연인 우주로부터 지속적으로 분리되어 온 과정이며, 동시에 그 세계로 돌아가고자 하는 갈망의 역사입니다.

촉각이 손가락 끝에 가장 잘 발달되어 있는 것은 결코 우연이 아닙니다. 손가락으로 우리의 몸을 더듬어 볼 수 있다는 사실은 참으로 신기합니다. '우리가 눈으로도 우리의 몸을 더듬어볼 수 있지 않느냐'고 의문을 제기할 수도 있습니다. 그러나 눈으로 자신의 몸을 볼 때는 제한될 수밖에 없습니다. 촉각을 통해서 우리는 몸 전체를 구석구석 만지고 직접 느낄 수 있습니다. 이 점 역시 촉각의 신비로운 특성입니다. 마치 지구 위를 걸어가듯이, 촉각으로 우리의 몸 전체를 더듬어볼 수 있는 것이지요. 갓난아기들에게는 이것이 아직 가능하지 않습니다. 두 살 혹은 세 살쯤 되어 자기 스스로를 〈나〉라고 표현할 즈음이 되면, 아기들의 팔 길이는 자신의 몸 전체를 만져볼 수 있을 만큼 충분히 길어집니다.

촉각의 발달은 아기들을 키우고 교육하는데 매우 중요한 역할을 합니다. 평화롭고 고요한 상태의 낙원에서 숨 쉬던 아기는 다양한 촉감의 질을 통해 전혀 다른 모습인 외부 세계를 경험하게 되기 때문입니다. 간단한 예로, 아기가 엄마의 젖가슴을 더듬으며 모유를 먹고 자라느냐, 아니면 젖병을 만지며 분유를 먹고 자라느냐의 차이는 클 것입니다. 면역결핍증후군으로 무균 실에 완전히 격리된 아이들에 대해서 들어본 적이 있을 것입니다. 이런 아이들에게는 타인과의 신체적인 접촉이 일체 금지되지요. 위험한 건강상태 때문에 외부 세계로부터 완전히 차단된 아이들의 반응을 조심스럽게 지켜보는 것은 비극적인 일입니다. 반면에 부모를 비롯해 어른들이 아기들을 끊임없이 어루만지고 쓰다듬으며 사랑을 표현하는 것은 보는 것만으로도 행복한 일입니다. 이러한 신체적인 접촉은 아기들이 낙원의 세계와 일체감을 느끼는 원초적인 욕구를 간직한 채 자연스럽게 그 세계와 분리되는 것을 도와줍니다.

예로부터 아기들에게 간지럼을 태우는 놀이가 좋다는 것은 잘 알려져 있습니다. 이러한 놀이에는 깊은 의미가 담겨 있습니다. 간지럼을 통한 접촉이 낙원의 상태에서 분리된 아기의 자아의식 발달을 촉진하기 때문입니다. 일반적으로 간지럼은 웃음을 유발하지만 아기들은 어른과는 다른 차원에서 간지럼을 경험합니다. 간지럼을 단순한 신체의 접촉으로 느끼기 때문입니다. 아기가 간지럼에 웃음으로 반응하기까지는 좀 더 자라, 낙원의 세계에서 어느 정도 의식이 분리된 상태가 되어야 가능합니다. 간지럼은 유쾌하고도 즐거운 기분을 유발합니다. 그런데 묘하게도 인간은 스스로 간지럼을 태울 수는 없습니다. 이것이 가능하다면 얼마나 좋을까요? 우울하거나 슬플 때 한바탕 웃고 나면 기분이 한결 좋아질 텐데 말입니다. 아쉽게도 인간은 스스로 간지럼을 태울 수 없습니다. 이런 것들은 우리가 일상적으로 경험하는 평범한 사실이지만 그 이면에는 보다 깊은 뜻이 숨어 있습니다. 이것이 바로 인지학의 특성입니다. 인지학은 아주 높은 경지의 고차원적인 정신세계를 다루는 학문이 아닙니다. 인지학이 연구하는 대상은 주변의 평범한 일상에서 발견되는 것들입니다. 왜 스스로 간지럼을 태울 수 없는지 숙고해 보시기 바랍니다. 타인에 의해서만 간지럼을 느낄 수 있다는 사실은 깊은 의미를 내포하고 있습니다. 〈나〉는 〈나 자신〉에게 타인만큼 낯설지 않기 때문에 스스로 간지럼을 태울 수 없는 것입니다. 이 모든 것이 촉각과 연관되어 있습니다.

아이들이 나무를 소재로 한 장난감이나 비단헝겊 인형과 같은 섬세한 질감의 장난감을 가지고 놀며 성장했을 때와 플라스틱 재료로 만들어진 장난감으로 놀이를 하며 성장했을 때의 차이에 대해서도 한번 곰곰이 생각해 보시기 바랍니다. 다양한 자연적인 재료를 만지며 자라는 아이와 인공적인 재료와 접촉하며 자라는 아이의 촉감에 대한 질적인 발달은 현격한 차이를 보일 것입니다.

인간은 우주와 하나였던 상태에서 분리되고 숙명적으로 그와 다시 마주서게 되며, 촉각을 통해 동시에 그 세계로 돌아가고 싶은 갈망을 느낍니다. 이 욕망을 충족하기 위해 우리는 끊임없이 더듬어 보지만 언제나 실망하게 됩니다. 촉각을 통해서는 단지 경계를 인식할 뿐, 결코 그 세계의 안으로 들어갈 수 없기 때문입니다. 촉각으로 인해 그 세계의 근원은 오히려 수수께끼와 같은 비밀에 싸입니다. 여러분이 어떤 물건을 만져보면, 촉각의 이런 특성을 직접 느껴볼 수 있습니다. 예를 들어, 여러분 앞에 자수정이란 보석이 있다고 합시다. 그 보석을 만지며 여러분은 보석의 아름다움에 경탄합니다. 그러나 아무리 그 보석을 더듬어 보아도 손 안에 든 보석이 자수정이란 사실 외에는 촉각으로 보석의 내부, 즉 보석의 본질을 파악할 수는 없습니다. 만지면 만질수록 궁금증만 증폭될 뿐입니다.

루돌프 슈타이너는 이러한 촉각의 특성에 의해 인간이 신의 존재를 의식하게 된다고 했습니다. 촉각이 발달하지 않았다면 인간은 결코 종교적인 존재가 되지 못했을 것입니다. 종교란 인간이 초월적인 존재와의 합일을 갈구하는 것입니다. 무엇인가를 더듬어 볼 때 우리는 어떤 세계가 존재한다는 사실은 파악하지만, 그 세계의 근원엔 결코 도달할 수 없는 불가사의에 빠집니다. 이러한 세계를 초감각의 세계라고 합니다. 모순되게도 우리는 감각의 세계인 감각기관을 통해 바로 초감각적인, 초자연적인 힘을 경험하게 되는 것이지요. 아무리 가까이 다가가도 도달할 수 없는 세계를. 따라서 우리는 육체를 바탕으로(모든 것의 출발점은 육체입니다) 정신적인 차원인 신의 존재를 인식합니다. 영혼의 귀를 열고 마음으로 듣는다면 모든 감각기관은 인간의 고귀한 스승입니다. 여러분은 신의 존재에 대한 끝없는 논쟁과 철학적 사색에 빠질 수도 있습니다. 심리학자 프로이트가 역설한 대로 유아기의 아버지상이 심리적으로 투사된 존재가 신이라고 주장할 수도 있고, 신이란 단지 환상에 불과하다고 단정할 수도 있습니다. 하지만 분명한 것은, 우리가 촉각에 깊이 몰두할 때(인간이 사고할 수 있는 연령에 이르면) 촉각을 통해 신의 존재를 인식하게 되는 깊은 내면적인 통찰에 이르게 된다는 것입니다.

촉각의 고유한 특성은 우리가 어떤 물체에 아무리 가까이 접근한다 해도, 설사 손 안에 그 물체를 쥐고 있다 하더라도, 물체의 본질과 〈나〉라는 존재 사이에는 수 천 광년이란 세월의 거리가 놓여 있다는 것입니다.

또한 우리가 소우주인 인간의 육체를 더듬어 봄으로써 무한한 크기의 대우주를 경험할 수 있다 하더라도 이러한 경험을 통해 육체의 비밀에는 결코 도달하지 못합니다. 이런 이해하기 어려운 수수께끼와도 같은 촉각의 속성이 이런 촉각을 규정짓는 가장 고유한 특성입니다.

여러분은 예수의 제자인 토마와 요한 중, 누가 진정 인간으로 오신 예수의 신성을 확신했다고 생각하십니까? 한 제자는 예수가 부활한 초자연적인 사건을 마음의 눈으로 보았습니다. 예수는 의심 많은 또 한 명의 제자에게 창에 찔려 상처 난 옆구리를 만져보게 했습니다. 토마가 실제로 예수의 옆구리를 만져 보았는지에 대한 기록은 『성서』에 나타나 있지 않지만, 과연 상처를 직접 만져보는 체험을 통해 토마의 믿음이 더 깊어졌을까요?

촉각은 인간이 위대한 우주로부터 분리된 존재임을 깨닫게 합니다. 즉, 인간은 감각적이고 물리적인 세계의 경험을 통해 정신적인 내적 체험에 이르게 된다는 것입니다.

가려운 현상, 극도로 가려운 증상은 심한 뱃멀미나 어지럼증 못지않게 견디기 힘든 고통 중의 하나입니다. 이 가려움증과 촉각의 연관성을 살펴보려고 합니다. 모든 감각기관은 감지한 정보를 뇌에 전달합니다. 예를 들어, 시각은 빛과 색채를, 청각은 각종 소리의 자극을 뇌의 중추신경계로 보냅니다. 이런 감각기관의 존재를 우리는 평소에는 의식하지 못합니다. 그러나 식중독에 걸리거나 수술을 받거나 전기 자극 혹은 화학물질

(쐐기풀, 해파리, 모기)에 노출되거나(통증은 이어서 다루게 될 생명감각 편에서 설명할 것입니다) 피로함을 느끼거나 또는 노쇠하게 되면, 감각기 관은 비로소 자신의 존재를 알립니다.

심하게 눈을 부딪쳤을 때, 여러분은 눈앞에 〈별〉이 번쩍이는 경험을 한 적이 있을 것입니다. 편두통이 심할 경우 눈앞에 검은 점이 어른거리기 도 합니다. 기절을 하게 되면(감각기관에 일시적인 혈액순환 장애가 발생 하면) 순간적으로 눈앞이 흐릿하게 보인다든지 또는 귀에서 이상한 소리 가 들리기도 합니다. 귀의 균형감각에 장애가 생기면 심한 어지럼증을 느 끼기도 합니다. 이럴 때 귀에서 갑자기 휘파람 소리와 같은 잡음이 들리기 도 하고, 경우에 따라서는 눈앞에 물체가 어른거리는 비문증(장기적 혹은 일시적인)이 생기기도 합니다. 이러한 증상이 촉각에도 종종 일어납니다. 촉각은 몸이 피부로 둘러싸여 있음을 의식하게 하는 역할을 하는데, 가 려움은 바로 촉각의 이러한 기능에 장애가 생길 때에 느끼는 증상입니다. 즉, 촉각이 경계에 대한 느낌을 전달하지 못하는 거지요. 이렇게 경계에 대한 느낌이 차단될 때, 우리는 가려움을 느끼고 촉각의 기능을 되살리기 위해 아플 때까지 마구 긁어댑니다. 특히 막 잠에서 깨어났을 때, 그리고 잠들기 직전에 가려움은 강하게 나타납니다. 이 두 현상은 우리의 의식이 육체와 온전한 일체감을 이루지 못할 때 생기는 것입니다.

좀 더 자세히 살펴보기로 합시다. 촉각은 부드럽고 매끄러운 질감에 편안함을 느낍니다. 따라서 우리는 털스웨터나 보푸라기가 있는 옷을 맨 몸에 걸치기를 꺼려합니다. 주름이 조금만 잡혀 있어도 불편함을 느끼지요. 손가락이나 성냥개비 혹은 깃털과 같은 작은 물건으로 피부를 가볍게 쓸어 보십시오. 또 헤어브러시(이것 또한 부드러운 재질이 아닙니다)의 빗살 부분으로 피부를 건드려 보세요. 개미나 파리 같은 작은 벌레가 몸 위를 기어 다녀도 우리는 가려움을 느끼게 됩니다. 가려움은 간지러움과 흡사한 느낌입니다. 그런데 우리가 장난삼아 잠시 서로에게 간지럼을 태운다면 유쾌하고도 즐거운 놀이가 될 수 있지만, 간지럼이 끝없이 지속되는 상태라면 아마 견디기가 힘들 것입니다. 어쩌면 이러한 행위가 인간을 죽음으로 몰고 갈 수도 있습니다. 아마 인간이 고안해 낼 수 있는 최악의 고문 중 하나가 될 수도 있겠지요.

인간은 촉각을 통해 육체적 안정감을 느낍니다. 거친 자연환경에서 생존해야 하는 본능으로, 인간은 신체를 둘러싸야 편안함을 느낍니다. 인간은 〈피복 동물〉이라고 할 수 있습니다. 즉, 무엇인가를 만드는, 문화를 창조하는 존재인 것이지요. 인간에게 최초로 의복을 선사한 분은 바로 창조주 하느님입니다.(야훼 하느님께서는 가죽옷을 만들어 아담과 그의 아내에게 입혀 주셨다. 창세기 3장 21절)

앞에서 인간은 대우주와 대립하는 동시에 잃어버린 낙원에 대한 끊임없는 동경 속에서 살아간다고 했습니다. 이런 내적, 정신적인 불안감은 인간의 지식과 인식에 대한 강한 욕구로 표출됩니다. 잃어버린 자신의 근원을 찾고자 하는 마음의 발로인 것입니다. 내적, 정신적인 불안감이 인간의 인식욕구로 표현되는 반면에, 외적, 물리적인 신체의 불안정은 가려움으로 나타납니다. 누구로 인해 몹시 화가 날 때(예를 들어 선생님이 학생의 부적절한 태도에 대해 느끼는), 감정의 폭발을 억누르면 우리는 때로 손에 가려움을 느낍니다. 촉각의 기능장애로 인한 것인데, 뇌가 촉각에게 "임무 수행을 잠시 억제하라"고 명령한 것이지요. 물론 항상 성공하는 것은 아니지만 때때로 우리는 자신의 감정 폭발을 억제할 수 있습니다.

2

생명감각

이제부터 두 번째 감각기관을 살펴보도록 하겠습니다. 생명감각$_5$이란 개념이 여러분에게는 다소 낯설게 들릴 수도 있습니다. 루돌프 슈타이너는 생명감각에 대해 다음과 같이 말했습니다.

"일반 자연과학에서 생명감각을 언급하는 경우는 거의 찾아보기 힘듭니다. 자연과학은 보통 우리가 항상 의식할 수 있는 5감각에 대해서만 논하고 있습니다. 하지만 우리가 생명체임을 가장 확실히 느낄 수 있는 것은 바로 이 생명감각의 역할 때문입니다. 생명감각이 그 기능에 방해를 받을 때에 우리는 그 존재를 의식하게 됩니다. 우리가 아프거나 통증을 느낄 때, 생명감각은 신체에 이상이 생긴 곳을 인식하게 해 주지요. 전갈자리가 지평선에 모습을 드러내기 시작하고 아름다운 별들이 자태를 과시하는 밤이 오면 보이지 않는 태양처럼, 우리가 건강할 때는 생명감각의 존재를 의식하지 못합니다."[6]

생명감각은 발달의 정도에 있어서 개인차가 큽니다. 특히 의사를 직업으로 가진 사람은 이런 사실을 잘 알 수 있습니다. 저는 의사로서 여러 유형의 환자를 만납니다. 어느 날 A라는 환자가 저에게 이렇게 말합니다. "선생님, 몸이 좋지 않습니다." 이 말은 대부분의 환자가 꺼내는 말이니 그리 이상할 것이 없습니다. 그 다음 제가 묻습니다. "어떻게 안 좋으십니까?" 그러면 그 환자는 대답합니다. "글쎄요, 몸이 어딘가 좋지 않네요." 그러면 제가 다시 묻습니다. "어디가 어떻게 안 좋으십니까?" 환자가 다시 말합니다. "그냥 어딘가 몹시 아픕니다." 이런 식의 대화라면 끝이 없고, 결국 증상을 제대로 파악할 수도 없습니다. 그래서 환자의 몸 이곳저곳을 꼼꼼히 진찰하노라면, 그제야 비로소 그 환자는 "예, 거기가 아파요."라고 소리를 칩니다. 의사로서 병의 원인을 찾았으니 보람을 느끼기는 하지만, 때론 힘든 직업이라는 생각도 듭니다.

아주 대조적인 유형의 환자도 있습니다. B라는 환자는 자신의 심장을 가리키며 이렇게 말합니다. "여기에 무엇인가 들어있는 것 같아요. 근데 그것이 다시 천천히 왼쪽으로 뻗어나가다가 다시 약간 오른쪽으로 휘어지면서 열이 나기도 하고, 다시 세 갈래로 갈라지는 것 같은 아픔을 느낍니다." 이런 환자들은 그냥 듣고 있으면 밤을 새워가며 자신의 통증에 대해 설명할지도 모릅니다.

그냥 우스갯소리로 하는 말이 아닙니다. 실제로 자신의 몸 어느 부분이 어떻게 아픈지를 아주 상세히 묘사하는 환자가 있는가 하면, 어떤 환자는 자신의 아픈 상태에 대해 구체적으로 설명하는 것을 매우 힘들어합니다. 이런 환자들의 차이를 관찰하는 것은 매우 흥미로운 일인데, 이렇게 생명감각은 인간 개개인에 따라 발달의 정도가 현격하게 차이가 나는 감각기관입니다.

인간에게는 몸 전체에 퍼져 있는 감각조직이 있지요. 전문적인 용어로 교감신경과 부교감신경이라고 합니다. 미세한 신경망이 신진대사나 생명유지에 관계되는 신체기관의 각종 세포에 퍼져 있어서 몸의 상태를 점검하는 역할을 합니다. 이것이 바로 생명감각입니다. 이 감각기관을 통해서 배고픔이나 목마름을 느낄 수 있습니다. 이런 기능을 담당하는 감각기관이 없다면, 우리는 언제 식사를 해야 하고 또 언제 수분을 섭취해야 할지 판단하기 어려울 것입니다. 바로 생명감각으로 인해 정상적인 생체활동을 유지할 수 있는 것입니다. 몸의 체질이나 상태를 감지하는 기능을 수행하므로 이 감각기관의 명칭을 〈체질감각〉이라고 할 수도 있겠지요. 용어 자체의 의미보다는 생명활동이 바로 이 생명감각과 연관되어 있다는 것을 인식하는 것이 더 중요합니다.

그렇다면 생명감각은 구체적으로 어떤 현상으로 나타날까요? 배고픔이나 목마름을 느끼는 것도 생명감각의 작용으로 가능하다고 했습니다. 만약 우리 몸에 이런 신호체계가 없다면 적지 않은 문제가 야기되겠지요. 몸에 필요한 에너지를 공급하기 위해 시간을 정해 지켜야 한다면 몹시 번거로운 일일 것입니다. 생명감각의 역할은 여기서 그치지 않습니다. 우리는 생명감각을 통해 신체 각 부분의 통증을 느끼게 됩니다. 통증은 생명감각의 가장 극단적인 표현입니다. 인류의 문명은 통증을 억제하기 위한 수단을 개발하고자 부단히 노력해 왔습니다. 그러나 통증을 전혀 느끼지 못하는 한 아이에 관한 충격적인 사건은 통증의 진정한 의미를 깨닫게 합니다.

1960년대 미국에서 온 세계가 경악할 만한 기이한 사건이 신문에 보도되었습니다. 어린 남자아이를 홀로 집에 남겨두고 잠시 외출했다 돌아온 부모는 믿을 수 없는 광경을 목격하게 됩니다. 아이가 촛불을 켜놓고 자신의 손가락을 그 촛불에 태우며 마냥 즐거워하고 있는 것입니다. 손가락이 촛불에 타들어가면서 나는 이상한 냄새와 바작바작 타는 소리가 그저 신기했던 것입니다. 즐거워하는 아이와는 달리 부모의 마음이 어떠했으리라는 것은 가히 짐작하고도 남겠지요.

이 아이의 경우는 원인을 알 수 없는 이유로 통증에 대한 감각이 전혀 발달하지 않은 극단적인 예입니다. 아이의 부모는 어떻게 해야만 했을까요? 물론 불행한 사고가 생긴 것은 비극이지만 이런 고통스러운 체험을 통해 아이를 보호해야 한다는 사실을 알게 되었고, 나중에 일어날 수 있는 더 큰 불행을 막을 수 있었지요. 결국 아이는 평생 철저한 보호 속에서 살아야 하고 부모를 비롯한 누군가가 항상 쉬지 않고 아이를 지켜

봐야 할 것입니다. 아이의 몸 안에 있어야 할 경보장치가 제대로 작동하지 않으니 생명감각이 해야 할 역할을 주위 사람이 대신 맡아서 수행해야 하는 것이지요.

이 극단적인 예를 통해 우리는 생명감각이 몸에 위험이 생겼을 때 신호를 보내는 경보장치에 해당한다는 사실을 알게 되었습니다. 생명감각의 중요성을 새롭게 인식하게 된 것이지요.

생명감각은 몸의 상태를 끊임없이 감시하고 보호하는 기능을 합니다. 너무 시거나 기름진 음식을 섭취했을 때, 혹은 과식을 했을 때에도 경보장치는 작동합니다. 배탈이 날 정도로 폭식을 하고 우리는 "배가 불러 죽겠다"고 하지만 사실 그것은 부른 배가 고통을 주는 것이 아니라 자신이 소화기관을 혹사한 결과입니다. 즉, 이러한 고통스러운 상황의 재발을 방지하기 위해 개선해야 할 주체는 다름 아닌 바로 자신인 것입니다. 우리의 의식은 이런 과정을 거치면서 변화하고 발전합니다. 생명감각으로 인해 의식이 변화하고 또한 고양될 수 있다는 것은 깊은 의미를 내포하고 있습니다. 독일의 낭만파 시인 노발리스Novalis는 인간의 고통에 대해 다음과 같은 말을 했습니다.

"고통을 감당할 수 있다는 것에 대해 자부심을 가져야 한다. ― 어떠한 형태이든, 고통은 인간으로 하여금 자신이 고귀한 존재임을 깨닫게 한다."

물론 노발리스가 이야기한 것은 우리에게 친숙한 육체적 통증과는 다른 차원의 고통입니다. 아쉽게도 노발리스 역시 인간으로서는 극복하지 못하는 질병으로 육체의 고통에 시달리다 젊은 나이에 유명을 달리했지요.

지금까지 살펴보았듯이, 생명감각은 통증과 깊은 연관성이 있습니다. 그럼 통증의 본질은 무엇이며 또한 어떤 기능을 가지고 있을까요? 몸의 위험을 알리는 경보 기능에 대해서는 이미 살펴보았습니다. 그런데 이러한 위험을 예고하는 근원지는 어디 일까요? 통증은 몸에 이상이 생겼음을 통보하는 신호라고 했습니다. 그렇다면 이 신호를 보내는 곳은 몸의 정상적인 상태에 대한 정확한 정보를 가지고 있는 곳일 것입니다. 위험하다는 판단을 내리기 위해서는 그 판단에 대한 정확한 기준을 알고 있어야 가능하겠지요. 철로의 방향을 지시하는 역무원이 기차의 이탈이나 사고를 막기 위해 정확한 정보를 갖고 있어야 하는 것과 마찬가지입니다. 하지만 역무원이 이러한 임무를 수행하기 위해 알아야 할 기준은 신체구조에 비하면 그다지 복잡하지 않을 것입니다. 그렇다면 신비에 가까운 인간의 복잡한 신체구조를 정확히 파악하고 판단하여 적시에 위험을 알릴 수 있는 능력의 근원은 도대체 어디에서 비롯하는 것일까요? 그것은 인간의 물리적인 신체를 지배할 수 있는 더 높은 차원의 정신적인 힘에 의해서일 것입니다.

루돌프 슈타이너는 신비하고도 복잡한 몸의 구조에 정통한 존재에게 특별한 명칭을 부여했습니다. 이런 놀라운 힘을 가진 존재는 분명 인간의 능력을 초월하는 고차원의 존재일 것입니다. 왜냐하면 인간이 자신의 몸을 이해하고 파악할 수 있는 능력에는 한계가 있기 때문이지요. 겸손한 해부학자나 생리학자라면 지금까지 과학이 밝혀낸 인간의 몸에 대한 지식이 너무도 미미하다는 사실을 솔직하게 고백할 것입니다. 불치병의 대명사인 암의 치료에 대해 현대의학은 아직도 이렇다 할 연구 성과를 올리지 못하고 있으며 정확한 원인조차 규명하지 못하고 있는 것이 현실입니다. 단지 병의 진행 과정을 예상할 수 있을 뿐이지요. 발병의 원인과 병의 진행에 대한 확실한 근거는 아직도 풀리지 않는 비밀로 남아 있습니다.

고대 그리스 시대에는 인간의 육체를 우주만물 중에서 가장 완벽하고 고귀한 신의 피조물로 찬양하며, 인간의 육체는 곧 정신의 신전이라고 믿었습니다. 이렇게 완벽하고 신성한 인간의 육체를 정확히 이해하고 파악하는 존재를, 인지학에서는 육체인간과 대립하는 개념으로 〈정신인간〉 (아주 단순하게 표현하자면)이라고 표현합니다. 〈정신인간〉이란 개념은, 인간의 육체가 정상에서 벗어나 위험에 빠질 때 경보음을 울리는 힘의 원천이 무엇인가를 시사하고 있습니다. 앞에서 인용한 노발리스의 고통도 바로 이러한 시사점을 내포하고 있습니다. 다시 한번 노발리스의 표현을 깊이 음미해 볼 필요를 느낍니다.

그런데 모든 통증이 몸의 위험 상태를 알리는 역할을 하는 것은 아닙니다. 바로 출산의 고통이 그 예외적인 경우이지요. 산모는 심한 통증을 느끼지만 출산으로 인한 고통은 위험에 대한 경고라기보다는 오히려 건강하다는 의미로 받아 들여야 합니다. 여성이 출산할 때 겪는 고통은 『성서』에서 그 유래를 찾을 수 있습니다. 하느님께서는 원죄를 범한 하와Hawwah가 에덴동산을 떠나기 전에 다음과 같이 말씀하십니다. "너는 아기를 낳을 때 몹시 고생하리라. 고생하지 않고는 아기를 낳지 못하리라."(창세기 3장 16절)

그러나 출산의 고통 뒤에는 형언하기 어려운 희열이 따릅니다. 생명의 탄생은 항상 수고와 고통이라는 대가를 치르게 마련이지만 그 고통은 다시 기쁨으로 보상받게 되며, 이러한 자연의 섭리에서 창조주의 놀라운 은혜를 발견하게 됩니다. 따라서 제왕절개를 통한 출산은 인간이 누릴 수 있는 최고의 행복을 스스로 포기하는 것이라 하겠습니다. 아주 드문 경우이긴 하지만 유전적인 요인에 의해 고통을 전혀 느끼지 못하고 분만하는 여성들이 있습니다. 이런 경우에는 의사로서 할 일이 거의 없지요. 같은 인간으로서 고통에 동참하여 위로하고 격려해 줄 수 있는 의사라는 직분이 무색해지는 상황입니다.

다시 〈정상적인〉 통증에 대한 주제로 돌아가겠습니다. 인간이 고통을 느끼지 못한다면 제대로 성숙할 수 없을 것입니다. 통증은 영혼의 가장 깊은 곳까지 영향을 미치기 때문입니다. 우리가 지금 이 자리에 이렇게 서 있을 수 있는 것도 수많은 고통을 통하여 배운 결과일 것입니다. '불에 덴 아이는 불을 겁낸다.'라는 말이 결코 우연히 생긴 것이 아닙니다. 아기가 걷다가 넘어지면 울음을 터뜨리지요. 그러나 곧바로 일어나 다시 걸어갑니다. 아기는 지칠 줄 모르고 이런 과정을 수없이 반복하여 마침내 혼자 제대로 걷는 법을 터득합니다. 넘어지거나 부딪히며 느끼는 통증은 인간에게 경각심을 일깨워주고 또한 주의할 것에 대한 가르침을 줍니다. 바로 지고한 존재인 〈정신인간〉이 몸의 위험한 상태를 파악하고 신호를 보내기 때문이지요.

이렇게 고통의 경험은 삶에 방향을 제시하는 역할을 합니다. 따라서 크고 작은 고통의 체험은 우리의 삶에 소중한 의미를 줍니다. 아이들은 상황에 빨리 적응하며 배웁니다. 축구를 하다가 무릎을 다친 아이는 그 순간에는 무척 고통스러워 하지만 얼마 지나면 언제 그랬냐는 듯이 다시 열심히 뛰지요. 단지 〈조금〉 더 주의를 기울이게 될 것입니다. 이 〈조금〉의 차이는 아이들의 연령에 따라 다를 수 있고, 아이들의 개별적인 발달의 정도에 따라 차이가 날 수 있습니다. 이런 차이는 있다 하더라도 우리는 항상 고통을 통해 무엇인가를 배우게 되고, 그에 따라 우리의 의식도 깨어난다는 것은 확실합니다.

요즈음 부모들은 자녀들을 지나치게 보호하려는 경향이 있습니다. 학교가 조금만 멀어도 차로 데려다 주고 날씨가 조금만 궂어도 차로 데리러 갑니다. 아이들이 몸을 움직여 육체적인 피로를 느끼면서 성장하는 것은 매우 중요합니다. 여러분은 며칠을 나태하게 뒹굴고 난 뒤에, 축구와 같은 운동을 했을 때의 상쾌한 기분을 잘 알 것입니다. 이는 일상에서도 쉽게 느낄 수 있습니다. 일주일 내내 사무실 책상 앞에 앉아 있다가 차로 출퇴근하고 저녁에는 소파에 누워 텔레비전을 보며 한 주일을 보내고 나면, 주말에는 운동을 해야겠다는 생각이 강하게 듭니다. 하지만 이런 생활 습관으로 인한 반복적인 근육의 긴장과 이완은 결코 건강한 형태라고 할 수 없습니다.

이러한 생활 습관은 생명감각의 발달을 촉진하는데 적합한 근육의 긴장과 이완 형태에서 점점 멀어져 갑니다. 게다가 현대인은 권태나 지나친 자극으로 인해(유감스럽게도 요즘은 성장기에 있는 아이들이 특히 그렇습니다) 쉽게 피로해지는 환경에 노출되어 있습니다. 부모의 차를 타고 등교하는 아이는 매일 똑같은 경치에 지루함을 느끼며, 창밖으로 빠르게 스쳐가는 많은 자극에 방치됩니다. 아이가 걸어서 또는 자전거를 타고 학교를 간다면 등굣길에 날마다 새로운 것을 발견할 수 있어 정신적으로 피로함을 덜 느낄 것입니다. 저와 친분이 있는 한 선생님은 매일 아침 수업을 시작하기 전에 몸놀림과 관련한 놀이를 한다고 합니다. 예를 들면, 아이들에게 발을 구르고 손뼉을 치며 큰 소리를 내어 시를 낭송하게 한다는 것입니다. 그 결과, 아이들의 집중력이 놀랍게 향상되어 학습 효과가 월등히 좋아졌다고 합니다. 이 또한 생명감각과 관련이 있습니다. 몸의 긴장을 푸는 것보다 건강한 형태의 긴장이 학습에 매우 효과적이라는 것입니다. 우리는 루돌프 슈타이너가 창안한 신체 훈련에서 근육이완을 위한 체조나 몸동작이 없는 이유를 이해할 수 있습니다.

한 단계 더 나아가서 생명감각의 도움 없이, 즉 고통과 피로함을 전혀 느끼지 않고도 무엇인가 배운다는 것이 과연 가능한지에 대해 한번 생각해 봅시다.

한 가지 분명한 것은 고통을 느끼지 못한다면 아무 것도 하지 못하는 무능한 존재에 불과할 것이라는 사실입니다. 무엇인가 배우려고 애를 쓰고 노력할 때도 일종의 고통을 느끼기 마련입니다. 강연을 경청하는 여러분이 내용을 이해하기 위해 애쓰며 미간을 찌푸린 표정에서 저는 여러분의 고통을 읽을 수 있으며 동시에 고마움을 느낍니다. 신경을 곤두세우고 긴장하며 인내심을 가지고 다른 모든 욕구를 억제하는 고통스러운 노력 없이는 강연을 이해하기 어려울 것이기 때문입니다. 이러한 상황은 학교에서도 마찬가지입니다. 끊임없이 친구들과 잡담이나 하고 자기 멋대로 행동한다면 아무 것도 배울 수 없겠지요.

오늘날 우리 사회에 왜 수많은 환각제가 유통되는지에 대해 한번쯤 고민해 볼 필요가 있습니다. 이런 환각제와 제멋대로 하고자하는 자유방임 사이에 어떤 연관성이 있는 것은 아닐까요? 고통이 존재하지 않는 교육 환경을 한번 설정해 봅시다. 아이가 던지는 질문에 교사는 즉각적으로 답을 줍니다. 아이가 스스로 답을 찾거나 기다리는 것은 아이를 힘들게 하기 때문이지요. 또한 아이가 먹고 싶어 하는 것은 무엇이든지 다 줍니다. 욕구를 억제하는 것 또한 아이에게 고통스러운 일이기 때문입니다. 이런 교육이야말로 진정 비인간적인 교육이라 할 것입니다.

고통이 없는 교육의 의미에 대해 계속 살펴보겠습니다. 아이들에게 동화를 읽어 주는 방식부터 달라져야 합니다. "아이들에게 공포감을 유발할 수 있는 부분은 수정해야 한다?" "간교한 늑대의 배를 가르는 잔인하고도 섬뜩한 장면들은 삭제하고 동화의 내용을 부드럽게 각색해야 한다?"
"아이가 겁을 먹고 공포감을 느끼는 것 자체가 고통이다." 과연 그럴까요?
문제는 아이가 성장해서 직면하는 현실은 고통 없는 단조로운 세계만은
아니라는 것입니다. 그와 정반대의 세계도 엄연히 공존합니다. 우리는 살
면서 실제로 교활하고 간사한 늑대도 만나게 되지요.

예로부터 전해오는 전래동화가 아이들의 이러한 생명감각의 발달과
기질을 고려하여 구성되어 있다는 사실에 대해 놀라지 않을 수 없습니다.
좋은 동화는 이렇게 슬픔과 기쁨의 대립적인 요소가 적절하게 균형을 이
루고 있습니다. 동화의 무시무시하고 긴장감을 유발하는 모티브는 아이들
성장에 중요한 의미를 담고 있습니다. 마녀 같은 사악한 계모는 무거운 맷
돌에 깔려 박살이 납니다. 속이 후련해지는 장면이며 마녀에 대한 응징으
로 가혹하다고 할 수 없습니다. 이런 장면의 묘사가 아이들에게 너무 잔
인하리라는 우려는 기우에 불과합니다. 왜냐하면, 아이들은 맷돌에 깔리
는 계모의 모습을 구체적으로 연상하지 않기 때문입니다. 아이들은 이런
장면을 말 그대로 받아들이지 않고, 도덕적이고 정신적인 차원의 상징성
을 내포한 비유로 받아들입니다. 심리적인 긴장과 이완을 통해 생명의 활
력을 즐길 뿐입니다.

동화는 선과 악, 부정적인 것과 긍정적인 요소가 조화롭게 균형을 이
루어 구성되어 있습니다. 동화의 결말은 항상 고조된 긴장이 해소되어 안
도의 숨을 내쉬게 합니다. 아이들이 공포와 긴장을 견디어 낼 수 있도록
끔찍하고 무서운 표현도 가감 없이 그대로 읽어 주어야 합니다. 어른들에

게는 도가 지나칠 정도의 거친 표현도 아이들에게는 그렇게 전달되지 않기 때문입니다. 목마름과 배고픔을 느껴야 육체에 양분이 공급되어 건강하게 성장할 수 있는 것처럼, 동화에서 느끼는 목마름과 배고픔도 건강한 정신적 성숙을 위해서 필수불가결한 조건입니다. 아이들이 동화를 읽으며 생명감각을 발달시킬 수 있는 것은 동화에 묘사된 허구의 세계를 허구로 받아들이지 않기 때문입니다.

생명감각은 아주 이른 시기부터 발달되기 시작합니다. 아기들의 울음에 담긴 진정한 의미를 이해하지 못하는 부모들이 점점 늘어가고 있음은 유감스러운 일입니다. "우리 아기는 너무 착해서 우는 법이 없어요."라고 자랑스럽게 말하는 부모를 보면 저는 오히려 걱정스러울 때가 있습니다. 아기가 지나치게 울지 않는 것은 몸의 어느 곳에 이상이 생겼다는 의미일 수도 있기 때문입니다. 물론 울음은 슬픔의 표현이지만 매우 건강한 신체적 반응입니다. 한차례 울고 난 아기가 만족스럽게 엄마의 젖을 힘차게 빠는 모습에서 건강한 생명력을 느낄 수 있습니다. 인간은 고통을 통해 자신의 욕구를 억제하고 인내하는 법을 배우며 성장합니다. 식탁에서 감사 기도가 끝날 때까지, 먹고 싶어도 참고 자제하며 기다릴 줄 아는 예의 있는 사람으로 자라게 되는 것이지요.
생명감각을 느끼게 하는 우리의 생명체와 동화의 세계는 어쩌면 같은 원천에서 출발하는 것인지도 모릅니다. 이 두 세계의 근원은 허구와 사실의 차원을 넘어서는 아주 높은 영역이기 때문입니다. 아직 어린 아이들은 허구와 사실이란 개념조차 가지고 있지 않습니다. 어느 정도 성장한 후에야 아이들은 허구와 사실의 세계를 구별할 수 있는 능력이 생깁니다.

"아이들에게는 언제나 사실을 말해 주어야 한다."고 역설하는 부모들이 있습니다. 서양에서는 황새가 아기를 입으로 물어다 준다고 하지요. 그렇다면 항상 사실을 말해 주어야 한다고 주장하는 부모들은 '아기를 물어다 주는 황새는 존재하지 않는다'는 입장을 견지할 것입니다. 이런 부모들의 자녀는 점점 불러오는 엄마의 배에 귀 기울이며 어린 호기심을 채워야 하겠지요. 하지만 저는 오히려 다음과 같이 묻고 싶습니다. "왜 황새가 존재하지 않는다고 주장하는가?"

직업상 저는 수많은 분만과정을 지켜보았지만 아기가 엄마로부터 왔다는 것을 확인하지 못했습니다. 당연히 아기의 육체가 모태에서 탄생한다는 사실을 부정하는 것은 아닙니다. 그러나 아기의 자아가 이미 모태에서 형성되어 태어난다고는 그 누구도 주장하지 못할 것입니다. 아기의 육체가 이 지상에 온 뒤, 비로소 아기의 자아는 점진적으로 육체와 결합하는 것입니다.

"아기는 어디에서 오는 걸까?"라는 아이들의 이 수수께끼 같은 질문에 대해 어른들은 흔히 "천사들이 살고 있는 아주 높은 곳에서 온다."고 답하곤 합니다. 하지만 아이들은 〈아주 높은 곳〉이란 추상적인 설명을 이해하지 못합니다. 주변에서 황새를 흔히 볼 수 있었던 시절에 우리는 황새를 가리키며 "저 날아다니는 황새가 너를 입으로 물어다 주었단다."라고 했습니다. 황새를 쫓아 아이들의 상상력은 날개를 달고 이 계곡, 저 계곡을 넘고 이 도시, 저 도시를 날아다녔지요. 그러면서 아이들은 무한히 뻗어가는 자신들의 상상 속에서 황새는 결국 천사라는 사실을 알게 됩니다. 이제 여러분은 아이들에게 반드시 사실만을 알려주는 것이 최상의 교육은 아니라는 것을 느끼셨겠지요.

앞에서 촉각을 통해, 우리는 떠나 온 신의 세계로 다시 돌아가고자 하는 원초적인 동경 속에서 살아간다고 했습니다. 그리고 고통을 통해 가르침을 주는 생명감각은 인간의 고귀한 존엄성이 머물고 있는 영혼의 문을 여는 열쇠입니다. 우리 시대의 수많은 문제는 획일화되고 또한 생명감각이 느끼게 하는 고통에 둔감해진 현대인의 마비된 양심에서 기인하는데, 그로 인해 오늘날 우리는 다른 형태의 고통에 시달리게 됩니다. 한 쪽을 누르면 또 다른 쪽이 튀어나오는 풍선효과와 같은 것이지요. 예전에는 상상조차 할 수 없었던 잔혹한 사건들이나, 사람들의 가치 판단을 왜곡시키는 여론의 호도를 매일같이 대중매체를 통해 접하고 있습니다. 또한 현대인들이 권투나 축구 등의 스포츠를 통해 세계적인 명성을 얻거나, 엄청난 부를 쟁취하기 위한 고통을 마다하지 않는 것을 보면 이것이 명확해집니다.

사람들은 일상에서 소소한 고통들을 겪게 되지만, 이의 극복을 통해 더 큰 삶의 고통을 이겨낼 수 있는 힘을 기르게 됩니다. 그러나 이러한 삶의 고통에 직면하지 않고 가급적 피해가려 한다면, 우리는 생명감각이 보내는 신호인 고통의 소리를 듣지 못할 것입니다. 즉, 우리의 양심이 마비되는 것입니다.

　오늘날 인류 문명은 양심의 회복이라는 커다란 시대적 과제를 안고 있습니다. 이기적인 경제논리 앞에 자연도 신음하며 고통을 당하고 있습니다. 『성서』의 로마서 3장에서 바울은 "모든 피조물은 고통으로부터 구원받기를 간절히 고대한다."고 말합니다. 그러나 우리 인간들은 자연을 구원하는 일에 그다지 관심이 없어 보입니다. 지구의 온난화로 인한 홍수와 같은 대참사를 경험하고 나서야 비로소 그 중요함을 깨닫곤 하지요. 생명 감각이 보내는 적신호를 무시하고 인간이 자신의 몸을 함부로 취급하여 돌이킬 수 없는 치명적인 결과를 초래하듯이, 인류가 무분별한 산업화 등으로 자연환경을 파괴한다면 인류 스스로 생존의 위협을 자초하는 총체적인 위기에 직면할지도 모릅니다.

둘째 날

춤꾼을 위하여

아무리 미끄러운 빙판 위도,
천국이라네.
멋진 춤을 출 수 있는 춤꾼에게는.

−니체, 『짜라투스트라는 이렇게 말했다』 중에서
(본문 107쪽)

목적이 없는 자는,
길을 잃은 것과 같다.
일생 동안 같은 원을 맴돌 뿐이다.

─크리스티안 모르겐슈테른

지난 시간에 우리는 먼저 촉각에 대해 살펴보았습니다. 촉각을 통해서는
결코 외부 세계에 직접 닿을 수 없으며, 우리 몸의 경계만을 의식하게 된
다고 했습니다. 물체와의 접촉을 통해서 우리 몸을 의식하게 되는 촉각의
이런 특징이 다른 감각기관과 구별되는 점입니다. 예를 들어, 물체를 바
라볼 때 우리는 〈눈에 무엇인가 닿는다.〉는 느낌으로 눈을 의식하지는 않
습니다. 어디에 닿음과 동시에 몸을 의식하게 되는 것은 촉각만의 고유한
특성입니다. 갓 태어난 아기는 아직 외부 세계와 자신을 분리하지 못하며,
성장 과정을 통하여 촉각의 발달과 함께 점진적으로 몸에 대한 의식이 싹
튼다고 했습니다. 또한 우리는 촉각의 특성이 갖는 역설적인 측면에 대해
서도 살펴보았습니다.

　인간은 촉각으로 인하여 자신의 근원에 대해 끊임없는 동경을 품게
되고, 이러한 원초적인 욕구는 어루만지는 행위와 같은 친밀함의 표시로

나타난다고 했습니다. 인간은 만지고 더듬는 행위를 통해 근원의 세계로 돌아가기를 바라지만, 이러한 바람은 언제나 좌절할 수밖에 없습니다. 촉각은 인간으로 하여금 영원히 넘어갈 수 없는 경계만을 인식하게 할 뿐이기 때문입니다. 여담입니다만, 어쩌면 연인들이 서로 애무하고 어루만지는 것도 결국 환상에 불과할지 모르지요. 이런 원초적인 세계에 대한 동경과 영원히 도달할 수 없는 미지의 세계에 대한 의식은 신의 존재에 대한 인식으로 발전하게 됩니다. 달리 표현한다면, 우리가 촉각이라는 감각기관을 소유하지 않았다면 결코 신을 동경하는 마음은 생기지 않았을 것이라는 말이지요. 촉각이라는 감각기관을 통해서는 외부 세계의 본질을 파악할 수 없다는 한계 의식이, 바로 초감각적인 존재에 대한 인식의 출발점이 된다는 것입니다.

이와 달리 생명감각은 몸의 상태나 체질을 파악하고 생체활동을 의식하게 해 주는 역할을 합니다. 생명감각을 통하여 우리는 몸의 건강상태를 진단하고 피곤함, 배고픔 또는 목마름 등의 증상을 감지할 수 있습니다. 또한 생명감각은 일반적으로 〈체질〉이라고 말하는 몸의 생명활동을 지켜보고 있습니다. 인지학에서는 일반적인 개념인 〈체질〉이란 용어 대신 좀 더 총체적이며 포괄적인 의미의 생명활동에 대한 개념을 사용하는데, 바로 우주와 생명의 근원적인 정기를 의미하는 그리스어인 〈에테르체〉입니다. 루돌프 슈타이너는 에테르체가 인간의 물질적인 육체에 기거하며, 육체를 지탱하고 유지하게 해 주는 거주자 혹은 건축가라는 의미에서 〈형성력(체)〉이라고도 불렀습니다. 에테르체란 우리가 생명감각으로 인지할 수 있는 아주 미묘한 기운의 생명활동을 의미합니다. 의사라는 직업을 가진 사람에게 생명감각은 고마운 감각기관이라고 할 수 있지요. 생명감각이 보내는 신호로 환자는 몸의 상태를 감지하고 의사를 찾게 되니까요.

이렇게 인간은 생명감각을 통하여 몸의 에테르체, 즉 생명력을 의식하게 됩니다.

우리는 앞에서 생명감각의 극단적인 형태인 통증에 대해서 상세히 살펴보았고, 통증이 문명사회에서 갖는 중요한 의미도 인식했습니다. 되도록이면 통증을 억제하고, 기피하고 또한 마비시키려고 하는 사회는 구성원들이 서로의 고통에 동참함으로써 얻어지는 소중한 가치인, 인간적인 유대관계의 형성을 기대할 수 없을 것입니다. 만약 여러분이 한 번도 고통을 경험해 보지 못한 존재라면 결코 타인의 고통을 함께 할 수 없을 것입니다. 아이들이 자라면서 한번쯤은 계단에서 굴러 떨어지기도 하고, 바깥에서 놀면서 종종 상처투성이가 되어 집으로 돌아오는 것은 어려서부터 고통을 체험하려는 인간의 무의식적인 행위인지도 모릅니다. 우리 영혼의 깊은 곳에는 끊임없는 고통의 체험을 통해 타인의 고통을 나누고자 하는 소중한 의식이 자리 잡고 있는지도 모르겠습니다.

성인들은 고통을 체험하기 위해서 자발적으로 극기 훈련에 참가하기도 합니다. 그리고 각 사회의 전통적인 민속놀이가 대부분 상대방을 놀리거나 약을 올리는 내용으로 구성된 것도 다분히 고통을 겪고 그것을 극복하기 위한 훈련이라는 측면이 있습니다. 사소한 놀이에서 패배하는 것조차 견디지 못하는 사람은 살아가면서 작은 일에도 쉽게 자극을 받아 상처를 입을 것입니다. 결국 대수롭지 않은 일에도 심한 모욕감을 느끼며 고통스러워하고 복수심에 불타는 악마의 노예로 전락하기 십상일 것입니다.

두려움을 극복하는 용기도 고통스러운 체험을 통해 발달한다는 사실을 잊어서는 안 될 것입니다. 청소년기에 미지의 세계로 여행을 가거나, 가파른 산을 등정하는 등 위험이 따르는 취미 생활이나, 곡예사의 줄타기나 야생동물 조련사가 아슬아슬한 장면들을 연출하는 서커스 공연을 즐기는 것도 이러한 의미에서 소중한 경험이라 하겠습니다.

고통을 극복하는 험난한 체험을 통해서만 과감하게 시도할 수 있는 용기가 생기는 것이지요. 두려움이나 공포를 피해가는 것만이 능사가 아니며, 공포를 극복할 수 있는 힘을 기르는 것이 무엇보다 중요합니다. 예로부터 전승되어 온 전래동화나 전설, 설화나 기사문학 그리고 성인聖人들의 체험담 등은 바로 이러한 주제를 다루고 있는 것입니다.

인간 상호간에 동정심을 갖게 되는 이러한 고통에 대한 의식은 인류 역사에 커다란 원동력이 되어 왔습니다. 그런데 이 통증을 느끼게 하는 힘의 원천은 인간의 능력을 초월하는 지고한 존재에서 비롯된다고 했습니다. 신비하리만큼 복잡한 인간의 몸이 정상에서 벗어났음을 판단할 수 있는 능력은 진정 인간을 창조한 초월적인 존재에서 유래한 것이 분명합니다. 왜냐하면 인간의 신체 구조가 생명체로써 기능하도록 구상한 원래의 이데아에 정통한 존재만이 우리 몸의 복잡한 신호체계를 읽어낼 수 있을 것이기 때문입니다.

인간의 육체는 공장에서 제조된 조립품과 같은 우연한 산물이 아니며, 하나의 정신에서 출발한 것입니다. 만약 "우리는 우리의 육체를 직접 볼 수 없다."고 한다면, 아마도 여러분은 황당하게 생각하실 테지요. 하지만 눈으로 보는 우리의 육체는 물질 덩어리일 뿐, 육체의 본질은 아닙니다. 인간 육체의 본질은 신의 관념이 현시된 신의 형성체인 것입니다. 인간 육체의 이런 숭고한 관념적인 존재를 인지학에서는 〈정신인간〉이라고 부릅니다. 우리가 통증을 느끼게 되는 것은 육체가 원래 신이 창조한 인간의 원형, 즉 〈정신인간〉에서 벗어났기 때문입니다. 통증을 느낄 때 우리의 몸은 움츠러듭니다. 모든 고통의 원인은 지고의 존재인 〈정신인간〉의 어두운 그늘인 것입니다.

점성술에 대한 현대인의 관심은 점점 더 높아지고 있습니다. 사람들은 대부분 자신의 탄생 별자리 정도는 알고 있지요. 여러분도 태어난 달의 별자리로 해석하는 자신의 성격에 대해서는 한 번쯤 흥미를 느껴보셨을 것입니다. 인간의 12감각기관도 황도 12궁의 별자리와 깊은 연관이 있습니다. 그렇다고 해서 특정한 별자리가 특정한 감각기관의 생성에 영향을 준다는 의미는 아닙니다. 우주에 원래 존재하는 힘의 전형 또는 원형(형태를 만드는 기본 개념이라고도 할 수 있습니다)에 따라서 대우주에는 황도 12궁의 별자리가 형성되었고, 소우주인 인간의 몸에는 12개의 감각기관이 형성되었다는 뜻입니다. 말하자면 대우주의 별자리와 소우주인 인간의 감각기관은 같은 근원에서 유래한다는 것이지요.

촉각의 발달은 인간이 외부 세계를 더듬고 접촉하는 우회적인 과정을 통하여 자신의 육체를 조심스럽게 의식해가는 아주 세심한 일련의 과정이라고 했습니다. 이것은 천칭(♎)의 원리와 유사합니다. 소우주인 인간은 촉각을 통해 대우주와 마주하게 되며 마치 천칭이 평형상태를 세심하게 가늠하는 행위와 같이, 우리는 촉각을 통해 대우주와의 관계를 헤아리기 때문입니다.

천칭의 원리에는 또 하나의 흥미로운 관점이 있습니다. 양쪽에 접시가 달려있는 단순한 형태의 천칭을 생각해 봅시다. 천칭의 한 쪽 접시에는 돌과 같이 중량이 나가는 무가치한 것들을 올려놓습니다. 다른 한 쪽 접시에는 보석이나 식품 등 가치가 있는 물건들을 올립니다. 천칭으로 측정할 수 있는 것은 무엇입니까? 천칭으로 우리는 단지 물질과 중력과의 관계, 즉 중량을 측정할 수 있을 뿐이며 그 물질의 가치는 결코 가늠할 수가 없습니다.

이와 같이 물질의 가치는 저울과는 무관한 차원의 세계라고 할 수 있지요. 촉각의 속성도 마찬가지입니다. 우리는 촉각이라는 감각기관을 통하여 〈그 무엇〉인가가 존재한다는 사실은 인식하지만, 〈그 무엇〉이 진정으로 무엇인지는 영원히 풀 수 없는 수수께끼처럼 알 수가 없습니다. 양으로 질을 평가할 수는 없는 것이지요. 물질의 중량을 측정하는 것만으로는 그것보다 더 중요한 물질의 본질을 파악할 수는 없습니다.

생명감각의 속성과 관련된 황도 12궁의 별자리는 전갈자리(♏)인데,

이 별자리는 전갈과 아주 상반된 성격의 동물인 독수리가 낙하하는 형상입니다. 독수리는 일반적으로 고귀한 인간의 원형을 상징합니다. 황제독수리는 3m에 달하는 날개를 자랑하며 가장 높은 나뭇가지 위에 둥지를 틀고, 망원경과 같은 눈으로 멀리 떨어진 땅 위의 아주 작은 먹이도 정확히 찾아내지요. 높은 곳에서 급강하하여 단숨에 먹이를 낚아채고 다시 높이 비상합니다. 이와 반대로 숨기를 좋아하고 야행성이며 지상의 동물인 전갈은 4쌍의 다리가 있으며 커다랗고 강한 집게 모양의 촉지를 이용하여 먹이를 잡아 꼬리의 독침으로 상대를 찔러 독액을 주입하여 죽입니다. 독수리와는 아주 상반된 생태구조를 하고 있는 전갈은 종류에 따라서 몸의 크기는 작게는 3cm에서 크게는 17cm 정도이며, 황도 12궁의 별자리에서 크기가 가장 작은 동물에 해당합니다.

점성학 관점에서 보면 통증은 독수리의 어두운 측면, 즉 독수리가 추락해서 전갈이 되는 관계로 해석할 수 있습니다. 별자리 중에서 가장 대극적인 성향을 가진 두 동물의 관계, 즉 독수리가 추락하여 전갈이 되는 상징적인 묘사는 흔히 볼 수 있습니다. 추락이란 원래 높은 곳에 존재한다는 전제하에서 발생할 수 있는 가능성이지요. 가장 낮은 곳에 서식하는 전갈은 가장 높은 곳에 존재하는 독수리의 추락을 의미합니다. 악마도 원래는 날개를 잃은 천상의 천사였다는 사실을 여러분은 알고 있을 것입니다. 이와 같이 통증도 인간의 가장 숭고한 존재의 추락으로 볼 수 있습니다.

3

고유운동감각

이번에는 고유운동감각에 대해 설명하려고 합니다. 고유운동감각은 앞에서 다룬 감각기관들과는 매우 다른 영역입니다. 우리는 모두 움직일 수 있는 능력이 있고 스스로 움직이는 것을 관찰할 수도 있으며, 또한 다른 사람이 움직이는 것을 볼 수도 있습니다. 팔과 다리를 움직일 때 굳이 팔다리를 쳐다보지 않더라도 여러분은 스스로 움직이는 것을 느낄 수 있습니다. 이것이 바로 고유운동감각입니다. 자연과학에서는 고유운동감각을 심층감각 또는 근육감각이라고 합니다.

신체에 속하지만 우리의 뜻대로 움직일 수 없는 부분이 있다는 것은 참으로 묘합니다. 원한다고 해서 휘어진 코를 바로 세우거나, 심장을 잠시 멈추게 한다거나, 혹은 신장의 활동을 촉진시킬 수는 없겠지요. 의외로 몸의 많은 부분은 우리의 의지 밖에 놓여 있습니다. 우리는 단지 제한된 근육에 한해서 몸의 주인이 될 수 있습니다. 손을 오른쪽에서 왼쪽으로 움직일 수도, 다리를 움직여 자세를 바꿀 수도 있습니다. 그러나 이 또한 가로무늬근이자 적색골격근에 혈액 순환이 원활해야, 즉 생체활동을 관장하는 생명감각의 도움이 있어야 가능한 일입니다.

이렇게 몸을 구성하는 근육 중에서 수의근에 해당하는 골격근은 최소한 우리의 의지대로 움직일 수 있습니다. 〈우리〉라는 말에 유의하시기 바랍니다. 우리는 움직일 때 그 움직임을 느낄 수도 있고 움직이는 주체가 자신임을 알 수도 있습니다. 만약, 자신의 의지와 상관없이 몸의 일부가 갑자기 움직인다면 우리는 적지 않게 놀랄 것입니다. 실제로 신경계에 이상이 생기면 일시적인 안면근육 경련이나 수전증 등의 불쾌감을 유발하는 증상이 나타나기도 합니다. 그러나 정상적인 경우에는 누구나 자신의 수의근을 의지에 따라 움직일 수 있습니다. 이 감각기관을 자가운동감각 혹은 고유운동감각 또는 줄여서 운동감각이라고 합니다.

스스로 움직일 수 있는 능력, 이 역동적인 힘의 원리를 인지학에서는 아스트랄체라고 합니다. 움직일 수 없는 식물에게는 이러한 능력이 없는데, 이 점에 대해서는 나중에 다시 설명하겠습니다.

아스트랄은 우주의 성체(태양을 포함한 별)와 관련이 있는 개념입니다. 여러분에게 의미를 좀 더 명확하게 전달하기 위해 다음과 같이 설명해 보겠습니다. 태양이 에너지를 발산하고 이 에너지로 인해 비로소 모든 것이 가능하듯이, 아스트랄체는 인간에게 에너지를 공급하는 원천입니다. 저는 매 순간 움직이며, 제 몸에서 에너지를 느낍니다. 저는 지금 백묵을 잡고 무거운 것을 들어올리기도 하면서 몸의 에너지를 사용합니다. 이 에너지의 원천이 우리 몸의 태양체, 아스트랄체 혹은 성체입니다. 용어의 의미보다는 그 에너지를 경험한다는 사실 그 자체가 더욱 중요하다고 하겠습니다. 그렇다면, 이러한 움직임은 어떤 과정을 통해 이루어질까요? 루돌프 슈타이너는 인간의 움직임에 대해 아주 새로운 관점을 제시하고 있습니다.

> "건너편에 놓여 있는 물 컵을 잡을 때 우리는 보통 '내 손이 물 컵으로 움직여갔다.'고 말합니다. 맞는 말입니다. 그러나 예리한 투시력을 가진 사람이라면 다른 관점에서 바라볼 수도 있을 것입니다. '물 컵을 잡기 위해 내 손이 물 컵이 있는 쪽으로 움직여간 것이 아니라, 보이지 않는 또 다른 나의 존재가 건너편에서 와 내 손을 물 컵으로 이끌었다.'라고 말입니다."

루돌프 슈타이너는 자신이 강연에서 내세운 주장이나 견해를 수동적으로 받아들이지 말고, 항상 같이 연구하며 일상생활에서 경험을 통해 스스로 터득할 것을 강조했습니다. 그런 의미에서 주변에서 흔히 일어날 수 있는 예를 통하여, 루돌프 슈타이너가 제시한 인간 신체의 움직임에 대한 새로운 인식에 접근해보고자 합니다.

제가 사는 A라는 지역에 한 이웃이 살고 있습니다. 이 사람은 매일 아침 집에서 나와 B라는 지역을 향해 걸어갑니다. 저는 매일 이 사람의 뒤를 따라가며 관찰하기로 했습니다. 실험에 참가하겠다는 이 사람의 동의를 얻어 저는 다양한 분야의 과학자들로 조사팀을 구성하여 이 사람의 움직임과 관계된 모든 상황을 살펴보기로 합니다. 우선 이 사람의 몸 상태를 점검하기 위해 조사팀은 짧은 시간 안에 그의 소변을 검사하고, 함께한 의사는 이 사람의 혈압, 땀 성분, 호흡이나 맥박 등을 검사합니다. 이 사람이 어떻게 A지역에서 B지역으로 움직여 가는지를 알아내기 위해서 그의 모든 생리적인 현상을 아주 면밀하게 조사하는 것이지요. 조사팀의 일원인 기상학자는 풍력과 기온과 기압 등을 측정하고, 지질학자는 인간에게 영향을 미칠 수 있는 지구 방사선이나 지구 자기장에 대해서도 조사합니다.

이 사람이 매일 아침 A지역에서 B지역으로 걸어가는 이유를 밝혀내고자 예를 든 이 일련의 실험은 이론적으로 수년에 걸쳐 진행될 수 있고, 그 결과 예기치 못한 새로운 사실이나 흥미로운 점들도 발견할 수 있을 것이며, 관찰에 대한 기록이 책 한 권의 분량에 달할 수도 있을 것입니다. 하지만 이러한 노력을 통해 아무리 애를 쓴다고 하더라도, 이웃이 왜 A지역에서 B지역으로 걸어가는지에 대한 이유를 알아내기는 힘들 것입니다. 최첨단 의료기기를 동원하여 혈압, 심전도, 뇌파 등을 측정한 객관적인 자료라 할지라도 그 이유를 밝혀내는 데 아무런 도움이 되지 않습니다.

가장 빠르고 정확한 방법은 직접 그 이유를 물어보는 것입니다. 이웃

은 "아! B지역에 제 여자 친구가 살고 있습니다."라고 말합니다. 이제 우리
는 '이 이웃은 여자 친구를 방문하기 위해서 매일 아침 B지역으로 간다.'
라는 답을 얻게 됩니다. 다르게 표현하면, '이 이웃은 B지역에 사는 여자
친구를 만나려는 계획된 목표를 가지고 있었기 때문에 B지역으로 움직인
것이다.'라고 할 수 있습니다. 만약 이 사람이 이런 계획을 가지고 있지 않
았다면 B지역으로 가는 일은 없었을 것입니다. 집을 나설 때, 이 계획은
세워져있었고 그의 생각은 이미 B지역에 도달해 있었던 것입니다. B지역
으로 가겠다는 계획의 수립과 동시에 그는 이미 B지역에 존재하는 것이지
요. 물론 여기서 B지역에 이미 존재하는 것은 그의 육체가 아니라 그것을
넘어선 차원을 의미합니다.

인간이 〈계획하는 존재〉라는 관점에서 출발한다면 이웃이 움직인 동
기는 진정 B에서 찾아야 할 것입니다. 과학자들은 A지역에서 B지역으로
이동하는 이 이웃의 육체만 관찰할 수 있을 뿐입니다. 그런데 제 이웃은
생각 속에서, 즉 초감각적인 차원의 또 다른 현실세계 속에서 이미 B지역
에 도달한 것이며, 이미 도달한 초감각적 존재인 이웃이 자신의 육체를 A
지역에서 B지역으로 이끌고 있는 것이지요. 쉽게 이해할 수 있는 평범한
현상입니다. 마찬가지로 물 컵을 잡고자 한다면, 이미 물 컵에 도달한 보
이지 않는 또 다른 자신이 컵이 있는 쪽으로 팔을 이끄는 것이지요. 물 컵
을 잡을 의도가 없다면, 팔은 결코 물 컵을 향해 움직일 리가 없습니다.
물 컵을 잡겠다는 생각을 하는 순간부터 팔은 움직이기 시작하고 자신의

계획에 순종할 뿐입니다.

실제로 생활 주변에는 엄청나게 많은 초감각적인 현상들이 산재해 있지만, 우리는 초감각적인 사실과 연관 지어 생각하는 것에 익숙하지 않습니다. 거리의 혼잡한 교통을 한번 생각해 봅시다. 왜 수많은 사람이 차를 타고 움직이는 것일까요? 그들은 모두 계획된 목적이 있기 때문입니다. 극장에 간다든지 혹은 친구를 방문한다든지 하는 나름의 계획에 따라 모두 어디론가 열심히 달려가고 있습니다. 하지만, 움직이는 현상만 보고는 그 계획을 알 수가 없습니다. 수많은 차량의 흐름을 정리하고 있는 것은 바로 눈에는 보이지 않는 계획들입니다. 앞에서 루돌프 슈타이너가 언급한 인간 행동의 시작과 끝에 대한 발상의 전환에서, 투시안을 가진 사람이란 바로 이런 〈인간의 계획〉을 꿰뚫어 보는 능력의 소유자를 말합니다.

인간의 모든 행동은 그 이면에 감춰진 계획의 연관 속에서만 설명할 수 있습니다. 정신적인 어떤 힘이 우리의 육체를 지배하고 있는 것입니다. 사실, 물 컵을 잡는다거나 장소를 이동하는 하나하나의 움직임들은 인생을 규정짓는 삶 전체의 틀에서 보면 아주 작은 부분에 불과합니다. 한편, 인지학에서는 인생을 결정짓는 큰 움직임이라고 볼 수 있는 삶의 계획을 〈카르마〉라고 합니다. 이런 맥락에서 볼 때 전체와 부분의 관련성에 대해 괴테가 한 말은 시사하는 바가 있습니다.

"전체를 새롭게 하기 원한다면, 가장 작은 부분부터 직시하라."

우리가 만드는 하나하나의 움직임들은 우리의 전체 삶을 구성하는 작은 요소들이며, 우리의 삶 자체는 전체적인 하나의 큰 움직임으로 볼 수 있습니다.

그런데 우리가 〈나의 삶〉이라고 할 때, 이 〈나의 삶〉은 놀랍게도 타인의 삶으로 가득 채워져 있다는 것을 발견하게 됩니다.

어떤 사람에게 "당신은 누구십니까?"라고 묻는다면 그 사람은 자신의 부모에 대해서 설명하고, 그 밖의 가족에 대해 이야기하고, 친구들과 스승에 대해, 직장 동료에 대해 그리고 자신과 사귀고 있는 사람에 대해, 때로는 즐겨 읽는 책(이 또한 타인이 저술한 것입니다)에 대해 이야기할 것입니다. 일상적인 대화에서도 이러한 인간관계에 대한 물음은 빈번합니다. 한 사람의 삶이 많은 다른 사람의 삶과 얽혀 있는 것이지요. 동종끼리 무리를 짓고 사는 동물과 같이 인간도 무리를 이루어 살고 있습니다. 하지만 인간이란 〈동물〉은 같은 종이라 할지라도 제각각 다른 형태의 고유한 모습을 유지합니다.

인간의 삶은 탄생부터 죽음에 이르는 하나의 큰 움직임이라고 볼 수 있습니다. 우리는 태어나서 매년 탄생을 기념하는 파티를 합니다. 그렇게 한 해, 두 해가 쌓이면서 삶의 내용이 채워지고, 죽을 때까지 이러한 작은 움직임들의 과정은 이어집니다. 죽음을 맞이하는 순간, 일생이라는 하나의 큰 움직임은 완성됩니다. 이 큰 움직임을 한 권의 책으로 기록한 것이 개개인의 생애를 담은 전기겠지요. 한 개인의 일생에서, 앞에서 예로 든 A장소에서 B장소로 이동한 이웃의 경우처럼, 탄생과 죽음 중 어느 것이 출발점인지에 대한 인식을 바꾸어 보는 것은 어떨까요? 우리가 한 사람의 삶을 탄생에서부터 출발하여 지켜본다고 해서, 과연 그 삶의 의미를 제대로 찾아낼 수 있을까요? 독일 문학사의 큰 별인 괴테의 삶을 소개하는 것으로 이 문제에 접근해 보도록 하겠습니다. 한 전기 작가는, 괴테의 섬세하고도 풍부한 감성적 성격을 괴테의 양친이 지녔던 성격의 유전적인 결과로서 당연하다고 귀결 짓습니다.

괴테의 섬세한 감성과 개방적인 성향은 자연에 대한 경외심으로 발전하고, 이러한 경외심은 어린 괴테의 특이한 행동을 설명하는 근거가 됩니다. 6~7세경 괴테는 어느 날 아침 해가 뜰 무렵, 이끼와 자연에서 가져온 물건들로 작은 제단을 만들고, 돋보기로 아침 해를 받아 초점을 맞춘 뒤 제단의 촛불을 밝혔다고 합니다. 어린아이가 이런 제례의식과 같은 행동을 했다는 사실은 예사롭지 않습니다. 그 뒤, 괴테는 순회극단이 공연하는 파우스트의 전설을 소재로 한 인형극을 보며 강한 인상을 받습니다. 이러한 체험은 괴테가 일생을 거쳐 집필하고 만년에 이르러서야 종합적으로 완성한 대작 『파우스트Faust』가 탄생하는 단초가 됩니다. 대학 시절에 이미 『파우스트』의 초고를 작성하게 되는데, 이 시기에 만난 아리따운 여성들과의 교제는 파우스트의 영원한 여성상인 〈그레트헨〉의 모티브를 제공합니다. 그 뒤 중단했던 『파우스트』의 집필은 실러Schiller나 에커만 Eckermann 등 독일 문학사에서 영향력 있는 문인들과의 교류나 그들의 독려로 계속 이어지게 됩니다.

전기 작가들은 이처럼 사람의 생애를 이전의 경험으로부터 파생한 결과로 해석하려는 경향이 강합니다. 따라서 작가들은 한 사람의 생애를 기록하는 전기를 쓸 때, 삶의 중요한 사건들의 고리를 잇는 인과관계를 찾으려고 애를 씁니다.

범죄자의 현재 모습은 유년 시절의 불행한 가정환경이 빚어낸 필연적인 결과로 보기를 즐겨하며, 유명한 음악가의 천재성은 그 부모의 유전적 기질이나 예술적인 분위기에서 자란 성장과정에서 그 싹을 찾습니다. 작가들의 이러한 제법 설득력 있는 논리는 독자의 아주 단순한 의문도 간과하게 만듭니다. 감성이 풍부한 수많은 아이 중에 왜 유독 괴테만이 제단을 쌓는 신비한 행동을 하며, 인형극을 사랑하는 수많은 아이 중에서 왜 괴테만이 대문호의 길을 걷게 된 것일까요? 젊은 시절에 누구나 열렬한 사랑을 체험하지만, 그 모두가 괴테와 같이 자신의 경험을 위대한 문학 작품의 소재로 승화시키지는 못합니다. 또한 실러와 에커만이 격려한 작가가 비단 괴테만 이었을까요.

이 모든 것이 생각만큼 그리 단순한 성격의 문제가 아니라는 것을 느끼셨을 것입니다. 그러면 어떻게 해서 사람들은 각각 다른 방식과 다른 모습으로 다양한 삶을 살아가게 되는 것일까요? 예를 들어, 두 사람이 (쌍둥이라도 마찬가지입니다) 같은 공간에서 같은 책을 읽더라도 그것에서 받는 인상은 서로 다릅니다. 한 사람에게는 전혀 눈에도 띄지 않는 문구가 다른 사람에게는 커다란 깨달음을 주기도 합니다. 그렇다면 왜 인간은 동일한 사건이나 경험을 통해서 각기 다른 영향을 받게 되는 것일까요? 왜 어떤 사람에게는 의식이 변하는 계기가 되고, 또 어떤 사람에게는 전혀 기억에도 남지 않는 사건이 되는 것일까요?

이런 문제에 대한 해답을 찾기 힘들 때 흔히 사용하는 표현이 바로 사람들의 〈재능(소질)〉입니다. 물론 사람들은 자신의 재능에 따라 다양한 경험을 하고 영향을 받는 정도도 다릅니다. 그렇다면 재능이란 도대체 무엇일까요? 이 질문과 함께 인생의 수수께끼에 다가가 봅시다. 어쩌면 다음과 같은 방식으로 접근할 수도 있겠습니다.

우리가 살면서 만나는 많은 일은 크게 두 가지로 나누어 볼 수 있습니다. 그저 곁을 스쳐 지나가는 만남과 삶에 소중한 의미가 될 진정한 만남이 그것입니다. 우리는 하루에도 수 없이 많은 일을 경험하지만, 삶에 깊은 영향을 주는 특별한 만남은 흔치 않습니다. 그런데 이 진정한 만남이 결코 우연하게 일어나는 것이 아님을 여러분은 차차 설명을 통해 이해하게 될 것입니다.

어떤 순간의 경험은 〈어쩐지〉 삶의 한 부분인 것처럼 느껴질 때가 있습니다. 조금 다르게 표현해보면, 진정한 만남이란 〈자신이 잊어버리고 있었던 그 무엇인가를 다시 알아보고, 재인식하는 것과 같은 묘한 체험〉입니다. 우리는 때로 처음 보는 물건이나 사람을 만날 때, 혹은 한 번도 들어보지 못한 문장이나 음악을 들을 때 불현듯 〈언젠가 들어 본 것 같고, 어디에선가 만난 적이 있는 것 같은 친숙한〉 느낌을 받을 때가 있습니다. 이런 느낌은 반드시 처음 본 그 순간에 생기지 않을 수 있으며, 시간이 좀 더 흐른 뒤에 진정한 만남의 순간이 찾아올 수도 있습니다. 그 순간, '우리의 관계에는 남 다른 무엇인가 있다.'라는 강한 인상을 받습니다. 그런데 이런 진정한 만남이 반드시 호감을 느끼는 사람과의 관계에서만 이루어지는 것은 아닙니다. 왜냐하면 반감을 주는 사람도 자신의 삶에 영향을 끼치기 때문입니다. 적대적인 관계에 있다고 해서 상대방을 "나와는 무관한 사람이다."라고 할 수는 없겠지요. 엄밀하게 본다면 〈적과 동지〉만이 우리의 삶에서 진정한 만남이라고 할 수 있을 것입니다. 그 밖의 수 없이 많은 만남은 특별히 의미 없이 스쳐가는 사건들입니다.

〈계획하는 인간〉이란 관점에서 살펴본 물 컵의 예와 같이, 이런 진정한 만남도 인생이란 큰 움직임의 맥락에서 이해해 볼 수 있습니다. 물리적인 시간은 탄생에서 죽음에 이르는 방향으로 흐릅니다. 하지만 죽음이란 시점에서 출발하는 또 다른 보이지 않는 시간의 흐름을 설정해 보는 것은 지나친 발상일까요? 물 컵을 잡는 작은 움직임에서 물 컵을 잡으려는 의도가 보이지 않는 손으로 작용하듯이, 삶이란 큰 움직임에도 계획한 의도나 목표가 존재한다고 가정해 볼 수는 없을까요? 사람들이 각기 다양한 삶의 방식과 모습으로 살아가는 이유를, 단지 염색체의 유전적인 요인으로 모든 것을 단정할 수 없듯이 〈재능〉으로만 설명하기에는 왠지 충분해 보이지 않습니다. 오히려 '모든 인간은 각자 자신이 정하고 계획한 삶의 목표를 가지고 태어난다.'는 생각이 훨씬 더 설득력 있는 가정이 아닐까요?

다음 이야기는 널리 알려진 크로이소스와 솔론의 일화입니다.

솔론은 그리스의 정치가이자 일곱 명의 현인 중 한 사람이고, 크로이소스는 전설적인 부자로 소문난 리디아의 왕으로 엄청난 재산과 광대한 영토와 수많은 여인을 거느렸던 인물입니다.

어느 날, 크로이소스가 솔론에게 묻습니다. "당신은 내가 진정 위대하고 존경할 만한 군주라고 생각하지 않습니까?" 이 질문에 솔론은 그 유명한 답변을 합니다. "그 질문에 대한 답을 하기는 아직 시기상조입니다. 당신이 일생을 마쳤다는 말을 들을 때까지, 나는 당신의 삶에 대한 평가를 내릴 수가 없습니다." 크로이소스가 살아 있는 동안 그의 삶은 아직 완성된 것이 아니며, 삶을 마친 뒤 전체 모습이 드러나야 비로소 판단할 수 있다는 의미이겠지요.

책도 이와 같습니다. 한 권의 책에 대한 평가를 내리기 위해서는 끝까지 읽어 보아야 할 것입니다. 우리 삶을 한 권의 책으로 비유할 수 있습니다. 전기란 사람의 일생을 책으로 기록한 것이니까요. 그렇다면 한 권의 책이 어떻게 완성되는지를 살펴볼 필요가 있겠지요.

간단하게 탐정 소설을 예로 들어 봅시다. 탐정 소설에서 긴박감과 흥미의 본질을 이루는 사건의 실마리는 항상 결말에서 풀립니다. 그렇다면 작가는 이러한 사건 해결의 실마리를 알고 있어야 책의 내용을 전개할 수 있을 것입니다. 결국 작가의 작업은 소설의 결말에서부터 출발한다고 볼 수 있습니다.

사람의 일생과 탐정 소설은 격은 다르지만 분명 그 유사성을 찾을 수 있습니다. 순수 예술가들의 창작 활동에서도 이런 점은 명백하게 드러납니다. 시인의 창작 과정을 예로 들어 보겠습니다.

갑자기 영감이 떠올라 한 문장을 써 내려가 보지만 더 이상 이어가지 못하고 고심을 합니다. 그러다가 어느 순간 자신도 모르게 줄줄이 써 내려가게 되고 마침내 한 편의 시를 완성합니다. 마지막 행을 쓰고 마침표를 찍는 순간, 시인은 자신의 모든 노고가 바로 〈이 마지막 행을 쓰기 위한 과정〉이었음을 깨닫게 됩니다. 마지막 행에서 결정체로 모습을 드러낸 영감이 시의 창작 동기였으므로 시인의 작업은 마지막 행에서 출발했다고 할 수 있습니다. 모든 예술가가 작품을 완성하고 붓을 놓는 순간, 그 동안의 힘든 수고가 바로 끝부분을 완성하기 위한 노력이었음을 느낀다고 합니다. 우리는 초감각적인 차원에서는 물리적인 세계에서와는 다르게 일이 진행될 수 있다는 사실에 익숙해질 필요가 있습니다. 사람의 일생은 이렇게 한 권의 책에 비유될 수 있으며, 책의 창작 과정과 마찬가지로 우리의 삶도 삶의 목표나 계획이 완성되어 그 모습이 드러나는 순간, 즉 죽음에서부터 출발한다고 볼 수 있습니다.

이러한 관점에서 인간의 삶을 조명해 볼 때, 비로소 우리는 실러와 에커만이 교류한 많은 작가 중에서 유독 괴테만이 남다른 영향을 받았고, 감성적인 수많은 아이 중에서 유독 어린 괴테만이 인형극에 강한 인상을 받은 이유를 설명할 수 있을 것입니다. 삶의 규칙은 다음과 같기 때문입니다.

"삶의 계획, 즉 운명에 존재하는 사건만이 우리에게 강한 인상을 남긴다."

이러한 인상을 받는 순간이 바로 진정한 만남이 이루어지는, 즉 과거에 알고 있었던 그 무엇인가를 재인식하게 되는 바로 그 순간입니다. 그 순간 우리는 〈이것이 내가 항상 찾고자 했던 바로 그것〉이라는 통찰에 이르게 됩니다. 그래서 이제 『성서』에 대한 인식도 바꿔야 할 것입니다. 『성서』를 읽음으로 해서 하느님을 만난 것이 아니라, 하느님이 존재하심으로 인해 우리가 『성서』를 접하게 된 것이라고 이해해야 할 것입니다. 이러한 사고의 틀에서 우리는 인간의 행동과 움직임에 대해 더욱 깊이 이해할 수 있습니다. 현상적으로 볼 때는 물 컵을 잡기 위해서 손이 이쪽에서 저쪽으로 움직이고, A라는 장소에서 B라는 장소로 이동하지만, 정신적인 차원에서는 이것과 정반대로 진행이 된다는 사실을 말입니다. 〈목표를 향해 나아가는 인간〉에 대한 이해가 전제되지 않는 한 인간의 어떤 행동이나 움직임도 설명하기 어려울 것입니다.

일반적으로 알고 있는 것과는 달리 인간의 무의식 세계에는 콤플렉스나 충동, 혹은 욕구불만과 같이 억눌린 감정만 있는 것은 아닙니다. 다양한 재능도 함께 존재합니다. 그러나 무엇보다도 우리 영혼의 깊은 저변에는 삶에 대한 전체적인 계획이 함께 그려져 있다는 것입니다. 그것은 삶에 대한 완성된 설계도라기보다는 잠재된 능력으로 존재하며, 우리의 모든 움직임의 원동력입니다. 이런 계획한 삶의 목표, 즉 운명에 대한 전제 없이는 지구상에서 일어나는 다양한 인간의 삶을 이해하기는 어려울 것입니다.

이와 같은 진정한 만남의 순간을 인식하는 능력이 어른들에게 더 발달되어 있으리라고 생각하기 쉽지만, 반대로 아이들이 훨씬 더 외부의 세계에 열려 있습니다. 자식을 키우는 부모들은 누구나 한번쯤 이런 경험을 할 것입니다. 예쁘고 착한 딸아이가 제멋대로 행동하고 버릇없는 이웃집 사내아이에게서 나쁜 영향을 받을 것 같아 떼어놓고 싶지만, 아이들은 어느 순간에 친구가 되고 둘은 갈라놓을 수 없는 사이가 됩니다. 어른들의 시각에서 보면, 아이들이 서로 어울리는 것은 때로 수수께끼와도 같아서 이해하기 힘들 때가 있습니다. 아이들은 꼭 사이가 좋아서 친구가 되는 것은 아닙니다. 아이들은 끊임없이 다투고 싸우면서도 서로 없으면 못 살 것처럼 붙어 다닙니다. 이렇게 세상을 향해 열린 마음을 가진 어린 시절의 진정한 만남은 확고부동합니다. 아이들은 마치 특정한 어떤 아이와 혹은 자신이 따르는 특정한 선생님과의 만남을 통해 삶을 경험하리라는 것을 이미 알고 이 세상에 태어난 것처럼 보입니다. 부모와의 만남도 결코 우연이 아닌 어떤 보이지 않는 힘에 의한 인연인 것입니다.

우연이라고 생각하는 우리 삶의 많은 경험을, 거꾸로 이런 일들이 일어날 수밖에 없었기 때문에 생긴 일이라고 생각하는 훈련을 한번 해 봅시다. 보통 즐겁고 행복했던 만남이나 일들을 우선 기억하게 됩니다. 하지만 쓰디쓴 체험이나 만남도 즐거웠던 만남 못지않게 중요한 의미가 되었다는 사실을 점차 깨닫게 됩니다. 이 모든 진정한 만남이 우리가 계획한 삶의 목표에 도달하기 위해 필연적으로 거쳐야 하는 과정이기 때문입니다.

인지학에서는 인간이 고유운동감각을 통하여 움직이는 행동과 그 움직임을 가능하게 하는 원동력, 즉 잠재된 삶의 계획을 일컬어 〈생명정신〉이라고 합니다. 〈삶〉이라는 단어로 대치할 수 있는 〈생명〉이란 말은 아주 적절한 표현이라고 하겠습니다. 아시다시피 〈삶〉이라는 말에는 두 가지 의미가 있기 때문입니다. 〈어떤 것이 살아있다.〉, 〈식물이 살아있다.〉 혹은 〈우리가 살아있다.〉와 같은 표현은 생물의 생명력을 뜻합니다.

이외에 인간에게는 정신적인 차원의 삶(생명)도 있습니다. 만약 제가 여러분에게 〈여러분의 삶(생명)〉에 대해 묻는다고 해서, 〈여러분의 심장이나 신장의 상태에 관한 답변〉을 듣고자 하는 것은 아니겠지요. 제가 기대하는 답은 바로 〈여러분의 삶의 내용, 즉 생애에 관한 것〉일 것입니다. 이렇게 삶(생명)이란 말은 자연적인 현상인 생물체의 생명과 정신문화적인 차원의 삶이라는 두 가지 의미로 사용됩니다. 전기란 한 사람이 일생 동안 살아온 문화적인 삶의 기록입니다. 이 문화적인 삶의 계획은 애초에 영혼의 깊은 곳에 자리하고 있으며, 이 삶의 계획을 〈생명정신〉이라고 합니다. 모든 인간은 누구나 자신만의 고유한 〈생명정신〉을 가지고 있습니다.

재능이란 무엇이며, 이 다양한 재능에 따라서 각자에게 주어진 삶의 계획, 즉 운명에 존재하는 진정한 만남들에 대한 지금까지의 설명이 도움이 되기를 바랍니다.

생각처럼 그리 간단한 문제는 아닙니다. 진정한 만남을 이룰 수 있는 능력 자체가 무디어질 수도 있기 때문입니다. 유아기나 청소년기에 삶의 결정적인 계기를 놓쳐 버리는 경우가 많이 있습니다. 이것은 나중에 성인이 되면서 점점 사고를 굳게 만들기 때문에 이러한 능력이 점차 무디어지고 마는 것입니다. 이렇듯이 비록 삶에 예정된 계획이었더라도, 진정한 만남을 놓쳐버릴 수도 있습니다. 다시 말해서 신호를 인식하지 못할 수도 있다는 것이지요. 진정 불행한 일이 아닐 수 없습니다. 엄청난 비용을 들여 한 호화로운 세계 일주가 특별한 인상을 받지 못하는 무미건조한 여행이 될 수 있는 것과 같이, 아무리 훌륭한 능력이나 운명을 타고났더라도 제대로 꽃을 피우지 못한다면 이는 아무런 의미가 없을 것입니다. 반면에 집 주변의 가벼운 산책길에서도 눈에 띄는 것마다 의미를 찾는 값진 체험을 하는 사람과 같이, 자신에게 주어진 조건에서 그 이상의 열매를 맺을 수도 있습니다. 그렇다면 이런 삶의 계획, 즉 운명을 인식할 수 있는 능력은 계발할 수 있는 것일까요?

루돌프 슈타이너는 새로운 동작예술인 오이리트미Eurythmie*를 창안했습니다. 오이리트미는 음악적인 요소와 언어를 몸의 동작으로 형상화시켜 시각적으로 표현한 것입니다. 이미 오이리트미 공연을 관람했거나 혹은 오이리트미 교육과정을 이수한 분도 계실 것입니다.

언어 오이리트미는 임의적인 동작이 아니라 모든 자음과 모음을 대우주인 자연의 창조적인 힘으로 표현하는 몸동작입니다. 『성서』에서 요한

• • • • •

* 〈아름다운 동작〉, 〈아름다운 리듬〉을 뜻하는 그리스어. 루돌프 슈타이너가 창안하고 1912년에 선보인 것으로, 언어와 음악을 움직임으로 시각화한 동작 예술

의 복음서 1장 1절에 나타난 "천지가 창조되기 전부터 말씀이 계셨다."는 구절도 언어가 창조하는 모든 힘의 근원임을 밝히고 있습니다.(수많은 신화에도 주술적인 언어나 노래가 만물을 창조하는 힘으로 묘사됨을 볼 수 있지요) 이런 모든 창조하는 힘의 원리를 루돌프 슈타이너는 오이리트미를 통해 표현한 것입니다. 오이리트미는 단순하고 간단한 동작이지만, 정확히 표현하기 위해서는 훈련이 필요합니다. 루돌프 슈타이너는 오이리트미에 대해 다음과 같이 말합니다.

> "오이리트미는 우리 영혼에 내재한 어떤 힘을 발달시키는 훈련입니다. (특히, 아이들에게 효과적입니다) 영혼에 내재한 이러한 힘은 그 어떤 다른 방식, 정규 교육과정 혹은 삶의 어떤 현장에서도 배울 수 없는 동작입니다."[7]

여기서 루돌프 슈타이너가 말하는 어떤 힘이란 바로 운명을 인식할 수 있는 능력에 관계하는 감각을 말합니다. 아무리 찬란한 빛이 아름다운 세상을 비춘다고 해도 시각이라는 감각기관이 없어서 볼 수 없다면 이 아름다움은 무의미할 것입니다. 마찬가지로, 오이리트미는 운명을 인식할 수 있는 통로를 제시해 줍니다. 오이리트미를 통해 우리는 운명에 영향을 끼치는 대우주의 힘과 교류하는 집중력을 키울 수 있습니다.

오이리트미에 대한 이해를 돕기 위해 조금 다른 각도에서 설명해 보겠습니다. 지금 우리는 삶에 결정적인 영향을 끼칠 수 있는 계기들을 인식할 수 있는 능력, 즉 영혼 깊은 곳에 설계된 삶의 목표를 인식할 수 있는 능력에 대해 이야기하고 있습니다. 크든 작든 우리의 모든 움직임들은 목표를 향해 가고 있습니다. 인류가 이룩한 문화적인 삶에서의 움직임을 한번 예로 들어봅시다.

　서구인이 애호하는 문화 체험은 스포츠인데, 그 중에서도 축구는 가장 사랑 받는 종목입니다. 축구의 목적은 공을 골대 안에 넣는 것인데, 목적을 달성하기 위해 신의 완벽한 창조물인 인간의 손은 절대로 사용해서는 안 됩니다. 축구 경기에서 손은 아무런 기능을 하지 못하고 단지 매달려있을 뿐이며, 오직 골키퍼에게만 손의 사용을 허용합니다. 반대로 손의 사용만 가능한 핸드볼의 경우를 생각해 봅시다. 선수들은 때로는 부드럽게, 때로는 강하게, 때로는 교묘하게, 때로는 기습적으로 서로 공을 주고받습니다. 마치 두 사람이 토론을 하는 듯한 모습입니다. 상대방의 손에서 공을 쳐서 빼앗는 동작은 아주 모욕적이고 무례한 느낌을 갖게 합니다. 이번에는 손으로 축구를 한다고 볼 수 있는 배구의 경우를 살펴봅시다. 배구경기의 규칙은 공을 손으로 잡아서는 안 되며, 반드시 공을 쳐서 올려야 합니다. 이는 마치 대화가 없는 인간의 관계에 비유할 수 있을 것입니다. 이렇게 동작으로 표현되는 다양한 느낌은 인간의 영혼에 깊은 영향을 미친다는 것을 알 수 있습니다. 오이리트미는 운동감각의 발달을 통해서, 운명을 인식할 수 있는 영혼의 힘을 강화시키는 몸동작입니다. 언어와 음악적인 요소의 움직임을 통하여 영혼의 힘을 우주의 힘으로 연장하는 것입니다. 예정된 삶의 계획, 즉 운명에 대해서 또 다른 측면에서 살펴

볼 필요가 있습니다. 앞에서 삶에 대한 계획은 이미 결정되어 우리 앞에 놓여 있으며, 진정한 만남의 순간들을 통하여 그것을 인식하는 것이 우리의 과제라고 했습니다. 하지만 이 모든 것을 지나치게 고정된 시각으로 해석하여, 삶을 너무 결정론적으로 이해해서는 안 될 것입니다. 살아가면서 결코 삶의 계획에 예정된 만남만을 경험하는 것은 아니며, 또한 삶의 계획과 전혀 무관한 낯선 분야에서도 우리는 새로운 관계를 형성하고 노력함으로써 충분히 능력을 발휘할 수 있기 때문입니다. 그렇지 않다면 우리가 인식하는 세계의 범위는 너무나 좁을 것입니다.

인간은 자신이 잘 할 수 있는 분야나 그렇지 못한 분야를 분명히 구별할 수 있습니다. 특히 학창 시절에 자신의 관심이나 능력에 따라서 특정한 과목에 대한 선호도가 확실하게 드러납니다. 저학년에서 선택과목을 채택하지 않는 학교가 아직도 있다는 것은 무척 다행스러운 일입니다. 만약 아이들이 일찍 자신이 좋아하고 잘 할 수 있는 선택과목에만 치중해서 배운다면, 새로운 것을 접하고 적응할 수 있는 능력은 퇴화하고 말 것입니다. '이 과목은 내가 아무리 열심히 노력해도 잘할 수 없을 것 같고 적성에도 맞지 않아'라고 생각하는 아이의 마음속 깊은 곳에는 항상 새로운 것에 도전하고자하는 욕구도 함께 존재하고 있기 때문입니다.

인지학에 대해 어느 정도 지식을 가지고 있는 분들은, 지금 타고난 삶의 계획인 전생의 카르마와 현세에서 이루어가는 삶의 계획인 새로운 카르마에 대해 이야기하고 있음을 이해하실 것입니다. 우리는 전생의 삶에서 〈재인식〉하게 되는 전생의 카르마와 더불어 새로운 관심 영역을 개척하여 현재 삶의 카르마를 창조해 나가는 것입니다. 이 두 가지의 카르마는 분명히 구분할 수 있습니다. 마음이 끌리고 관심이 생기는 것은 이미 계획된 삶에 내재된 것이며, 힘들여 노력해서 획득해야 하는 분야는 새로운 삶의 계획인 것이지요. 하지만 이 새로운 삶의 계획은 이미 타고난 삶의 계획 못지않게 미래의 삶을 위해서 아주 중요합니다.

여기서 설명하고자 하는 고유운동감각의 특성은 눈으로 볼 수 있는 현상적인 움직임과 엇갈리며 작용하는, 보이지 않는 인간의 계획이나 의도입니다. 몸이 이쪽에서 저쪽으로 움직여도, 눈에 보이지 않는 〈계획하는 인간〉은 반대로 저쪽에서 이쪽으로 움직입니다. 이러한 속성은 황도 12궁의 별자리 중에서 사수자리(♐)와 관련이 있습니다. 사격이나 궁도를 배울 때, 지도교사가 가장 먼저 하는 지침이 자신이 선 위치에서 표적을 향하여 쏜다는 느낌을 가져서는 절대로 안 된다는 점입니다. 목표물의 중심에 이미 도달했다는 느낌으로 표적을 겨냥하고 쏠 때 비로소 적중률을 높일 수 있다는 것이지요. 만약 여러분이 표적에 시선을 고정하지 않고, 활을 쳐다보고 쏜다면 화살은 어김없이 빗나갈 것입니다. 설정한 목표를 달성하기 위한 모든 과정은 언제나 목표 지점에서 출발해야 합니다. 이미 목표에 도달한 또 다른 〈내〉가 〈화살〉을 표적(과녁)으로 당겨오는 것이지요. 이러한 특징이 바로 사수자리의 본질입니다.

인간이 자유롭게 움직일 수 있는 것은 사지가 있기 때문입니다. 이와 관련하여 루돌프 슈타이너는 아주 놀랄만한 점을 지적하고 있습니다. 그가 한 말을 인용해 보겠습니다.

"인간이 붙박이로 서 있는 기둥도 아니고 양손과 양다리가 붙은 채로 태어나는 것도 아니라는 사실은, 지구의 '1년 주기'와도 관련이 있고, 계절의 변화가 인간의 정신 작용에 영향을 미친다는 것과도 관련이 있는데, 이는 바로 지구와 태양계가 우주 안에서 서로 다양한 영향을 주고받는다는 사실을 가리키는 것입니다."₈

평상시에 당연하게 받아들이는 현상들의 이면에는 때로 깊은 뜻이 숨어 있기도 합니다. 인간이 두 다리와 팔을 가진 것도 결코 우연이 아니며, 우리가 지구 위를 움직여 걸어가는 것도 단순한 임의적인 행위가 아닙니다. 사람이 걸어서 40,000km에 달하는 지구의 둘레를 한 바퀴 도는데 1년(이론적으로 볼 때)이 소요된다는 점은 흥미롭습니다. 어떻게 이런 결과가 도출되는지 함께 살펴보기로 합시다.

너무 빠르지도 느리지도 않은 보통의 속도로 걷는다면, 인간은 한 시간에 약 4.5km를 걸을 수 있습니다. 그렇다면 4.5km × 24시간 × 365일이면, 대략 40,000km가 됩니다. 계절의 변화가 생기는 것은 지구의 축이 기울어진 채, 태양을 중심으로 공전하기 때문입니다. 지구 자전축의 경도를 정확히는 23.5°이지만 24°라고 합시다.(그림 3)

인간이 똑바로 서면 고관절은 신장의 가운데에 위치합니다. 고관절을 중심으로 인간의 키를 지름으로 하는 원을 그려봅니다. 학교에서 배운 지식을 토대로 우리는 원주 = 지름 × π 이며, π 는 3.14…(3보다 조금 더 크지요)라는 것을 알고 있습니다. 또한 원의 중심각의 합은 360°입니다. 이제

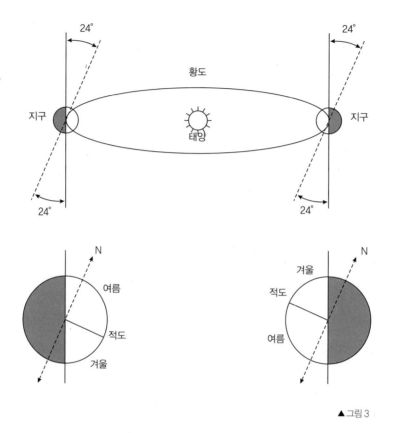

▲ 그림 3

사람의 키, 즉 원의 지름을 측정하고 이에 3.14를 곱한다면, 고관절을 중
심으로 하는 원의 둘레를 계산해 낼 수 있습니다. 이렇게 계산된 원의 둘
레를 직선으로 펼쳐 봅시다.(실험을 위해서는 두 개의 원을 직선으로 펼치
는 것이 이해하는데 더 효과적입니다) 펼쳐진 직선 위를 평균적인 보폭으
로 걸으면, 묘하게도 15걸음이 나옵니다.(그림 4 참조) 두 원의 각을 합하

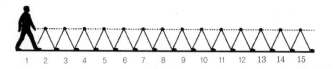

고관절을 중심으로 하는 원 두 개를 펼친 직선 위를 똑바로 서서 걸어가면
15걸음이 나온다.

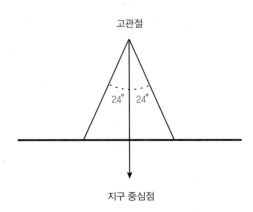

고관절

24° 24°

지구 중심점

사람이 걸을 때, 두 다리 사이의 각도 (24˚의 두 배)

▲ 그림 4

면 720˚가 되므로, 한 보폭의 각도는 720 ÷ 15 = 48(한 개의 원만 펼쳤
다면 7.5 걸음이 될 것이므로, 마찬가지로 360 ÷ 7.5 = 48)이라는 계산
이 나옵니다. 이것은 지구 자전축의 경도인 24˚의 2배에 해당하는 수치입
니다. 즉, 걷는다는 것은 바로 24˚의 각도로 진자 운동을 하는 것과 같습

니다. 이렇게 인간이 움직이는 보폭의 각도가 지구 자전축 경도의 두 배
와 같다는 것은 인간의 움직임이 우리가 살고 있는 행성인 지구의 움직임
과 신기하게도 정확히 일치한다는 것입니다.

　　팔을 위로 뻗을 경우 몸의 중심점은 고관절이 아닌 배꼽으로 옮겨가
게 되겠지요. 두 팔은 몸에서 가장 자유롭게 움직일 수 있는 부분입니다.
하지만 양쪽 어깨관절 사이, 즉 흉골로 이어지는 두 쇄골은 고정되어 있
어서 움직임의 제한을 받습니다. 그런데, 이 두 쇄골과 배꼽을 이으면 이

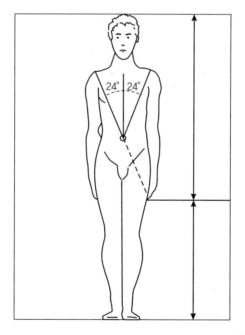

▲그림 5

역시 48°가 됩니다.(지구 자전축의 경도인 24°의 2배) 이렇게 인간의 몸과 지구는 여러 가지 측면에서 무척 유사한 형태적인 특징을 공유하고 있습니다.(그림 5)

끝으로 인간의 평균적인 신장이 172cm가 되는 이유에 대한 물음을 던져 보기로 합니다. 인간은 〈시각적인 존재〉이므로 질문을 다시 인간의 시야가 미치는 범위로 바꾸어 보겠습니다. 다음 그림 6에 나타난 것과 같이 지구를 평면에 단순한 원의 형태로 그려봅니다. 인간이 똑바로 서서 지평선을 바라볼 때, 서 있는 지점에서 지평선까지 거리는 얼마나 될까요? 다음과 같이 계산해 보겠습니다.

지구의 둘레는 40,000km이고, 원주를 구하는 공식에 대입하면, 지

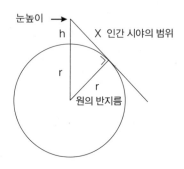

▲ 그림 6

인간의 시야가 미치는 범위를 계산해 보기 위한 도형
(실측과 꼭 들어맞지는 않음)

름(2 × 반지름) × π = 40,000km. 따라서 지구의 반지름은 40,000km ÷ 2π = 6,366km (π = 3.14)입니다. 눈높이 h는, 눈이 평균적으로 머리에서 10cm정도 아래에 위치한다고 보고, 평균 신장인 172cm에서 10cm를 뺀 162cm가 됩니다.

자, 이제 지평선을 바라보는 인간의 시야가 미치는 범위를 계산해 보기로 합시다. 직각 삼각형에서 빗변의 제곱은 다른 두 변의 제곱의 합과 같다는 피타고라스의 정리에 따르면, 다음과 같은 수식이 나옵니다:

$$x^2 + r^2 = (r + h)^2$$

혹은 $\qquad = r^2 + 2hr + h^2$

혹은 $\qquad x^2 = 2hr + h^2$

그런데 사람의 눈높이 h는 지구의 엄청난 크기에 비하면 무시해도 좋을 정도이므로, h^2은 계산에서 고려하지 않습니다. 그러면 위의 방정식을 다음과 같이 단순화 할 수 있습니다.

$$x^2 = 2hr, \ \ 즉 \ x = \sqrt{2hr}$$

평균적인 인간의 눈높이를 나타내는 h = 162cm = 0.00162km이며, 지구의 반지름은 6,366km입니다. 따라서 인간의 시야가 미치는 범위는 다음과 같이 계산할 수 있습니다.

$$x = \sqrt{2 \times 0.00162km \times 6,366\ km} = 4.5km$$

이 결과에서 인간의 시야가 미치는 범위는 사람이 보통 걸음걸이로 한 시간을 걷는 거리와 일치함을 알 수 있습니다. 전 후방을 합한 시야의 범위는 9km입니다. 이것은 사람이 두 시간을 걸어가는 거리이며, 두 시간은 하루(24시간)의 12분의 1에 해당하는 시간입니다. 하루라는 시간은 지구가 축을 중심으로 한 번 자전하는 데 걸리는 시간입니다.

숫자의 나열은 때로 지나치게 추상적이며 비현실적인 개념으로 다가옵니다. 그래서 이런 숫자의 법칙이 내포하고 있는 비율이나 상호 연관성, 일치나 구성이 암시하는 우주와의 관계를 오늘날 우리는 간과하고 있습니다. 피타고라스의 주장처럼 만물의 형성과 작용에 관계하는 숫자에 담긴 인간과 우주의 리듬이 연주하는 음악을 우리는 더 이상 듣지 못하고 있는 것입니다. 한 폭의 그림에 있어서도 그 그림의 완성도는 크기와는 상관이 없을 것입니다. 아무리 조그마한 크기일지라도 그 그림이 훌륭한 예술 작품이라면, 그 가치는 실로 크다고 할 것입니다.

4

균형감각

지금부터 균형감각에 대해 살펴보기로 하겠습니다. 여러분의 얼굴에 '아! 최소한 이 감각 기관만은 내가 잘 알고 있고, 몸의 균형을 잡는 것 또한 자신이 있다.'라는 반가운 기색이 역력합니다. 그러나 한 걸음 더 나아가서, 〈어떻게 몸의 균형을 잡게 되는지〉에 대한 의문을 가지게 되면 이 모든 것이 그렇게 간단한 문제만은 아니라는 것을 깨닫게 될 것입니다. 한 가지 명백한 것은 지구의 중력계에서만 균형을 잡을 수 있다는 사실입니다. 공중에 둥둥 떠다니는 진공 상태에서 몸의 균형을 잡는다는 것은 불가능하겠지요. 이처럼 몸의 균형을 잡기 위해서는 두 발로 땅을 딛고 굳건히 설 수 있어야 하므로, 아주 어린 아기들은 아직 몸의 균형을 잡을 수가 없습니다. 우선 땅을 딛고 일어서는 법부터 배워야 할 것입니다.

앞에서 촉각을 통해서는 몸을 의식하고, 생명감각을 통해서는 몸의 건강 상태를 파악하며, 고유운동감각을 통해서는 몸에 거주한다는 느낌을 받게 된다고 했습니다. 실제로 움직이는 동작을 통해서 몸이 자신에게 속함을 느낍니다. 반면 균형감각을 통해서는 외부 세계와 관계하게 됩니다. 외부 세계는 가능한 한 단단하고 흔들림이 없는 지상이어야 합니다. 물속에서 균형을 잡기가 어렵다는 사실에서 알 수 있듯이, 우리는 단단한 물체 위에서 비로소 안정감을 느낍니다.

몸에서 균형을 담당하는 감각기관은 세반고리관입니다. 삼반규관이라고도 하는 반원 형태의 고리관 세 개가 상호 직각을 이루며 삼차원의 형태를 하고 있습니다. 이 균형감각기관으로 우리는 공간을 지각할 수 있는 것이지요. 또한 균형감각은 근육의 긴장도를 뇌에 전달하는 운동신경(움직임을 지각할 뿐이고 움직임을 일으키지는 않습니다)과도 밀접하게 연관되어 있습니다. 이 균형감각기관과 음파를 감지하는 달팽이관의 상호관계에 대해서는 다음에 청각기관을 설명할 때 다시 다루기로 하고, 여기서는 세반고리관에 대해서만 집중적으로 살펴보겠습니다.

우선 이 균형감각기관이 어느 곳에 위치하고 있는지를 아는 것이 중요합니다. 인간은 직립보행을 하는 존재입니다. 절도 있는 군인의 부동자세처럼 꼿꼿이 직립한 사람의 모습(그림 7)을 살펴봅시다.

그림에서 보는 것과 같이 발목관절에서 시작하여 무릎관절, 손목관절, 대퇴부, 고관절(몸의 중심점), 팔꿈치관절과 어깨관절을 지나서 균형

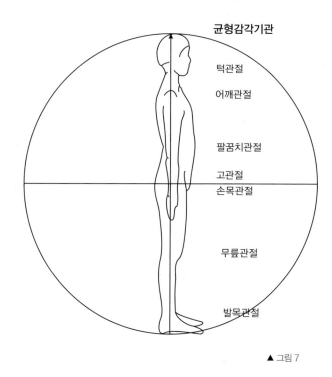

균형감각기관

턱관절

어깨관절

팔꿈치관절

고관절
손목관절

무릎관절

발목관절

▲ 그림 7

감각기관이 위치하고 있는 턱관절에 이르는 점들을 이어 직선을 그어 봅니다. 어쩌면 여러분은 "사람이 실제로 막대기처럼 일직선을 이루며 걷지는 않기 때문에, 이 그림은 좀 과장된 것 같다."라고 의문을 제기할 수도 있겠지요. 물론 맞는 말입니다. 현실에서는 정확하게 수직으로 직립하지 않습니다. 그러나 복부 비만으로 유난히 배가 앞으로 튀어나오거나, 골반이 틀어진 사람처럼 몸의 중심점이 이동해 직립 자세를 유지하기가 어려운 경우를 제하면 일반적으로 인간이 수직적인 자세로 보행하는 것은 우리 모두가 체험하는 사실인 만큼, 여기에 묘사한 사람의 자세를 기준으로 설명하겠습니다.

인간이 움직이면서 동시에 평형을 유지할 수 있는 것은 경이로운 일입니다. 아이들이 즐기는 줄넘기나 물구나무서기 혹은 곡예나 체조 등 다양한 놀이에서도 이런 요소가 잘 드러나는데, 그 중에서도 특히 아슬아슬하게 줄을 타면서 동시에 균형을 잡는 줄타기 동작은 압권입니다. 인간처럼 움직임의 폭이 다양하고 풍부한 동물은 없습니다. 성장 과정에 있는 유년기나 청소년기에는 기록 갱신을 목표로 한 가지 운동을 집중적으로 훈련하는 것 보다는 다양한 운동을 적절히 하는 것이 좋다고 생각합니다.

이렇게 인간이 동물과는 달리 다양한 동작을 할 수 있는 것은 인간의 특별한 신체구조에서 기인합니다. 인간의 몸의 균형은 불안정한 형태라고 말합니다. 균형감각기관이 존재하는 무거운 두개골이 몸통의 윗부분에 자리 잡고 있기 때문입니다. 그러나 아래턱이 두개골 바깥으로 튀어나와 있는 침팬지의 경우는 다릅니다. 직립보행은 인간만이 유지하고 있는 인간 모습의 원형입니다. 앵무새나 펭귄도 인간처럼 두 발로 설 수 있다고 할지 모르겠습니다만, 앵무새나 펭귄은 똑바로 서더라도 약간 웅크린 형태로 인간의 직립 자세와 비교할 수는 없을 것입니다. 한편 침팬지를 관찰해 보면 매우 흥미로운 점을 발견할 수 있습니다. 새끼 원숭이와 인간의 두개골이 매우 흡사하다는 것이지요. 새끼 원숭이는 신기할 정도로 인간의 모습에 가까운 둥근 형태의 이마를 가지고 있습니다. 어떻게 보면 새끼 원숭이의 얼굴이 마치 주름진 노인의 얼굴 같기도 합니다. 그러나 새끼 원숭이의 두개골은 성장해 가면서 점점 다른 형태로 변화해 갑니다. 완전히 성장한 원숭이의 얼굴에서 인간의 모습을 찾아보기는 힘듭니다. 일반적으로 인간은 원숭이가 진화, 발달한 모습이라고 합니다만, 개체발생은 계통발생을 반복한다는 학설을 따른다면, 인간과 새끼 원숭이의 모습이 흡사하다는 점에서 인간에서 한 단계 더 진화, 발달한 것이 원숭이가 아닌가 하는 새로운 관점도 설정해 볼 수 있겠지요.

고대 이집트인들은 인간의 균형에 대해 훨씬 더 심오한 사고를 했던 것 같습니다. 고대 이집트인들은 사람이 죽으면 천칭으로 현세에서 살았던 삶의 무게를 단다고 생각했습니다. 고대 이집트의 회화나 벽화에서 늑대머리를 한 반인반수의 저승사자 아누비스가 인간의 영혼인 심장을 천칭으로 측량하는 모습을 흔히 볼 수 있습니다. 생전에 삶의 계획에 얼마나 충실하게 살았는지, 즉 정의와 진실에 따라서 그리고 신이 부여한 세계의 질서에 얼마나 순응하며 살았는지의 여부를 천칭으로 측량하는 것입니다. 아누비스가 천칭이 수평이 아니라고 판단을 내리면 옆에서 기다리던 괴물이 죽은 자의 영혼을 삼켜버립니다. 그림 8에서 죽음의 신인 오시리스 앞에 천칭 모양을 하고 있는 것이 있지요. 이 천칭이 평형을 이루면, 괴물을 물리치고 죽은 자 스스로 저승의 왕인 오시리스가 될 수 있는 것이지요.

▲ 그림8 그림의 왼쪽에는 오시리스 신이 앉아 있고, 오른쪽에는 9명의 심판관이 서 있다.
그림 출처: Wallis Budge, From Fetish to God in Ancient Egypt, London 1934.

인간의 두개골을 절개하면 두개저가 드러납니다. 이곳에 균형감각기 관인 세반고리관이 자리하고 있습니다. 이 세반고리관과 그림 7(91쪽)에서 살펴본 관절들은 같은 일직선상에 위치한다고 했습니다. 인간의 직립 자세는 고대 이집트 인들이 천칭에 비유했을 만큼, 그 구조적인 형태가 실제로 천칭과 매우 흡사해 보입니다.

황도 12궁의 별자리에서 천칭자리를 촉각에 비유했기 때문에 약간 혼동이 있을 수도 있습니다. 하지만 촉각에 관계된 천칭의 속성은 현세에서 물질의 중량을 측정하는 것에 비유한 것이고, 현세의 천칭으로는 물질의 가치에 대해서는 가늠할 수 없다고 했습니다. 물질의 가치에 대한 평가는 바로 천상의 저울인 성 미카엘 저울이나 사후 세계를 관장하는 고대 이집트의 신적인 존재에 의해서만 가능한 것입니다. 고대 이집트의 신들은 죽은 자의 인격적 가치를 그 인간의 균형 잡힌 자세로 판단했던 것이지요. 이렇게 균형을 유지하고 똑바로 직립한 인간의 모습은 이미 그 자체로 정신적이고 도덕적인 천칭입니다.

균형을 잡고 똑바로 서는 것은 우리 자신의 고유한 표현입니다. 이러한 인간 존재의 고유한 개별성을 인지학에서는 〈자아〉라고 합니다. 우리는 실제로 직립보행을 하면서 다른 사람과 구별되는 독립된 자아를 의식하게 됩니다. 독립된 개체가 각자의 위치에서 중심을 잡고 서 있는 모습은 그 자체로 고유한 자아의 표현입니다. 이러한 자아의식은 우리가 균형을 잡고 설 수 있기 때문에 느낄 수 있는 것입니다. 〈나는 선다. 고로 나는 존재한다.〉라는 명제가 성립할 수 있는 것이지요. 중심점이 있는 현재의 위치에 〈나〉라는 존재가 서 있습니다. 다른 자아와 만나거나 악수를 하더라도 두 사람의 자아는 각기 상이한 자신의 중심점에 서 있게 되는 것입니다. 인간이 선다는 것은 이렇듯 개별적인 자아를 표현하는 것이지요.
이런 자아의식의 발현은 아기들이 힘들게 중력을 극복하고 처음으로 일어서기를 할 때 잘 나타납니다. 아기가 난생 처음 발을 딛고 서는 순간, 아기는 자신의 존재에 대한 독립성을 강하게 의식하게 되며 일종의 승리감을 맛보게 됩니다. 이전에 바닥을 엉금엉금 기어 다니던 존재에서 이제 똑바로 서서 바라보는 세계는 또 다른 차원의 체험일 것입니다. 아기는 비로소 인간으로 태어나는 것이지요. 그렇기 때문에 오늘날 청소년들이(성인도 역시 마찬가지입니다만) 주로 컴퓨터 앞에 앉아서 시간을 보내는 것은 참으로 유감스러운 일입니다. 직립은 인간만이 할 수 있는 고유한 특성이고, 또한 우리가 똑바로 서서 걸을 때 진정으로 인간임을 의식할 수 있기 때문입니다.

따라서 인간은 일어설 수 없게 강요된 상황을 자아에 대한 심각한 공격으로 느끼게 됩니다. 자아가 이탈되는 듯한 심한 뱃멀미를 경험해 보신 적이 있으신지요? 차라리 죽고 싶은 마음이 들 정도로 고통스럽습니다. 그러나 배에서 내려 육지에 두 발을 딛고 서는 순간, 우리는 다시 태어난 것 같은 안도감을 느낍니다. 이제 스스로 중심을 잡고 설 수 있기 때문입니다.

음주로 인해 취한 경우는 그 반대의 상황입니다. 즉 균형을 잡지 못하면서도 그 사실을 전혀 느끼지 못하는 것이지요. 술에 취하면 인간은 중심을 잡지 못하고 비틀거리며 제대로 걷지도 못합니다. 남이 보기에는 지극히 불안하지만 막상 술에 취한 본인은 자아에 대한 통제력이 충분히 있다고 생각합니다. 벌겋게 달아오른 얼굴은 마치 부끄러운 마음이라도 표현하는 것 같지만 실상은 전혀 그렇지 않지요. 인간성의 소중한 가치는 무엇보다도 영혼이 느끼는 다양한 감정일 것입니다. 그런데 술은 몸에 대한 통제력뿐 아니라 때로 소중한 가치인 인간다움마저도 마비시켜 버립니다. 〈적당히〉 기분 좋을 정도로 마시는 술 정도야 괜찮다고 생각할 수도 있지만, 그렇다고 〈적당히〉가 모든 것을 정당화할 수는 없습니다.

다시 정상적인 경우로 돌아가 봅시다. 균형감각은 어떻게 작용하는 것일까요? 그리고 저는 지금 이 강의실에서 어떻게 균형을 유지하고 있을까요? 체중으로 누르기 때문에 가능한 것일까요? 우리는 우리의 중심을 주위 환경을 통해서 유지하게 됩니다. 무슨 말인지 이해하기가 쉽지 않으실 겁니다. 하지만 저는 실제로 제 자아가 이 강의실을 꽉 채우고 있기 때문에 힘들이지 않고 이렇게 균형을 잡고 서 있을 수 있습니다. 제 자아가 이 강의실의 천장, 창문, 출입구 그리고 여러분이 앉아 있는 자리, 벽, 조명등까지 가득 채우고 있습니다. 내면에 존재하는 자아는 공간으로 던져질 수 있고 공간의 어떤 곳까지라도 미칠 수가 있는 것이지요.

초감각적인 세계에서는 이러한 일의 진행 과정이 훨씬 더 탄력적으로 진행된다고 했습니다. 별이 총총한 밤하늘을 바라보며 산책을 즐긴다고 합시다. 수백만 광년의 거리에 떨어진 행성에도 우리의 자아는 시각을 통해 문제없이 도달할 수 있습니다. 산책길의 나무나 하늘의 구름에까지 미친 우리의 또 다른 자아가 중심을 잡으며 공간을 채웁니다. 운동감각에서 우리를 움직이게 하는 원동력은 목표점에 이미 도달한 또 다른 자신의 보이지 않는 존재라고 했습니다. 이와 같이 주변 환경에 던져진 자신의 또 다른 자아가 중심을 잡기 때문에 우리는 비로소 균형을 유지할 수 있는 것이지요. 몸의 균형을 잡는 중심점이 외부 세계에 존재한다는 사실을 인식하게 될 때에 비로소 우리는 균형감각에 대해 보다 깊은 이해를 한다고 말할 수 있을 것입니다.

　많은 사람이 고소공포증이라는 심리적인 질환으로 고통을 겪고 있습니다. 그렇다면 고소공포증이란 무엇일까요? 예를 들어, 낭떠러지와 같이 높은 곳을 지나갈 때 지나치게 공포를 느끼는 증상을 말합니다. 일반적으로 절벽 아래를 내려다보면 일순간 절벽 밑의 텅 빈 공간으로 빨려 들어갈 것 같은 불안감이 생겨 한 발짝 뒤로 물러서게 됩니다. 왜 이런 불안감을 가지게 되는 것일까요? 자신의 존재가 자신의 위치에서 중심을 잃고 절벽 아래로 휩쓸려 내려갈 것 같은 느낌 때문입니다. 다시 말해서 자아가 절벽 밑의 공간을 채울 수 없기 때문이지요. 잠시 후에 골짜기를 다시 내려다보면 점차 중심을 잡을 수 있게 됩니다. 골짜기 사이로 흐르는 시냇물에, 암석에 그리고 외딴 산장에까지 자신의 자아가 미치고, 그리하여 공간이 채워지고 중심점이 생기기 때문입니다. 이제 다시 편안하게 절벽 길을 걸어갈 수 있게 되는 것이지요.

　지금은 보기 드문 풍경이 되어 버렸지만, 예전에는 큰 장이 정기적으로 서곤 했습니다. 설레는 마음으로 기다리던 장날에는 즐거운 볼거리가 아주 많았습니다. 예를 들어, 어떤 놀이 기구는 바깥에서 보면 허름한 헛간처럼 생겼는데 실제로 안에 들어가면 아주 아늑한 방과 같은 공간이 있었지요. 그 방에는 벽을 빙 둘러가며 아름다운 커튼장식과 창문 그리고 따뜻한 난로와 예쁜 꽃과 꽃병이 다채롭게 그려져 있고 방문객들이 앉을 수 있는 긴 의자가 놓여 있습니다. 음악이 흘러나오고, 어느 순간 방이 흔들리기 시작합니다. 방이 흔들리면 마음이 불안해지면서 그리 즐겁지만은 않습니다. 처음에는 아주 천천히, 그러다 점점 더 심하게 흔들리면서 갑자기 방 전체가 빙빙 돌아갑니다. 이럴 때 사람들은 거의 무의식적으로 의자를 꽉 붙들고 눈을 감게 되지요. 눈을 감고 있으면 마음이 어느 정도 가라앉고 주위에서 일어나는 상황에서 조금은 자유로워집니다.

여기에서 균형을 잡기 위해서 〈자아〉가 공간을 채운다는 말의 의미를 이해할 수 있을 것입니다. 흔들리는 공간에서 불편함을 느끼는 것은 공간을 채운 자아가 중심을 잡지 못하고 함께 흔들리기 때문입니다. 몸이 비록 중심을 잡고 있더라도 흔들리는 공간을 보고 있으면 의식이 흐려지는 듯한 느낌을 받게 되는 것이지요. 눈을 감은 뒤 비로소 편안함을 느끼게 되는 것은 시각이 아무 것도 인지하지 못하기 때문입니다. 이러한 놀이 기구의 체험을 통해 우리는 균형감각이 어떻게 작용하는지를 분명하게 인식할 수 있습니다.

특기할만한 점은 우리가 균형감각을 느낄 때와 생명감각을 느낄 때의 마음 상태가 아주 상반된다는 것입니다. 인간이 자신의 고귀한 원형에서 벗어날 때 통증을 느낀다고 했습니다. 즉 통증은 고귀한 인간 존재의 그늘진 측면입니다. 숭고한 인간 존재가 병이 들어 위축될 때, 통증을 통해 위험 신호를 보내는 것이 생명감각의 주된 역할입니다. 따라서 생명감각은 인간의 부정적인 감정과 관련 있다고 할 수 있습니다. 반면에 균형감각을 유지하면서 느끼는 감정은 편안함입니다. 오히려 균형감각을 느낄 수 없을 때, 즉 우리의 자아가 공간을 채우고 중심을 잡지 못할 때 심한 불쾌감을 느끼게 되지요. 이처럼 우리는 자아가 완전한 모습에서 벗어날 때 생명감각을 느끼고, 새로운 자아를 외부 세계에서 발견하고 획득할 때 균형감각을 느끼게 됩니다.

지금까지 설명한 내용은 이해하기가 쉽지 않은 개념입니다. 다음과 같은 질문을 한번 던져 보기로 합시다.

우리는 모두 자신의 고유한 공간에 살고 있는 것일까요? 아니면 우리 모두가 함께 공유하는 공간에 살고 있는 것일까요?

물론 인간은 이 두 가지의 공간을 모두 소유하고 있습니다. 균형을 잡고 설 수 있기 때문에 그 누구와도 공유할 수 없는 자신만의 고유한 영역인 중심점을 갖습니다. 만약 우리가 흐르는 물과 같은 존재라면 결코 자신만의 중심점을 가질 수 없을 것입니다. 끊임없는 움직임 속에서는 외부 세계에 잠시라도 시선을 고정할 수 없기 때문입니다. 우리가 달리면서도 균형을 잡을 수 있다는 것은 이 경우와는 다릅니다. 달리는 연속된 움직임 속에서도 지평선이나 그 밖의 어떤 물체를 중심으로 방향을 잡고, 발을 디딜 때마다 순간적인 정지점이 존재하기 때문에 가능한 것입니다. 앞에서 뱃멀미가 나는 경우에서 보았듯이, 외부 세계의 수평선이 계속 움직이는 상태에서는 중심을 잡을 수가 없습니다. 균형을 잡는다는 것은 흔들림이 없는 편안한 공간에서 고정된 외부 세계를 향해 중심을 찾는 것입니다. 그리고 이렇게 자신의 균형을 통해 중심을 잡을 때, 인간은 비로소 자신만의 공간을 갖게 됩니다.

그렇다면 인간이 서로 공유하는 공간은 어떻게 생기는 것일까요? 모두가 잠을 자다가 같은 공간에서 깨어나는 상황을 가정해 봅시다. 잠이 든 상태에서는 모두 자신만의 공간인 달콤한 꿈의 세계에 빠져 있습니다. 그러나 잠에서 깨어나는 순간 모두 같은 공간에 함께 있음을 의식하게 됩니다. 각자 자신의 위치를 지키면서(한 사람은 이쪽 침대에, 또 한 사람은 저쪽 침대에서) 혼자가 아닌 모두가 함께 할 수 있다는 사실은 얼마나 행복한 느낌입니까? 이렇게 다양한 개체가 같은 공간에 공존함을 의식할 수 있는 것도 인간의 세계에서만 가능한 일입니다.

동물의 세계에는 이런 공동 의식이 존재하지 않습니다. 동물원이나 아이들의 체험 농장에서 이러한 현상을 쉽게 관찰할 수 있는데, 동물들끼리는 절대로 서로 관심을 보이지 않습니다. 예를 들어, 젖소 한 마리가 옆에서 함께 풀을 뜯고 있는 또 다른 젖소를 툭 건드리며 "여기 정말 연하고 맛있는 풀이 있어." 한다거나, 무엇인가를 보여주기 위해 함께 데리고 가는 단체행동을 상상이나 할 수 있겠습니까? 여러분은 군집을 이루고 날아가는 벌떼의 단체행동을 예로 들면서 반론을 제기하고 싶을지도 모릅니다. 하지만 벌떼의 이러한 단체행동은 꿀을 채집하기 위한, 즉 생존 본능에 의한 하나의 신호 체계에 불과합니다.

공유하는 공간에 대한 공동 의식은 인간만이 소유하는 정신적인 가치이며, 이러한 의식은 인간의 균형감각과 깊은 연관성을 갖고 있습니다. 우리는 한편으로 각자의 위치에서 자신의 입장을 취하지만 다른 한편으로는 많은 사람과 함께 공유하는 공간에서 살아갑니다. 이러한 공동체 안에서 서로 남을 배려하고 관심을 가지며, 대화를 통해 견해의 차이를 좁혀가면서 상호간의 이해를 도모합니다. 인간이 이렇게 공동의 공간에서 상대방을 객관적으로 인식할 수 있는 것은 균형감각을 통해서 가능한 것입니다.

여러분은 동물들도 서로 객관적으로 인지할 수 있지 않느냐고 의문을 제기할 수도 있습니다. 하지만 그것은 잘못된 인식입니다. 오늘날 고도로 발달한 생명과학기술 분야에서 동물실험을 통한 연구 결과를 인체에 그대로 적용하는, 동물과 인간을 동등한 차원에서 해석하는 오류로 인해, 인간의 존엄성을 훼손하는 경향은 매우 우려할 만한 수준입니다. 그렇기에 저는 더욱 단호하게 인간과 동물의 명백한 차이를 강조하고자 합니다.

아주 단순한 예를 들어봅시다. 새끼 오리가 웅덩이에서 헤엄을 치다가 엄마 오리를 잃어버립니다. 그때 지나가던 다른 엄마 오리는 이 새끼 오리에게 어떤 반응을 보일까요? 이 오리는 새끼 오리가 내는 이상한 소리에 오히려 불안해하며 경계합니다. 새끼 오리의 상황에는 전혀 관심을 기울이지 않으며 본능적인 반응만 보일 뿐이지요. 인간은 같은 공간에서 서로 관계를 맺으면서 살고 있지만 동물의 세계는 다릅니다. 동물의 세계를 묘사하는 방송프로그램에서 자주 볼 수 있는 장면을 하나 예로 들어보겠습니다.

아프리카에서 어미를 잃은 가젤(영양)이 홀로 서 있습니다. 한 떼의 가젤이 몰려오지만 아무도 새끼 가젤에게 관심을 보이지 않습니다. 새끼 가젤은 어미를 찾기 위해 무리 속으로 달려가지만 어미를 찾지는 못합니다. 무리를 지어 다니는 본능으로 인해 새끼 가젤은 무리 속으로 합류하지만 제 어미를 다시 알아보지는 못하는 것이지요. 또 다른 예로 양떼를 살펴봅시다. 새끼 양은 아무리 멀리 떨어져 있어도 반드시 무리 속에 있는 어미 양의 젖꼭지를 확실하게 찾아 갑니다. 새끼 양이 어미 양을 알아보아서가 아니라 이 또한 생존 본능에 이러한 행동 코드가 이미 입력되어 있기 때문에 가능한 것입니다. 이렇게 동물은 본능적인 충동에 의해서만 움직이도록 되어있습니다.

인간은 균형감각기관을 통하여 자신의 위치에서 중심을 잡는 자립적인 존재인 동시에 공간을 지각하는 균형감각을 통하여 주변 환경의 존재를 구별하고 의식할 수 있는 존재입니다. 그렇다면 왜 인간만이 유일하게 이런 균형감각의 구조를 가지게 된 것일까요? 왜 인간만이 유일하게 직립을 하는 존재로서 자신의 중심점을 가지고 외부 세계와 관계를 형성할 수 있을까요?

이번에 전달하고자 하는 내용은 상당히 어려운 부분입니다. 자아가 공간을 채우는 원리, 즉 자아가 자신만의 고유한 영역을 유지하는 동시에 외부 세계의 다른 존재와 관계를 맺으며 끊임없이 자아를 확장시킬 수 있는 능력을 인지학에서는 〈정신자아〉라고 합니다. 〈정신자아〉는 〈자아〉와는 매우 다른 개념입니다. 좀 더 쉽게 설명하기 위해 예를 들어보겠습니다. 앞에서 '인간은 누구나 자신에게 주어진 삶의 과제와 특별한 능력을 타고난다.'고 했습니다. 하지만 이미 타고난 소질도 진정한 만남을 통하여 자신이 노력하고 철저하게 배워서 완전히 소화해 낼 때, 비로소 진정한 자신의 능력이 되는 것입니다. 이렇게 자신의 일부분이 된 능력이 바로 〈정신자아〉에 속하는 것이지요. 무엇을 기계적으로 따라 하는 모방과 완전히 소화하여 자신의 일부분으로 내면화한 〈정신자아〉는 전혀 다른 차원의 개념입니다. 어떠한 능력을 온전히 자신의 부분으로 내면화할 때에야 남에게도 영향을 끼칠 수 있습니다. 역설적으로 들릴지도 모르겠으나, 개성이 강할수록 만인에게 공감을 불러일으키는 것입니다.

우리는 지나치게 보편한 진리에 경도하는 경향이 있습니다. 삼각형의 세 각의 합이 180°라는 사실은 만고불변의 진리이지만, 바로 그러한 보편성으로 인해 생동감 없는 이론으로 전락하는 것입니다. 만인에게 통용되는 이론은 지극히 지루할 수 있으며, 개인의 개성이 가장 강하게 묻어나는 것만이 또 다른 수많은 개인에게 감동을 주는 법입니다. 아마도 위대한 예술가들은 이러한 비밀을 알고 있는 것 같습니다. 예술가는 누구나 자신만의 고유한 취향과 개성에 따라서 독창적인 작업을 하며, 이러한 독창성이 강하게 드러날수록 많은 사람의 사랑을 받게 되는 것이지요. 괴테의 걸작 『파우스트』는 지극히 독일적이고 또한 전형적인 괴테의 예술혼이 스며있기에 만인이 애독하는 것이고, 셰익스피어의 『햄릿』 역시 지극히 영국적이며 전형적인 셰익스피어의 문체를 느낄 수 있기에 시공을 초월하는 고전이 된 것입니다. 이러한 정신이 바로 〈정신자아〉의 본질입니다.

〈자아〉와 〈정신자아〉의 두 개념에 대한 커다란 차이점을 살펴보았습니다. 우리는 균형 감각을 통하여 중심을 잡으며, 자신의 자아를 인식합니다. 그런데 균형을 잡기 위해서는 확장된 자아가 공간을 채워야 가능하다고 했습니다. 이렇듯 균형을 잡는다는 것은 항상 외부 세계에 존재하는 대상에 중심을 맞추는 것이며, 이렇게 외부에까지 확장된 자아가 〈정신자아〉입니다.

〈정신자아〉란 개념은 이해하기 쉽지 않지만, 사실은 일상생활에서 늘 경험하는 개념이기도 합니다. 여러분은 학창 시절에 어떤 선생님을 따르고 존경했습니까? 정해진 시간표에 따라서 형식적으로 수업을 진행하던 선생님은 분명 아니었을 것입니다. 바로 학생들에 대한 인간적인 관심과 이해심을 바탕으로 평가할 줄 알았던 선생님을 따르고 또한 그런 선생님한테서 영향을 받았을 것입니다. 이러한 선생님은 자신이 획득한 고유한 내면의 세계, 즉 정신자아를 소유하고 있는 것입니다. 어떤 정신적인 가치나 능력을 자신의 일부분으로 완전히 내면화할 때 남에게도 영향을 미칠 수 있다는 것이 〈정신자아〉의 비밀입니다. 참으로 어려우면서 묘한 패러독스를 갖는 개념이지요.

우리는 모두 자신의 위치를 정함과 동시에 서로 관계를 맺습니다. 우리가 균형을 유지하면서 인식하는 것은 자아란 존재뿐만 아니라 타인의 존재에 대한 인식도 동시에 하기 때문입니다. 만물의 존재를 인식할 수 있는 것은 우리가 균형감각을 가지고 있기 때문입니다.

예를 들어서 "저기에 나무 한 그루가 있다.", "개 한 마리가 저쪽을 향하여 달린다.", "자동차가 맞은편에서 달려오고 있다."라고 말할 수 있는 것은 균형감각에 의해서 가능한 것이지요. 왜냐하면 균형을 잡고 서기 위해서는 자신의 중심점을 인식함과 동시에 공유하고 있는 공간의 다른 존재들에 대한 인식도 병행해야 가능하기 때문입니다.

바로 이 점이 〈정신자아〉에 내포된 역설적인 측면입니다. 인간이란 자신만을 인식하는 자기 안에 갇힌 존재가 아니라, 자아에 대한 인식과 동시에 타인에 대한 인식도 하게 된다는 것입니다. 그렇기 때문에 외부 세계를 향하는 〈정신자아〉란 개념은 그리스어의 자아를 의미하는 에고와는 전혀 다른 개념입니다. 오히려 자신만을 향하는 이기주의를 의미하는 에고이즘과는 정반대되는 개념이며, 〈정신〉이라는 단어에 이 점이 잘 나타나 있습니다. 〈정신자아〉는 다른 개체와의 관계 속에서 드러나는 개인의 독특한 개성을 의미합니다.

인간이 균형을 유지하며 의식하는 〈정신자아〉의 속성은 12궁의 별자리에서 바로 염소자리(♑)와 관계됨을 짐작할 수 있을 것입니다. 고산지대의 험준한 돌산에서 제왕의 자태로 홀로 꼿꼿이 균형을 잡고 서 있는 산양의 멋진 모습을 보신 적이 있으신지요. 혹은 시골 농장에서 기르는 새끼 염소가 작은 말뚝에서 뛰어내리며 네 발로 완벽하게 균형을 잡는 모습은 또 얼마나 인상적인가요? 염소들이 지칠 줄 모르고 이 어렵고도 힘든 균형 잡기 놀이에 빠져 있는 모습을 보는 것은 그 자체로 하나의 즐거움입니다.

끝으로, 운동감각과 균형감각의 비밀을 비유적으로 묘사하는 두 편

의 시를 소개하면서 마칠까 합니다. 자유로운 방랑자이자 정신적인 삶을
추구했던 독일 시인 크리스티안 모르겐슈테른Christian Morgenstern의
시와 니체의 『짜라투스트라는 이렇게 말했다』에서 짜라투스트라가 군중
에게 춤꾼이 되기를 열렬히 외치는 대목의 일부입니다.

목적이 없는 자는
길을 잃은 것과 같다.
일생 동안 같은 원을
맴돌 뿐이다.

−크리스티안 모르겐슈테른

〈춤꾼을 위하여〉

아무리 미끄러운 빙판 위도,
천국이라네.
멋진 춤을 출 수 있는 춤꾼에게는.

−니체, 『짜라투스트라는 이렇게 말했다』 중에서

셋^{째 날}

후각, 미각, 시각 그리고 열감각.
이 네 개의 감각기관은 인간이 외부세계와 결합하는 매개 역할을 한다.
우리의 영혼은 이 감각기관들의 힘을 빌어서 외부세계를 인식한다

(본문 113쪽)

지금까지 우리는 12개의 감각기관 중에서 촉각, 생명감각, 고유운동감각 그리고 균형감각 이렇게 4개의 감각기관에 대해서 살펴보았습니다. 앞에서 다루었던 내용을 정리할 겸 간단히 요약해 보겠습니다.

촉각을 통해서 인간은 원래 대우주와 하나였던 상태에서 분리되었음을 의식하게 되고, 다시 그 세계로 돌아가고자 하는 욕구를 갖게 되지만, 묘하게도 그 촉각을 통해서 다시 그러한 욕구가 영원한 환상에 불과하다는 인식에 도달합니다. 인간은 촉각을 통해서는 결코 외부 세계로 나갈 수 없으며 단지 몸의 경계만을 의식할 수 있기 때문입니다.

생명감각은 몸의 체질, 즉 몸의 생명 활동에 관여하는데, 생명감각을 통해서 몸의 건강상태를 판단하거나 목마름이나 배고픔 같은 생리적인 현상을 감지합니다. 생명감각이 몸에 통증을 유발해, 인간이 본래의 고귀한 모습에서 이탈했음을 경고하는 극단적인 경우와 통증이 인류 문화사에서 보여준 중요한 의미에 대해서도 살펴보았습니다.

고유운동감각을 통해서 우리는 비록 제한적이기는 하지만 몸에 대한 결정권을 가집니다. 적어도 의지에 따라 움직일 수 있는 수의근으로 자유롭게 활보할 수 있으며, 이러한 움직임의 결정체가 개개인의 전체적인 삶을 규정하게 됩니다. 그런데 우리의 인생행로에는 숨겨진 삶의 계획이 이미 놓여 있다고 했습니다. 운명으로 타고 난 이 계획은 우리가 현세에서 풀어야 할 삶의 과제인 셈이지요. 따라서 우리는 주어진 삶의 계획을 실행하는 기관인 고유운동감각을 과제의 이행을 위임 받은 〈위탁감각〉 혹은 임무수행을 위해 파견된 〈파견감각〉, 더 나아가 그리스도의 제자들이 지닌 사명에 비유하여 〈사명감각〉이라고 표현해도 무방할 것입니다.

〈이상을 추구하는〉 인간의 모든 행위는 타고 난 삶의 계획을 실현하려는 노력의 일환입니다. 이렇게 위탁 받은 삶의 과제나 사명을 완수하기 위한 움직임의 세계에서는 물리적인 세계와는 전혀 다른 시간의 원리가 적용된다고 했습니다. 즉 초감각적인 차원에서는 시간이 태어난 시점에서부터 죽음의 방향으로 진행되는 것이 아니고, 삶에 주어진 과제가 완성되는 시점인 죽음에서부터 출발하는 것이지요. 인간은 누구나 자신의 고유한 운명을 타고 난다는 전제 아래 우리는 비로소 비슷한 환경에서도 다양한 모습으로 살아가는 인간의 삶과, 이러한 삶의 계획에 예정된 〈진정한 만남〉의 사건들을 이해할 수 있습니다.

다시 한번 요약하자면, 인생은 우연히 경험한 여러 가지 사건들의 결과가 아니며 현세에서 풀어야 할 삶의 과제인 타고난 운명에 의해서 특별한 만남을 이루는 것입니다.

균형감각을 통하여 인간은 마침내 외부 세계로 나아가 주변 환경과 관계를 맺습니다. 균형을 유지한다는 것은 중력계에 존재하는 다른 대상에 함께 초점을 맞추어 중심을 잡을 때 가능하기 때문이지요. 앞에서 우리는 수직적인 자세로 균형을 유지하는 인간의 몸 구조를 살펴보았는데, 이러한 직립 자세로 인해서 인간은 동물과는 달리 독립적인 개별 자아에 대한 의식을 가질 수 있다고 했습니다.

외부 세계와 밀접한 관계 속에서 작용하는 균형감각은 항상 자아에 대한 의식과 함께 타인에 대한 인식을 동반합니다. 〈자신의 존재〉를 느낀 다는 것은 곧 〈타인의 존재〉를 동시에 설정하는 것을 의미하는 것이지요. 또한 인간은 〈저기에 나무가 있고, 저기에 돌이 있다.〉라고 대상을 객관적 으로 인식하는 것에 그치지 않고, 끊임없이 움직이며 타인의 태도나 정신 적인 자세를 모방하고 영향을 받습니다. 인간은 직립의 자세를 통해 개별 적인 자아의식을 가지게 되고, 확장된 자아를 통해 외부의 세계 즉, 타인 의 존재를 인식하게 됩니다. 스스로를 독립된 존재로 의식하지 못한다면 그와 구별되는 타인에 대한 인식은 당연히 생길 수가 없겠지요.

사물을 인식할 수 있는 힘은 인간만이 소유하는 능력입니다. 원숭이 가 바나나라는 것을 알고 먹으며, 또한 다람쥐가 밤나무 열매인 것을 알 아보고 선택한다고 생각하는 사람은 없을 것입니다. 동물은 먹이를 〈알아 보는〉 본능적인 신호체계에 따라 움직일 뿐입니다. 태어난 지 얼마 안 된 새끼 오리가 물이 어디에 있고, 수영은 어떻게 하는지 어미 오리에게 배 우는 것은 아니지요. 물과 자신을 분리하는 의식조차 갖지 못한 상태에 서 수영을 하는 능력은 타고난 것이며, 물에 접근하는 것도 순전히 본능 적인 행동에 불과합니다. 알을 깨고 부화한 새끼에게 어미 오리가 "저기 가 물이니까 이제 엄마와 함께 수영을 하러 가자."라고 하는 광경은 상상 하기조차 힘듭니다. 동물은 생존에 필요한 능력을 이미 가지고 태어나기 때문에 학습이란 과정이 불필요하지만, 인간은 직립을 통하여 자아의식을(동시에 타자에 대한 인식도 함께) 획득하고 각기 고유한 개별체로 성장하게 되는 것입니다.

　균형을 유지한다는 것은, 몸 안에서 중심점을 찾음과 동시에 의식의 확장된 자아가 공간을 채우며 함께 중심을 잡는 것이라고 했습니다. 그런데 절벽 밑을 내려다 볼 때와 같이 자아가 순간적으로 공간을 채우지 못하거나, 뱃멀미의 경우처럼 공간을 채운 자아가 중심을 잡지 못하고 움직이게 되면, 우리는 정신적으로 존재의 기반이 흔들리는 불안감을 느끼고 육체적으로는 구토증을 느끼게 됩니다. 이것은 공간을 채운 초감각적인 존재인 정신자아가 중심을 잡지 못하는 것에 대해 무의식이 몸을 통해 표현하는 일종의 메시지라고 볼 수 있습니다.

　인간은 양팔과 양다리를 몸에 붙이고 똑바로 설 수 있을 뿐 아니라, 등을 바닥에 대고 사지를 쭉 뻗어 누울 수도 있는 존재입니다. 동물은 결코 이러한 자세를 취할 수가 없습니다. 인간이 수직 방향으로 직립하는 것은 위를 향하여 성장한다는 뜻이고, 이는 또한 무한한 우주를 향해 뻗어가는 정신적인 사고를 통하여 우리의 육체와 영혼이 결합하는 육화를 의미합니다.

　인간이 수평 방향으로 눕는 것은 깊은 잠에 빠져 휴면의 상태로 들어가는 것으로, 영혼과 육체가 분리되는 탈육화를 의미합니다. 오직 인간만이 하늘과 땅의 세계를 왕래할 수 있으며, 즉 현세에서 인간은 내세를 준비하고, 하늘에서는 다시 태어날 지상의 삶을 계획하는 것입니다. 이와 달리 동물은 하늘과 땅 사이의 중간 영역에서 꿈꾸는 듯한 상태로 부유할 따름입니다.

인간의 몸에 대한 이해나 방향을 제시하는 기능을 담당하는 이 네 개의 감각기관을 루돌프 슈타이너는 〈육체감각기관〉이라고 부릅니다. 인간의 자아는 이 네 개의 감각기관이 개별적으로 가지고 있는 독특한 방식과 특성에 따라서 육체와 결합하는 것입니다.

지금부터 앞에서 다룬 감각기관과는 성격이 전혀 다른 후각, 미각, 시각 그리고 열감각에 대해서 설명하려고 합니다. 이 네 개의 감각기관은 인간이 외부 세계와 결합하는 매개 역할을 합니다. 말하자면 인간의 영혼은 이 감각기관들의 힘을 빌려서 외부 세계를 인식하게 되는 것입니다. 이 네 개의 감각기관은 사물의 성질과 관련되는 물질의 냄새, 맛, 색 그리고 온도를 지각하는 기능을 합니다. 흔히 청각도 이 범주에 속한다고 생각하기 쉬우나(나중에 다시 설명을 드리겠지만) 청각은 〈영혼감각기관〉에 속하는, 이 네 개의 감각기관과는 전혀 다른 질서체계를 따르는 감각기관입니다.

5

후각

먼저 후각부터 시작하려고 합니다. 우리는 늘 냄새를 맡으며 살아가지만, 냄새를 맡는다는 것의 의미와 어떤 과정을 거쳐서 냄새를 느끼는지에 대한 의문을 한번쯤 던져보는 것도 흥미로운 일일 것입니다. 우선 촉각과 비교해 봅시다.

물체를 만지게 되면 무엇인가 존재한다는 느낌과 함께 우리 몸의 일부분을 의식하게 됩니다. 반면에 냄새를 맡는다는 것은 코로 숨을 들이마시고 외부 세계의 무엇인가를 몸 안으로 받아들인다는 것을 의미합니다. 후각은 이와 같이 자극에 직접 노출되며, 경우에 따라서는 엄청나게 강한 자극에 기습적으로 압도당할 수도 있는 기관입니다. 그럴 수밖에 없는 것이 후각은 인간의 생명과 직결되는 호흡과 연관되므로, 우리가 자의적으로 '냄새가 너무 독하니까 5분간 숨을 쉬지 않겠다.'라며 호흡을 중단할 수는 없기 때문입니다. 예를 들어서 징그러운 물체에 닿을 때는 손을 빼거나 만지는 것을 거부할 수 있지만 냄새가 고약하다고 해서 숨 쉬는 것을 멈출 수는 없을 것입니다.

이렇게 후각은 인간의 호흡과 불가분의 관계에 있으므로 자극의 노출에 항상 강요될 수밖에 없으며, 그렇게 흡입된 화학물질은 혈관을 타고 다시 온몸으로 퍼져 나갑니다. 자극에 직접 노출되어 거부할 수 없는 강제성을 띠는 것이 후각의 가장 기본적인 특성이며, 후각의 이런 성격은 이어서 다루게 될 미각의 특성과 비교해 볼 때 더욱 명백하게 드러납니다.

후각이 강력하고도 압도적인 자극에 공격을 받게 되면 어떤 현상이 일어날까요? 냄새를 맡는다는 것은 코로 흡입된 화학성분이 코 안에만 머물러 있는 것이 아니고, 마치 부대자루와 같이 몸 전체가 자극물로 가득 채워지는 것을 의미합니다. 따라서 후각이 강한 자극에 노출될 경우, 시간이 흐름에 따라 우리는 의식이 몽롱하게 흐려지는 것을 느끼게 됩니다.

겨자를 예로 들어 봅시다. 겨자는 냄새가 거의 나지 않으며 다만 매운 성분이 코의 점막 세포를 강하게 자극합니다. 우리가 겨자를 코에 가까이 댈 때 톡 쏘며 눈물이 핑 돌 정도로 통증을 느끼게 되는데, 이때 작용하는 것은 후각이 아닌 생명감각입니다. 생명감각은 몸의 모든 부분에 관여하므로 후각을 비롯한 그 어떤 다른 감각기관의 작용에도 함께 영향을 미칩니다. 겨자의 강한 자극이 작용하는 과정과 비교해서 살펴보면 앞에서 설명한 후각의 특성이 대비될 것입니다. 겨자의 자극은 생명감각의 반응을 불러일으키고 그 반응은 부분적이고 순간적인데 반해서, 장미의 향기 같은 냄새를 맡을 때에는 우리 자신이 이 화학물질(냄새)로 가득 채워지는 것 같은 느낌을 받게 됩니다.

그런데 묘하게도 후각은 쉽게 마비되는 성격이 있어서 지속적인 자극에 노출되더라도 시간이 조금 흐르면 더 이상 냄새를 의식하지 못합니다. 예를 들어 통풍이 잘 안 되는 작은 공간에 사람들이 모여 있는 곳에 들어서면 처음에는 질식할 것 같은 불쾌감을 느낍니다. 하지만 인간의 생리 구조는 놀랍게도 환경에 금방 적응해, 채 몇 분도 지나지 않아 악취의 고문에서 해방되고 어느새 아주 편안하게 있을 수 있습니다. 그런데 그곳으로 들어오는 다음 사람이 만약 "이런 악취를 어떻게 견디고 있느냐"고 주의를 환기시키거나 혹은 스스로 나갔다가 다시 들어오게 되면 비로소 여전히 자극은 존재하지만 단지 의식하지 못했을 뿐이라는 사실을 깨닫게 되지요. 쉽게 마비되는 후각의 특성과 같이 우리 인간은 종종 외면하고 싶거나 불리하게 여겨지는 상황을 쉽게 의식에서 지워버리는 경향이 있습니다.

지금부터 후각의 기능을 생리학적인 관점에서 살펴보겠습니다. 예외적인 경우도 있습니다만, 일반적으로 동물의 후각은 인간과 비교할 수 없을 정도로 민감하게 발달한 편입니다. 가까운 예로 개의 탁월한 후각 기능은 신비할 정도이며, 수색견이나 사냥개가 냄새를 식별해 내는 능력은 때때로 우리의 상상을 초월합니다. 한 편의 교향악(인간이 연주하는 교향악은 때로 불협화음이 생길 수도 있지만)에 버금가는 온갖 냄새를 아무리

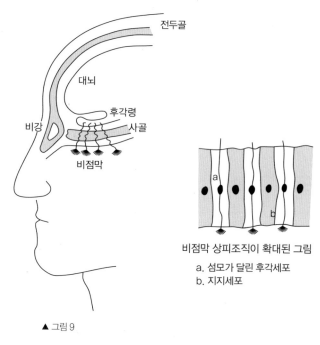

전두골

대뇌

후각령

비강

사골

비점막

비점막 상피조직이 확대된 그림

a. 섬모가 달린 후각세포
b. 지지세포

▲ 그림 9

비점막상피에 도달한 냄새분자는 비점막상피의 후각신경에 의
해 사골을 거쳐 뇌의 후각령으로 전달된다.

복잡하게 섞어놓는다 해도 고도로 훈련된 탐색견은 한 치의 어긋남이 없
이 정확하게 알아 낼 것입니다. 인간의 후각기능이 동물에 비해 현저하게
떨어지는 것은 냄새를 감지하는 코의 비강에 분포된 점막 표면이 동물에
비해서 매우 작고 발달의 정도가 미미하기 때문입니다.

　비록 단순하게 묘사했지만 대뇌와 사골 등 후각 구조를 나타낸 그
림 9를 보시기 바랍니다. 후각의 감각 수용기인 코의 상피는 점막으로 덮

여 있고 점막 안은 한 층의 신경세포로 구성되어 있습니다. 이곳에 분포된 후각 세포는 양극 신경원으로 후각 세포의 핵에서 한 갈래의 신경섬유는 아래로 뻗어나가고(작은 붓 모양의 다발성섬모가 점막 표면의 비강 내로 퍼지고) 위로 뻗은 또 한 갈래의 신경섬유는 사골을 거쳐 뇌의 후각령으로 연결됩니다.

후각신경은 신체의 감각기관 중에서 전달 경로가 가장 짧은 신경세포입니다. 혀나 눈에서 지각한 자극을 뇌의 중추로 전달하는 미신경이나 시신경과 비교해도 후각신경의 전달경로는 확실히 더 짧습니다. 더욱이 발가락 끝에서 느끼는 감각을 뇌로 전달하는 촉각신경의 경우야 더 말할 나위가 없겠지요. 그러므로 후각이 유난히 발달한 개가 물체에 코를 대고 킁킁거리는 것은 자극이 직접 뇌를 〈두드리는〉 것이나 다름없습니다. 후각은 뇌에서 단지 몇 mm밖에 떨어지지 않은 곳에서 외부의 자극을 감지하는 뇌의 최전방이라고 할 수 있습니다.

비강의 위치가 구강보다 훨씬 위에 자리하는 인간의 후각 구조에 비해서 비구부를 가진 동물의 경우는 숨을 쉴 때 공기의 흐름이 후각을 더 강하게 자극하게 됩니다. 인간의 후각 세포가 분포하는 상피의 면적은 5㎠인데 비해 개, 그 중에서도 특히 셰퍼드의 경우는 거의 작은 접시의 크기에 해당하는 150㎠에 이른다고 합니다. 또한 인간의 후각 세포 수는 5백만 개 정도인데 비해서, 개는 거의 2억 2천만 개에 달하는 후각 세포를 가지고 있습니다. 후각 세포의 수만 비교해 본다면 개의 후각 기능이 인간에 비해 44배나 더 뛰어나다고 볼 수 있겠지요. 그런데 단순하게 냄새를 맡는 기능만 측정하면 개는 인간에 비해서 백만 배나 우수한 능력을 나타낸다고 합니다. 신기할 정도로 예민한 개의 후각기능은 후각동물로서 타고난 능력 때문인데, 이러한 타고난 능력은 훈련으로 더욱 강화되기도 합니다.

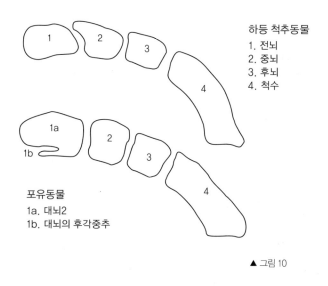

하등 척추동물
1. 전뇌
2. 중뇌
3. 후뇌
4. 척수

포유동물
1a. 대뇌2
1b. 대뇌의 후각중추

▲ 그림 10

후각 능력에 있어서 인간과 동물이 이렇게 현격한 차이를 보이는 것은 뇌의 구조와 관계가 있는데, 간단하게 그린 그림 10을 보면서 설명하겠습니다. 첫 번째 그림은 하등척추동물의 신경조직으로서, 개구리나 도룡

농과 같은 양서류의 경우는 뇌가 전뇌, 간뇌, 중뇌 그리고 후뇌로 나누어지고 다시 척수로 이어지는 구조를 하고 있습니다. 이들 동물과 특히 조류의 전뇌는 그림에서 보시다시피 서양 배와 비슷한 형태를 하고 있지요.

이와 달리 두 번째 그림에 나타난 포유동물의 신경조직에서 전뇌의 구조는 두 부분으로 분리됨으로써 하등동물과 명백한 차이를 보여주고 있습니다. 모든 하등척추동물의 전뇌는 그 전체가 후각의 기능과 연결되어 있으나, 좀 더 진화한 단계의 포유류에 이르면 후각의 기능은 전뇌에서 분화된 후각피질이 전담하게 됩니다. 포유동물 중에서도 곰의 후각피질은 아주 크고, 개의 후각피질도 제법 큰 편이나 원숭이의 경우는 아주 작습니다. 이에 비해서 인간의 후각피질은 더 작고 얇은 가지 하나가 전뇌에서 뻗어나간 모양새를 하고 있습니다.

인간의 후각과 관계된 기관은 이렇게 전뇌의 말단부에 위치한 작은 부분에 불과하다는 사실에 주목하시기 바랍니다. 인간의 뇌를 보호하기 위하여 여러 겹의 막이 뇌를 둘러싸고 있는데 인간의 후각피질은 신경이 아닌 이 뇌막이 축소하여 변형 발달한 것입니다. 하등동물과 포유동물의 뇌의 구조가 이렇게 상이한 차이를 보이는 것은 어떤 의미를 지니는 것일까요? 전뇌가 그 전체로써 냄새를 맡는 기능에 관계할 정도로 하등동물에게 있어서 후각의 기능은 그만큼 중요하다는 뜻입니다.

하등동물은 태생적으로 땅과 밀착된 존재이며, 환경과 일차적인 관계를 맺으며 살아가는 후각동물입니다. 앞에서 보았듯이 외부의 자극에 가장 직접적이고 자극을 가장 빨리 인식하는 감각기관은 후각입니다. 따라서 다음과 같은 등식이 성립한다고 볼 수 있습니다. 〈후각 = 본능 또는 본능 = 후각〉 좀 더 부드럽게 표현해 본다면, 〈후각은 가장 본능적인 감각이다.〉라고 할 수 있겠지요.

자연과 불가분의 관계를 맺고 살아가는 동물은 단지 본능에 따라 움직입니다. 동물의 본능과 관련된 자연의 신기한 현상들이 많이 알려져 있는데, 특히 연어의 무의식적인 회귀본능은 그 좋은 예라고 할 수 있습니다. 후각 차단 실험을 통하여 밝혀진 바에 의하면, 연어가 모천의 강줄기를 따라 거슬러 올라갈 수 있는 것은 물 냄새를 기억하는 후각 기능에 의해서 가능하다고 합니다. 그 넓고도 먼 대양을 회유하여 자신이 알에서 깨어난 장소를 정확하게 찾아 돌아가는 자연의 신비는 실로 놀랍기 그지없습니다. 본능과 직결된 동물의 후각은 자연 속에서 이렇게 엄청난 힘을 발휘하고 있습니다.

여러분은 '닭과 같이 냄새를 전혀 맡지 못하는 동물도 있다.'라고 반론을 제기하고 싶을지도 모릅니다. 그런데 닭의 뇌도 후각이 발달한 다른 동물과 마찬가지로 서양 배 모양의 형태를 하고 있습니다.

이 부분에 대한 설명을 하기 전에 다시 인간의 경우로 돌아가 보지요. 시각이나 청각 기능이 남달리 섬세하게 발달된 사람들이 있습니다. 그러니까 시각적인 자극에 유난히 예민해서 한 번 본 것을 특별히 잘 기억하는 사람이 있는가 하면, 소리에 민감한 반응을 보이며 감청 능력이 아주 뛰어난 사람도 있습니다. 하지만 동물은 그리스어로 후각을 의미하는 'Rhinischen' 감각에만 의존해서 살아갑니다. 우리의 일상 언어 습관 속에도 '시각형 인간'과 '청각형 인간'이란 표현은 있지만, 〈후각형 인간〉이란 말은 사용하지 않습니다.

인간과 달리 모든 동물은 냄새와 연결된 본능에 따라 움직이는 후각동물입니다. 심지어 닭도 이에 속한다고 할 수 있습니다. 닭은 모이를 쪼아 먹기 전에 한번 왼쪽으로 비스듬히 쳐다보고 다시 한번 오른쪽으로 비스듬히 쳐다본 다음, 감지한 두 물체 사이에 초점을 맞추고 모이를 쪼아 먹습니다. 그런데 닭은 모이를 시각으로 인지하는 것이 아니라, 눈으로 본 것을 냄새로 이해하고 받아들입니다. 무슨 말이냐 하면, 겉으로 보기에 냄새를 맡지 못하는 동물도 실제로는 눈으로 수용한 자극을 뇌에서는 냄새의 현상으로 풀이하여 해석하는 것이지요. 동물들은 뇌의 구조상 시각에 의한 자극과 후각에 의한 자극을 각각 다르게 이해하는 것이 가능하지 않습니다.

이처럼 하등동물일수록 환경에 본능적으로 반응하며, 진화하면서 뇌에서 후각 기능이 분화되어 발달(포유류에서 가장 발달)하는 것을 알 수 있습니다. 포유동물 중에서도 개의 후각피질은 비교적 큰 편이며 진화 단계가 높아질수록 후각 기능은 점차 약해집니다. 원숭이에서 그 크기가 가장 작아지는데, 인간은 그 보다도 더 작은 형태로 진화하게 됩니다. 이러한 계통적인 발생은 태아의 발육과정에서 잘 관찰할 수 있는데, 초기 발생 단계의 태아는 뇌에서 후각이 차지하는 비중이 아주 크지만 성장하면서 점진적으로 후각 세포가 사라지며 퇴화합니다.

따라서 본능의 지배를 상대적으로 덜 받는 고등동물일수록 훈련을 통해 길들이기가 쉽다는 것은 자명한 일입니다. 동물들을 계획적으로 훈련시키면 기상천외한 쇼를 기대할 수 있습니다. 돌고래나 침팬지가 재주를 부리고 인간에게 눈요기를 제공하는 것을 여러분도 한번쯤은 본 적이 있을 것입니다. 뇌의 구조에서 대뇌피질이 차지하는 비중이 크고 뇌에서 분화 발달한 후각피질의 크기가 작을수록, 남을 조롱하고 바보로 만들 가능성이 크다는 사실을(인간들 스스로 이미 알고 있는 사실이지만) 과학이 증명한 셈이지요.

뇌의 구조에서 본능과 직결된 후각이 퇴화할수록 지식을 습득하는 지능과 관련된 대뇌가 발달하는 것을 알 수 있습니다. 대뇌의 기능은 배우고 학습한 내용을 기억하는 것입니다. 하등동물의 경우는 본능을 자극하는 냄새와 연관된 후각이 존재 그 자체를 의미하지만, 진화 단계가 높을수록 후각의 기능은 점차 약해지고, 인간의 단계에 이르면 본능과 연관된 후각의 기능은 거의 무의미해 집니다. 본능의 기능이 퇴화한 자리에 인간은 총체적이고도 입체적인 인식과 종합적인 판단을 가능케 하는 대뇌라는 기관을 가지게 된 것입니다. 인간으로 하여금 고도의 정신활동을 가능하게 하는 이 대뇌반구는 신을 모시는 판테온의 신전처럼 엄숙한 반원형으로, 마치 인간의 고귀함을 반영하는 듯한 모양을 하고 있습니다.

그렇다면 인간의 후각은 본능과 전혀 무관한 것일까요? 그렇지 않습니다. 인간의 본능도 후각적인 자극으로부터 완전히 자유롭지는 못합니다. 우리가 단정하고 품위 있는 인격체로 성장할 수 있는 것도 후각이란 감각기관 덕분이라는 사실을 잊어서는 안 될 것입니다. 어린 시절부터 부모에게 "그건 안 돼! 더러워!" 또는 "이건 맛있어."와 같은 말들을 끊임없이 들으며 성장해 왔다는 사실을 상기해 보시기 바랍니다.

동물은 냄새에 본능적으로 반응하지만, 그와 달리 인간은 불결하거나 청결한 환경 또는 물체에 대한 냄새를 학습을 통해서 배웁니다. 이렇게 학습을 통해 기억된 냄새가 특정한 상황에 대한 판단의 기준으로 작용합니다. 만약 오랫동안 씻지 않아서 몸에서 불쾌한 냄새가 난다면 우리는 이 상황에 대해 거부감을 가지게 되고, 따라서 씻지 않고는 견딜 수 없게 됩니다. 이러한 점이 후각의 소중한 의미라고 할 수 있습니다.

혀로 느끼는 맛은 〈시다〉, 〈쓰다〉, 〈달다〉의 몇 가지로 확실하게 구분할 수 있지만, 냄새의 성질은 경우에 따라서 명확하게 분류하기가 어렵고, 또한 정확히 표현하기가 쉽지 않을 때가 많습니다. 그래서 어떤 화학물질의 정체를 제대로 밝혀내기 위해서 우리는 종종 그와 유사한 물질과 비교하곤 합니다. 예를 들면 카네이션이나 장미 향기에 비유한다든지, 치즈 냄새와 같다는 식으로 표현하게 되지요. 이렇게 코로 지각한 냄새를 정확하게 묘사하기 어려울 경우에, 우리는 보조수단으로서 이미 뇌에 저장된 기억을 끌어올립니다. 이와는 달리 시각으로 인지하는 색의 세계는 무지개의 일곱 색깔로 명쾌하게 분류할 수 있습니다. 비록 모든 냄새를 정확하게 인식하여 표현하는 것은 힘들다고 하더라도, 최소한 〈냄새가 좋다.〉또는 〈냄새가 나쁘다.〉라는 두 개의 범주로 나눌 수는 있을 것입니다. 이 판단의 기준은 그 어떤 물질에도 적용할 수 있으며, 건강이나 위생을 바탕으로 하는 이러한 기준이 무엇보다도 중요한 분류의 척도가 되어야 할 것입니다. 휘발성 화학물질이 코를 스치는 순간 우리는 즉각적으로 그 냄새가 좋은지 나쁜지, 또는 더러운 냄새인지, 상한 냄새인지, 역겨운 냄새인지 등에 대한 판단을 하게 됩니다.

이러한 인간의 의식은 몸의 위생이나 건강을 기준으로 하는 가치판단에 그치지 않고, 종교적인 차원의 선과 악에 대한 판단력으로 확장됩니다. 심오한 정신적인 영역의 가치판단에 대한 인간의 의식은 바로 우리의 후각에 그 뿌리를 두고 있습니다. 동물의 본능도 같은 근원, 즉 후각에서 출발하기는 하지만, 동물은 단지 자기보존을 위해 좋고 나쁜 냄새에 무의식적으로 반응할 뿐입니다.

첫 장에서 모든 감각기관은 인간의 삶을 인도하는 참된 스승이라고 했습니다. 그런데 때로 이러한 감각기관에 장애가 생길 수 있습니다. 시각이나 청각에 장애를 가진 사람을 우리는 청각 장애인 그리고 시각 장애인이라고 부릅니다만, 묘하게도 후각에 장애가 있는 사람을 표현하는 말은 없습니다. 이렇게 후각의 기능은 우리가 뚜렷하게 의식하지 못하는 측면이 강한 것이 사실입니다. 그럼에도 불구하고 우리는 항상 냄새의 자극에 노출되어 거의 무의식적으로 좋고 나쁘다는 판단을 하게 됩니다. 이와 마찬가지로 심리의 저변에서도 끊임없이 우리가 직면하는 상황에 대한 선악의 판단이 이루어지고 있습니다.

인간의 도덕적인 행위나 의식의 근원은 후각에서 그 뿌리를 찾을 수 있으며, 이러한 점이 후각의 고유한 특성입니다. 도덕성과 후각의 연관성은 일상의 언어생활 속에서도 잘 드러납니다. 예를 들어 정치적으로 부도덕한 상황이나 비리에 연루된 사건에서 우리는 보통 썩은 냄새가 난다고 표현합니다. 우리는 또 타락과 악을 상징하는 지옥의 세계는 어떻게 상상하고 묘사하나요? 지옥이라면 우선 어두운 곳에서 타오르는 불을 생각할 것이고, 무엇보다도 악취가 풍기는 더러운 곳을 연상할 것입니다. 지옥을 지키는 악마의 모습 역시 불결하고 추하게 떠오르겠지요. 단테의 『신곡』 지옥편을 읽기 위해서 우리는 처음부터 코를 틀어막지 않을 수 없을 것입니다.

중세 기사문학의 대가인 볼프람의 작품 『파르치팔』에서 악의 유혹을 견디지 못한 부도덕한 암포르타스 왕의 부상당한 상처에서는 세상의 그 어떤 약초도 효험이 없을 정도의 심한 악취가 풍기는데, 이는 죄에 신음하는 암포르타스 왕의 고통을 상징하는 것입니다. 이러한 작품에서 볼 수 있듯이, 예로부터 인간은 후각과 도덕성의 깊은 연관성을 인식했던 것입니다. 반대로 우리는 장미나 재스민 또는 프리지아와 같은 아름다운 꽃들이 풍기는 향기가 없는 천국을 상상하지 못합니다. 거룩한 미사를 올리는 성당에서 은은히 퍼지는 유향도 영혼의 성결함을 염원하는 인간의식의 한 표현인 것이지요.

고대 이집트에서는 사람이 죽으면 영생을 기원하는 주문을 파피루스에 기록하여 망인과 함께 묻었다고 합니다. 이 〈사자의 서〉에 따르면 망인은 저승에 도착하는 순간 오시리스 신의 법정으로 인도되고, 그의 심장은 천칭에 올려져 생전의 행위에 대한 심판을 받습니다. 천칭이 수평을 이루지 못하면 괴물의 희생양이 되지만 그렇지 않고 수평을 이루면 망인은 다시 영령들이 모여 있는 곳으로 안내됩니다. 그 곳으로 내려온 태양계의 신들은 망인의 몸에 코를 대고 냄새를 맡기 시작하는데, 말하자면 사후에 제일 먼저 평가 받는 것은 바로 도덕성인 것입니다. 냄새와 도덕성의 깊은 연관성을 고대 이집트인들도 알고 있었던 모양입니다.

어떻게 보면 우리 인간은 후각이란 감각기관에 고마운 마음을 가져야 할지도 모릅니다. 왜냐하면 후각을 통하여 인간은 지구상에 존재하는 물질의 가치를 판단하게 되니까요.

어린 시절부터 좋고 나쁜 상황에 대한 선악의 기준을 배우지 못한다면 인간은 결코 도덕적인 인격체로 성장할 수 없을 것입니다. 하찮은 금속으로 최고의 가치를 발하는 금을 제조하는 것이 연금술의 원리입니다. 하찮은 금속이 귀금속으로 변화하는 과정처럼, 인간은 물질적인 차원의 판단을 연마함으로써 정신적인 차원에서 빛을 발하는 도덕적인 존재로 변모하는 것입니다. 물론 사람의 도덕성이 단순히 외적으로 풍기는 냄새로 판단할 수 있는 성질의 것은 아닙니다. 그러한 판단은 고대 이집트인들의 믿음처럼 사후세계를 관장하는 신의 경지에서나 가능할 수 있겠지요. 다양한 분야에서 도덕적인 기준에서의 판단이 절실히 요구되는 시대를 살아가는 현대인에게는 후각의 도덕적인 기능의 단련이 그 어느 때보다도 중요하다 할 것입니다. 이 부분에 대해서는 나중에 감각기관들이 상호 밀접한 관련 속에 작용한다는 점을 설명할 때 다시 언급하기로 하겠습니다.

그렇다면 향수를 제조하는 업체들은 인간의 후각에 대해 어떤 관점을 가질까요? 이 분야의 기업들은 인간의 충동적인 욕구를 자극하는 냄새의 다양한 효과를 최대한 상업적으로 이용하려고 할 것입니다. 특히 이성간의 관능적인 매력을 자극하는 향수의 개발(인간의 악마적인 속성을 부추긴다고 할까요)은 문란한 성생활을 조장한다는 우려를 낳고 있습니다.

이렇게 냄새는 인간의 충동적인 본능을 자극하는 측면도 있지만, 반대로 어려서부터 선악을 판단하는 후각의 도덕적인 기능을 〈교육〉을 통해서 강화시킬 수 있다는 측면도 있습니다. 초감각적으로 잘 발달된 후각을 통해서, 인간은 멋진 미술 작품이나 훌륭한 음악을 감상할 때조차도 그 작품의 진가를 냄새로 느낄 수 있으니까요.

냄새를 지각하는 인간의 점막상피는 코 안에 있습니다. 점막상피가 코가 아닌 몸의 다른 곳에 위치하는 하등동물도 있는데, 이론적으로는 인간의 점막상피도 코가 아닌 신체의 다른 부분에 위치할 수도 있을 것입니다. 하지만 인간의 점막상피는 그 어느 다른 곳도 아닌 바로 코 안에 자리하고 있습니다. 그렇다면 점막상피가 코에 위치한다는 것은 어떤 의미를 가지며 이러한 인간의 코가 상징하는 것은 무엇일까요?

동물원에서 원숭이의 얼굴을 자세히 들여다보면 때로 혐오감이 생기기도 합니다. 원숭이에게 코가 없기 때문입니다. 인간만이 유일하게 코를 가지고 있다는 사실에 대해 한번쯤 생각해 보신 적이 있는지요? 단순한 자연현상을 자세히 관찰하다보면 의외로 놀라운 사실들을 발견하게 됩니다.

인간과 마찬가지로 다른 고등동물들도 뇌에서 후각피질이 분리되어 발달되었지만, 이들 동물에게는 인간과 달리 냄새를 맡는 코가 제대로 형성되지 않았다는 사실은 흥미롭습니다. 다른 고등동물의 코는 엄밀한 의미에서 코라고 보기 어려운 것이, 윗입술과 코가 거의 붙은 비구부의 형태로 코는 단지 흔적만 남아있습니다. 원숭이의 얼굴은 인간과 꽤 흡사한 것처럼 보이지만 얼굴이라고 보기에는 왠지 불완전한 형태를 하고 있습니다. 물론 자연에도 예외는 있습니다. 희귀동물의 서식처인 보르네오 섬에 살고 있는 코주부 원숭이가 그 대표적인 경우입니다. 그림 11에서 보듯이 수컷은 축 늘어진 주머니와 같은 코를 달고 있고, 암컷은 오만하게 보이는 뾰족하고 날렵한 코를 가지고 있습니다. 그 밖의 원숭이들은 아예 코가 생기다 만 듯한 형태를 취하고 있습니다.

그렇다면 인간만이 유일하게 코를 가지고 있다는 사실은 무엇을 의미합니까? 이에 대한 해답을 찾기 전에 코에 대한 이야기를 조금 더 해보려고 합니다. 인간의 몸 중에서 코만큼 개성이 강하게 드러나는 부분도 없습니다. 코의 이러한 특성에 대해서 연기를 하는 배우들은 그 누구보다도 잘 알고 있을 것입니다. 신분을 위장하기 위해 목소리를 변조하거나 표정을 바꾸는 것은 크게 효과를 보지 못합니다. 하지만 조소용 점토로 코의 형태를 바꾸는 순간, 그 사람의 정체성은 감쪽같이 사라지고 완벽한 변장에 성공하게 됩니다. 바꾸어 말하면 우리는 상대방의 코만 보고도 누구인지 금방 알아볼 수 있다는 것입니다. 일 년 중에 자신을 남에게 드러내고

▲ 그림 11 **코주부 원숭이** 출처: L'Atlas de la Vie Sauvage, Amsterdam 1973

싶지 않은 특별한 날이 있지요. 바로 사육제 축제일인데, 이 날 우리는 자신의 모습을 감추기 위해서 귀나 눈을 가리는 것이 아니라 코를 가립니다. 커다란 가면을 코에 덮어쓰면 카니발의 가장 행렬을 따라가는 군중 속에서 우리는 누가 누구인지 서로를 알아보지 못합니다. 이렇게 코를 가리게 되면 우리의 고유한 자아나 개성은 상실되어 버립니다.

어릿광대 피에로의 모습은 또 어떻습니까? 피에로라는 예술적인 형상은 원래 화형에 처해질 죄인의 운명에서 유래한 것입니다. 화형장으로 향하기 전에 죄인은 두건 달린 흰 색의 죄수복을 받게 되는데, 그 두건은 온갖 조롱의 문구로 얼룩지게 되고 마지막으로 인간성의 상징인 코를 가려야만 했습니다.

인간의 도덕성과 연관된 감각기관인 후각의 점막상피는 우리의 몸 중에서 코에 위치하고 있습니다. 유일하게 인간만이 가지고 있는 코는 인간과 동물을 구별하는 가장 특징적인 신체기관이며, 이러한 인간다움의 표상인 코의 형태는 요람에서 무덤까지 개개인의 인격적인 성숙과 함께 변화합니다.

동물 중에서도 사자나 고양이의 얼굴을 생각해 보면 코가 인간의 모습을 상징한다는 사실을 좀 더 쉽게 이해할 수 있습니다. 사실 사자나 고양이의 얼굴이 원숭이보다도 인간의 모습에 오히려 더 가깝다는 것을 알 수 있는데, 그것은 이 동물들이 다름 아닌 인간과 거의 유사한 형태의 코를 가지고 있기 때문입니다. 물론 이 동물들의 비구부가 인간의 코에 달

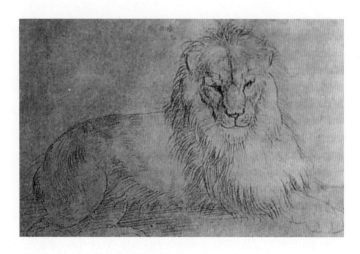

▲ 그림 12 **사자** 1520년경 알브레히트 뒤러의 은필스케치. 비엔나 알베르티나 미술관 소장

하는 수준은 아니지만, 바로 이러한 〈코〉의 형태로 인해 고양잇과에 속하는 맹수들에게서 마치 영혼을 소유한 인간을 보는 듯한 위엄 있는 표정을 관찰하게 되는 것입니다.

지금부터는 정신세계에 관한 신비적인 사유를 토대로 하는 학문적인 관점도 함께 살펴보려고 합니다. 인간도 원시적인 단계에서는 본능에 따라 순응하는 후각동물에 불과했습니다. 그러나 인간이 직립을 하게 되어 머리가 땅에서 멀어지면서 점차 본능에서 자유로워지고 본능과 직결된 후각도 퇴화한 것입니다. 이렇게 인간은 동물과 달리 이성적인 사고와 연관하는 대뇌가 차지하는 비중은 확대되고, 반대로 냄새와 관계된 후각피질은 퇴화하여 오늘날의 크기로 축소된 것인데, 이러한 인류의 진화과정은 미래에도 지속될 것입니다.

〈변화〉라는 관점에 초점을 맞추고 유명한 『오이디푸스 신화』를 한번 기억해 보시기 바랍니다.

어느 날 오이디푸스는 괴물 스핑크스가 낸 수수께끼를 풀어야하는 위기에 직면합니다. 스핑크스가 "아침에는 네 발로 걷고, 낮엔 두 발로 걸으며, 저녁에는 세 발로 걷는 동물이 무엇이냐?"라고 묻자, 오이디푸스는 서슴지 않고 대답합니다. "그것은 인간이다." 왜냐하면 인간은 어릴 때는 두 손과 두 발로 기어 다니고, 장성해서는 두 발로 걸어 다니며, 나이가 들어 노쇠하면 지팡이에 의지해서 세 발로 걷기 때문입니다.

학창 시절 수업시간에 이 신화를 듣고 저는 스핑크스가 이렇게 쉬운 문제에 자신의 전부를 걸었다는 사실에 적잖이 실망했었지요. 신화에는 보통 심오한 의미가 내포되어 있을 거란 기대감에 스핑크스가 굴욕감을 느끼고 몸을 던져 죽기에는 해답이 너무 쉽다는 생각을 떨칠 수가 없었습니다.

저의 이런 의문은 플라톤의 서적을 접하면서 풀리기 시작했습니다. 플라톤은 모든 신화는 두 가지로 해석할 수 있는데, 민중들을 위한 일반적인 해석이 그 첫 번째이고, 신화를 심도 있게 연구하는 집단들을 위해 비전하는 신비주의적인 해석이 그 두 번째라고 했습니다. 오이디푸스의 신화에도 이렇게 비밀스럽게 전승되는 해석이 따로 있습니다.[9] 비전하는 오이디푸스 신화의 또 다른 해석을 찾기 위해서는 먼저 인류의 진화 과정에 대해 좀 더 깊이 고찰해 볼 필요가 있습니다.

　인지학적인 관점에서 보면, 우주만물은 정신세계로부터, 즉 신의 관념이나 신의 지혜에 의해 순차적인 단계를 거쳐 창조됩니다. 발생 초기 단계의 지구가 현재 우리가 살고 있는 상태와 같이, 모든 물체가 뚜렷한 형태를 가졌으리라고 생각할 수는 없을 것입니다. 오늘날 우리가 감각기관을 통해서 인식할 수 있는 모든 것은 무생물까지도 포함해서 그 시기에는 전부 생명력으로 충만했고 또한 지구 자체도 활발하게 움직이는 상태였습니다.

　개체발생은 계통발생을 반복합니다. 따라서 태아의 발육과정은 인류의 진화 과정이 압축된 상태라고 볼 수 있습니다. 발생 초기 태아는 활동적이고 형태가 고정되지 않은 채 거의 투명한 상태이지만, 신체기관이 발달함과 더불어 점차 활동성이 줄어들며 연골 형태의 뼈와 치아가 형성됩니다. 특기할만한 점은 초기 단계의 태아는 양성동체이며 어느 정도 성장한 후에야 비로소 성이 결정된다는 사실입니다. 우주의 발생과정도 이와 동일하게 생명력을 지닌 유동적인 어떤 상태에서 점차 활동력이 떨어지는 무생물로 그리고 고체의 상태로 진화했다고 볼 수 있습니다.

　루돌프 슈타이너는 자신의 고유한 정신적 관점에 입각한 우주론을 저서에서 상세히 서술하고 있는데[10] 참고로 소개해 보겠습니다.

　슈타이너는 지구와 인류의 태동기(이 시기를 슈타이너는 레무리아 시기라고 지칭합니다)에는 오늘날과는 달리 물체가 고체나 액체 그리고 기체로 구분되지 않은 혼돈의 상태에서 모든 것이 활화산과 같이 역동적이었다고 합니다. 인간의 육체도 이 시기에는 부드럽고 형태가 변하는 유동적인 상태였습니다. 인간은 교질 덩어리와 같은 상태의 사지로 〈헤엄쳐서 둥둥 떠다니는〉 존재였습니다. 특히 이 시기의 인간은 자웅동체의 헤르마프로디토스(헤르메스와 그를 유혹한 아프로디테 사이에서 태어난 양성의 신)와 같이 성의 구별이 없이 동성교배로 종족번식을 했다고 합니다. 또한 이 시기의 인간은 정신력으로 팽창하는 액화 상태의 물질을 원하는 형태로 만들 수도 있었다고 합니다. 슈타이너가 역설하는 이러한 진화의 과정은 플라톤의 저서 『대화편』에서도 똑같이 묘사되어 있는데 단지 시기적으로 좀 더 늦은 아틀란티스 시기에 발생한 것으로 기록되어 있을 뿐입니다.[11]

레무리아 시기에 지구 역사상 아주 중대한 사건이 발생합니다. 지구에서 거대한 화산의 분출물과 지각 물질이 폭발로 떨어져나가 집적하여 우주 공간에 달을 생성합니다. 지구에서 분화된 화산 덩어리가 냉각되어 생긴 달은 그 이후에도 끌어당기는 힘으로 밀물과 썰물의 현상을 일으키며 지구에 지속적인 영향을 미치고 있습니다. 레무리아 시대 후반에 달이 지구에서 분리되고, 화산활동이 서서히 멈추면서 지각은 어느 정도 안정을 찾기 시작합니다. 지구가 냉각되면서 비와 구름도 형성되고 퇴적물이 쌓여 지구표면에 차츰 단단한 지상이 생겨나고 인간은 두 다리로 움직이기 시작합니다. 즉 인간이 직립보행을 하게 된 것인데, 이로써 인간은 자유로워진 두 손을 도구로 사용하게 되어 인류 문명의 기초를 성립합니다.

자웅동체였던 상태에서 성이 분리되면서 종족번식도 이성간의 만남을 통하여 이루어지는 단계까지 진화하지만 지구는 전반적으로 여전히 〈열기〉로 뜨거웠고 인간이 정착하여 살 수 있는 지역도 소수에 불과했습니다. 이렇게 인간이 살 수 있는 기틀을 마련했음에도 불구하고 레무리아 시기는 불의 대참사로 결국 멸망하게 되며 생존한 소수의 사람에 의해 아틀란티스 시기가 개막합니다.

아틀란티스 시기에 들어와서 지구는 더욱 단단하게 굳어짐으로써 인간이 두 발로 걷기에 훨씬 더 편한 여건을 조성하고 두 팔도 좀 더 자유롭게 사용할 수 있게 됩니다. 그러나 이 시기에도 지구는 여전히 두터운 안개 층과 수증기로 가득 차 있었습니다. 결국 수차례의 〈대홍수〉를 겪으며 이 시기 역시 막을 내리고, 그 뒤 지구는 점차 오늘날의 모습에 근사한 형태로 변화됩니다.

인류의 직립보행 능력이 최고점에 달하는 후아틀란티스 시기에 이르면 지구는 엄청난 변화를 겪게 되는데, 오늘날 우리가 살고 있는 시기가 바로 이에 해당합니다. 짙은 안개로 덮여 희미하고 어둡던 이전의 상태가 선명한 대기권으로 변화되고 맑은 물이 흐르며 멀리 수평선이 보이고 아름다운 무지개가 떠오릅니다. 이런 지구의 고체화 과정에서 아름답고 투명한 크리스탈이 형성됩니다. 바다에서 융기한 육지도 그 웅장한 모습을 드러냅니다. 맑은 공기로 숨 쉬고 오색찬란한 빛과 구름의 조화, 그리고 변화무쌍한 자연의 세계에서 인간의 의식도 조금씩 깨어나기 시작합니다. 인간의 시각도 처음에는 밝은 색만 감지하다가 점차 짙은 색을 인식하는 단계로 진화 발달하게 됩니다.

무엇보다 급격한 변화는 열기와 냉기의 대조적인 차이(화산폭발로 인한 고온의 상태에서 냉각됨으로써 생기는)일 것입니다. 인류는 최초로 강물이 얼어붙는 것을 경험하고 하늘에서는 하얀 눈이, 땅 속 깊은 암반층에는 육각기둥 모양의 수정이 생성됩니다. 이 두 세계의 경계를 이루는 지상에는 광합성 작용을 통하여 인간과 태양의 교량역할을 하는 녹색 왕국이 펼쳐집니다. 이 식물계는 인간이 살아가는데 필수 불가결한 산소를 공급하고, 식량을 제공하는 중요한 에너지원이 됩니다.

이 시기에 와서야 인간은 (삼라만상을 비롯하여) 비로소 뚜렷한 윤곽을 갖춘 형체를 드러냅니다. 모태의 양수에서 발육하는 태아가 탄생하는 과정은 지구가 아틀란티스 시기에서 후아틀란티스 시기로 이행하는 과정을 그대로 재현한다고 볼 수 있습니다.

후아틀란티스 시기는 다시 다음과 같은 7단계의 시대로 구분되어 전개됩니다. 고대 인도 시대를 기점으로 하여 고대 페르시아 시대, 고대 아시리아(바빌로니아), 이집트 시대 그리고 인간의 몸을 빌려 이 세상에 태어난 나사렛 예수의 활동시기인 그리스(라틴) 시대로 이어집니다.

우리는 지금 서기 1413년 이래로 후아틀란티스 시기의 다섯 번째 단계인 의식혼의 시대에 살고 있으며, 앞으로 두 단계의 시대가 더 오게 됩니다. 미래에도 우주와 인류의 진화는 지속될 텐데, 이러한 진화는 만물이 다시 부드러운 액체 상태로 활동성을 띠며 생명력을 갖는, 아틀란티스 시기를 그대로 재현하는 형태로 진행될 것입니다. 달 또한 지구와 재결합하고 인간도 자웅동체의 존재로 환원할 것입니다.

자, 이제부터 오이디푸스 신화에서 수수께끼가 의미하는 〈세 발〉로 걷는 인간의 정체를 밝혀보기로 하겠습니다.

연금술사들이 묘사한 두 개의 상이한 인간의 모습을 한번 보시기 바랍니다.(168, 169쪽 그림 참조) 인간이 몹시 어둡게 표현되어 있는 첫 번째 그림은 이 지상에 묶여 있는 현세의 인간을 나타냅니다. 두 번째 그림은 빛으로 오신 예수 그리스도 안에서 부활하는 미래에 나타날 인간의 모습으로, 피가 흐르는 심장에서 불사조인 피닉스가 날아오릅니다. 이 그림에서 주목할 점은 양다리와 오른팔은 어둡게 묘사되어 있는 반면에, 왼팔과 머리는 밝게 그려져 있다는 사실입니다.

연금술사들이 이렇게 미래의 인간을 다르게 그린 특별한 이유는 무엇일까요? 과거에 사람들은 인간의 몸에서 오른쪽 부분과 하체는 지상에 속하며, 심장이 위치한 신체의 왼쪽 부분과 머리는 우주에 속한다고 믿었습니다. 오늘날 장교의 제복 등에서 종종 볼 수 있는 오른쪽 어깨에서 왼쪽 엉덩이를 향해 사선으로 둘러진 띠는 바로 이런 정신적 유산의 흔적인 것이지요. 먼 미래에 육체의 물질적인 것이 다 사라지고 나면 (여기서는 단지 암시하는 정도에 그치지만 이 분야에 더 많은 관심이 있는 분들은 루돌프 슈타이너의 신비주의에 관한 저술을 참고하시기 바랍니다.[12]) 그때에 영적인 세계를 위한 공간이 생길 것입니다. 말하자면 물질주의가 지나치게 팽배한 곳에는 정신적인 가치가 들어설 여지가 없는 것과 같은 원리라고 할 수 있습니다.

인간의 마지막 〈본능감각〉이라고 할 수 있는 뇌의 후각피질이 위치하고 있는 자리에, 미래에는 새로운 기관이 생기게 되는데, 이 새로운 기관을 우리는 〈쌍엽 연꽃〉 또는 〈미간 챠크라〉 또는 〈아즈나Ajna 챠크라〉[13]라고 부릅니다. 영적인 차원의 세계를 물리적인 장소로 특정화하기는 어렵지만 (정신적인 가치를 계량화하여 ㎝의 크기로 표현할 수는 없겠지만) 적어도 후각기관이 점차 퇴화하는 그 자리에 인류의 새로운 신체기관인 쌍엽 연꽃이 형성된다고 말할 수는 있을 것입니다. 이 쌍엽 연꽃의 기관으로 (물론 지금도 어느 정도 가능하지만) 미래의 인간은 사물의 본질을 비본질과 구별하고 선악을 판단하게 될 것입니다.

다음과 같은 상황을 가정해 봅시다. 우리는 마음에 드는 미술작품 한 점을 구입하고 매일 아침 눈을 뜨면 그 그림 앞에서 감동을 느끼며 행복감에 젖습니다. 그런데 어느 날 이런 감동은 사라지고 왠지 하잘것없는 그림 한 점에 너무 큰 대가를 지불한 것 같은 후회가 생깁니다. 이와 반대의 경우도 있습니다. 친구에게 한 권의 책을 선물 받고 고마운 마음에 훑어보지만 내용이 시시한 것 같아서 책을 그만 덮어 버립니다. 무료하게 느껴지는 어느 날 우연히 다시 그 책을 들춰보다가 의외로 마음이 끌리는 문장들을 발견하고 계속 읽어내려 갑니다. 그리고 '이렇게 재미있는 책인 줄 몰랐네!' 하는 생각이 들며 처음에 받았던 인상과는 달리 몹시 흥미로운 책이라는 사실을 깨닫게 됩니다.

어떤 사물의 가치에 대한 판단은 시간이 흐름에 따라서 완전히 달라질 수도 있으며, 또한 본질을 파악하기 위해서는 충분한 시간적 여유가 필요합니다. 혈기가 왕성한 젊은 시절에는 성급한 판단을 하기 쉽지만 나이가 들고 성숙해짐에 따라 신속한 결정이 결코 최선은 아니라는 경험을 바탕으로 더욱 신중한 태도를 가지게 되는 것이지요. 이와 마찬가지로 현세에 인간이 가진 뇌의 구조로는 성급한 판단에 이르기 쉽지만, 진화의 완성도가 높아지는 미래의 신체기관을 통해서 인간은 더욱 성숙하고 신중한 판단을 할 수 있게 될 것입니다.

앞에서 언급한 두 번째 그림(169쪽)에 나타난 인간의 모습을 자세히 보면, 우주가 계속 진화하여 다시 과거 레무리아 시기와 같은 상태로 변화된 지구에서 살게 될 미래의 인간상임을 알 수 있습니다. 지구는 지속적인 변화과정을 통해 현재의 고체화된 상태는 언젠가 다시 이 지구상에서 사라질 것입니다. 지구가 변화하는 것은 빙하기와 깊은 연관이 있는데, 빙하기와 간빙기가 반복적으로 일어나는 이유에 대해서는 아직 정확히 밝혀지지 않고 있습니다.

현재 인류는 빙하기와 반대의 현상을 경험하고 있는데, 지구는 점점 온난화되고 눈과 얼음이 계속 녹아내려 만년설과 빙산은 점점 줄어들고 있습니다. 이런 추세가 지속된다면 미래의 지구는 다시 모든 물체가 연화되고 액화되어 활동성을 띠는 과거 아틀란티스 시기를 연상케 하는 상태로 변화할 가능성이 높습니다. 그렇다고 해서 아틀란티스 시기에 존재했던 인간의 모습으로 똑같이 되돌아간다는 의미는 아니고, 그 시기 인간 모습의 변형된 형태를 띠게 될 것이라는 뜻입니다.

그 시기가 도래하면 인간의 몸은 다시 둥둥 떠다니는 상태가 되는데, 사지로 떠다니던 과거와는 달리 미래의 인간은 심장이 존재하는 신체의 왼쪽 부분만 남을 것입니다. 그러니까 우리의 육체에서 머리를 포함한 왼쪽에 (인간의 대뇌는 형태가 변하더라도 남게 되는데, 현재 대뇌의 중요한 기능인 지적 능력이 미래에는 아무런 의미를 갖지 못합니다) 위치한 몸의 기관만 남는 형태로 진화하게 되는 것이지요. 우주에 속하는 인간의 왼손은 현재 다리가 위치한 자리까지 〈밀려나게〉 되는데, 일종의 꼬리지느러미를 상상하면 되겠습니다.

미래의 인간은 왼손을 중심으로 움직이며, 왼손의 진화와 더불어 쌍엽 연꽃도 함께 자랍니다. 이 쌍엽 연꽃이 인간의 새로운 두 개의 사지에 해당합니다. 지능과 관련된 대뇌와 본능과 연관된 후각의 기능이 퇴화한 자리에 생긴 쌍엽 연꽃은 인간이 선악을 판단할 수 있는 방향 잡이 즉, 인간 내면의 나침반 역할을 할 것입니다. 현재의 인간은 과거의 경험에서 비롯한 양심에 따라서 선악을 판단하지만, 미래의 인간은 움직이는 신체의 기관 자체가 양심의 역할을 하게 되는 것이지요. 이러한 형태의 모습이 오이디푸스 신화에서 의미한 세 개의 다리를 가진 인간의 모습입니다.

인류 역사의 초기, 즉 레무리아 시기에 인간은 네 개의 다리를 가지고 둥둥 떠 다녔고, 현재는 두 다리로 단단한 지상 위를 걸어 다니며, 미래의 인간은 다시 액화된 세계에서 세 개의 다리, 즉 새로운 쌍엽 연꽃과 왼손으로 움직이게 된다는 것이지요. 위의 이야기를 여러분은 공상에 가까운 것이라고 일축해 버릴 수도 있습니다. 하지만 우주의 진화과정과 태아의 발육과정을 비교해서 고찰해 보는 것이 그리 터무니없는 일만은 아 닙을 앞으로 다루게 될 시각과 청각 편에서 태아의 발육과정을 통해 접하 게 될 놀라운 사실에서 알게 될 것입니다.

　내용의 진위 여부를 떠나서 지금까지 한 이야기는 인간의 선악에 대 한 판단력에 관한 것입니다. 지금 다루고 있는 후각과 앞으로 다루게 될 미각, 시각 그리고 열감각을 〈영혼감각기관〉이라고 하는데, 이 감각기관 들은 나름대로 고유한 특성에 따라서 인간의 영혼에 특정한 판단력을 길 러줍니다. 개인차가 있기는 하지만 인간은 누구나 선악을 판단할 수 있는 능력을 가지고 있으며, 인지학에서는 이러한 인간의 능력을 의식혼이라고 합니다. 후각은 냄새를 맡는 고유한 기능을 통하여 인간에게 선악을 판 단하는 능력을 발달시키며 이러한 인간의 능력이 작용하는 영역을 〈의식 혼〉이라고 합니다.

　인지학 관련 서적을 좀 더 깊이 접한 분들은 인류의 문명이 2160년을 단위로 중요한 변화를 겪는다는 사실을 알고 있습니다. 그런데 2160년은 〈플라톤의 해〉라고 불리는 25920년의 12분에 1에 해당하는 기간입니다. 지구는 태양을 중심으로 공전할 때 자전축이 흔들리는 세차운동*을 하게 되는데, 이로 인해 지구의 춘분점이 매년 조금씩 움직이게 되고, 이 춘분 점이 황도 12궁의 별자리를 일주하는데 걸리는 시간은 25920년이며 이를 〈플라톤의 해〉라고 합니다. 그러니까 황도 12궁의 한 성좌에서 다음 성좌

......
* 회전체의 회전축이 일정한 부동축의 둘레를 도는 현상. 예를 들면 연직축에 대하여 약간 기울어진 팽이의 축이 비틀거리며 회전하는 운동을 말한다.

로 춘분점이 옮겨가는데 걸리는 시간이 바로 2160년이며, 이에 따라 환산하면 현재 인류는 물고기자리의 시대에 살고 있고, 이는 곧 의식혼의 시대에 해당합니다. 앞에서 선악을 판단하는 능력을 의식혼이라고 했습니다.

그렇다면 이 시대를 살고 있는 우리는, 일을 결정하는데 있어서 그 일의 실현 가능성보다는 선악의 기준에 따라서, 즉 도덕적인 책임이 선행되는 기준에 따라서 판단을 해야 한다고 말할 수 있지 않겠습니까? 이러한 기준은 특히 핵에너지의 개발이나 환경오염에 관계된 산업기술 분야에 더욱 엄격히 적용되어야 할 것입니다. 인간의 삶을 풍요롭게 하기 위한 핵에너지가 핵무기가 되어 인류를 파멸의 위기로 몰아가듯이, 인간 두뇌의 가능성을 끊임없이 실험하는 과학의 유용성은 결국 도의적인 문제와 갈등을 빚을 수밖에 없습니다. 따라서 인류의 삶을 결정하는 기준은 무엇보다도 도덕적인 가치가 우선이 되어야 하며, 이것이 바로 의식혼의 특성입니다.

우리 인간은 스스로 획득하는 새로운 후각, 즉 쌍엽 연꽃이란 신체기관이 발달하도록 도덕성의 함양에 노력을 기울여야 할 것입니다. 이 새로운 후각기관의 발달에 인류의 미래가 달려 있으며, 또한 이런 노력은 둔감해진 인류의 도덕성에 경종을 울리는 시대적 과제이기도 합니다. 새로운 것의 출현에는 늘 반작용이 따르듯이, 인류의 이러한 노력에 대한 저항은 벌써 강하게 작용하고 있습니다. 적대적인 세력들은 인간의 도덕적인 감각을 마비시키기 위해 온갖 수단을 동원합니다.[14] 오늘날 최고의 도덕률은 다수의 지배적인 생각과 행위입니다. 예전에는 소수의 성인이나 영웅들의 모범적인 행위나 깊은 인식이 도덕적인 규범이 되었으나 오늘날은 여론이 곧 도덕의 기준이 되는 시대로 변하고 말았습니다. 낙태나 안락사의 문제가 그 대표적인 예라고 할 수 있겠지요. 이러한 문제에 있어서도 이제 막 싹트기 시작하고 계속 진화할 인류의 새로운 도덕적인 의식에 대한 반대 세력들의 저항은 거셉니다. 도덕적인 판단의 기준은 다수인 대중의 의사가 그 척도가 될 수 없습니다. 도덕적인 판단이란 자신의 행위에 대한 철저한 책임을 의미합니다. 따라서 그 어떤 비윤리적인 행위도 다수라는 명목 하에 정당화할 수는 없으며, 양심의 가책에서 결코 자유로울 수도 없을 것입니다.

후각과 관련된 별자리는 미소년 가니메데스가 어깨에 물병을 메고 있는 물병자리(♒)입니다. 이 별자리는 인간의 모습을 하고 있는데, 〈코〉라는 신체의 기관 역시 인간만이 소유하고 있는 인간다움의 상징이기 때문입니다. 후각은 인류의 진화과정을 그대로 반영하고 있습니다. 본능과 직결된 후각의 도움으로 생존에 급급했던 원시적인 단계에서 인간의 의식은 후각의 점차적인 퇴화로 도덕적인 판단을 하는 좀 더 고차원적인 존재로 발달했습니다. 미래에 인간의 의식은 다시 선악을 판단하는 쌍엽 연꽃이라는 기관을 소유하는 더욱 진화한 존재로 변화할 것입니다. 그 시기가 도래하면 인류는 지구를 구할 수 있는 능력을 갖추게 되는데, 물병자리는 미래의 지구를 책임지며 변화 발전하는 인간 모습의 표상입니다.

6
미각

이제부터 미각에 대해서 살펴보겠습니다. 미각은 앞에서 다룬 후각과는 성격이 상이한 감각기관입니다. 후각은 호흡과 직결되어 있고 우리가 손으로 감싸 쥐지 않는 이상 코는 항상 열려 있는 상태이므로, 인간은 냄새를 맡아야 하는 상황에 강요된다고 볼 수 있습니다. 예외적으로 물개는 포유동물인데도 불구하고 코를 막을 수 있기 때문에 물속에서 오랫동안 활동하는 것이 가능합니다.

후각의 구조와는 달리, 입은 우리의 의지에 따라서 열고 닫을 수 있는 상당히 사적인 공간이라고 표현할 수 있습니다. 맛을 보기 위해서 우리는 신체의 〈입구〉라고 할 수 있는 입안으로 일단 음식을 넣어야 합니다. 후각을 자극하는 기체는 숨을 쉬는 것과 동시에 코로 흡입되지만, 미각을 자극하는 음식은 충분히 취사선택할 수 있는 영역인 것이지요. 이러한 점은 별로 대수롭지 않은 단순한 사실인 것 같지만 한번쯤 깊이 생각해 볼 때, 의외로 중요한 의미가 담겨 있음을 깨닫게 됩니다.

　미각은 입이라는 〈고요한 작은 공간〉에서 작용하고 후각처럼 자극에 일방적으로 강요되지 않으며, 공격적인 자극에 직접 노출되지도 않습니다. 후각의 직접적인 자극은 인간의 본능적인 충동을 불러일으키는 반면에, 미각은 음식 재료에 첨가물이 추가되고 조리되는 과정을 통해서 직접적인 자극이 완화됩니다. 주방에서 녹이고 불리며 데우는 과정에서 음식의 재료가 변하게 되는데, 이러한 변화의 과정은 우리의 입안에서도 일어납니다. 극단적인 예로 모래는 녹지 않기 때문에 그 어떤 맛도 나지 않지만 대부분의 물질은 입안에서 맛이 변화되는 과정을 거칩니다. 예를 들어서 각설탕을 입에 넣으면 처음에는 무미하지만 녹기 시작하면 혀에서 단맛을 느낍니다.

　그렇다면 설탕을 녹이고 단맛을 내게 하는 힘의 근원은 무엇일까요? 입안에서 생성되는 침이 바로 그러한 작용을 하는 것입니다. 맛을 느낀다는 것은 외부의 물질을 몸에 받아들이고, 다시 받아들인 물질과 몸에서 생성된 물질인 침이 서로 동화되는 과정을 의미합니다. 이는 마치 우리가 다양한 성격의 사람들과 만나서 서로 화합하며 조화를 이루고 살아가는 것과 유사하다고 할 수 있습니다. 따라서 음식의 맛을 음미한다는 것은 음식과 친밀한 대화를 나누는 것으로 볼 수 있습니다.

이런 관계를 후각에 적용하기는 어렵습니다. 만약 장미의 향기를 맡는다면 우리는 스스로 〈한 송이 장미〉가 되는 것과 마찬가지입니다. 후각은 외부의 자극을 변화시킬 수 있는 힘이 없으며, 단지 수동적으로 장미의 향기를 흡입할 수밖에 없기 때문이지요. 이와 달리 미각은 외부에서 받아들인 자극물의 변화에 적극적으로 참여합니다. 이 점이 후각과 차별되는 미각의 고유한 특성입니다.

몸의 소화기관 중에서 입은 그 출발점에 해당합니다. 맛을 음미하는 과정은 입으로 받아들인 음식과 〈대화를 나누는〉 것이며, 이 대화의 산물은 흡수되어 마침내 몸의 일부분을 구성하는 요소로 변하게 됩니다. 여기서 다시 후각과의 차이점이 분명히 드러납니다. 냄새는 미각처럼 음식을 씹어서 변화시키는 기능이 없으며, 몸의 일부분을 구성할 수도 없습니다. 장미의 향기는 코를 가득 채우지만 잠시 머물 뿐이고 장미향의 휘발성 물질은 곧 사라집니다. 이와 달리 음식물이 입안에 머무는 시간은 비록 그리 길지는 않더라도, 그 음식물로부터 섭취한 양분은 우리와 아주 오랫동안 관계를 맺게 됩니다. 이렇게 맛을 음미해서 섭취한 양분은 우리 존재의 형성에 지대한 영향을 미치므로 몸의 구성체로 받아들이기 이전에 당연히 신중한 검토를 위한 충분한 대화의 시간이 필요한 것입니다. 이와 같은 대화를 원만히 진행하고 외부에서 들어 온 음식물에 대해 세심한 주의를 기울이는데 있어서 주도적인 역할을 하는 것은 바로 입안의 혀입니다. 이런 의미에서 혀를 대우주인 자연의 일부가 소우주인 인간의 구성체로 변화하는 〈경계를 지키는 파수꾼〉이라고 불러도 좋을 것입니다.

입안에서는 미각만 작용하는 것이 아니고, 촉각, 열감각, 그리고 생명감각 등 다른 기관들도 함께 조화를 이루며 협력합니다. 혀는 따뜻하거나 차가운 음식이 닿는 것을 감지하는 촉각기관이며, 동시에 매운 고추나 지나치게 뜨거운 음식을 먹을 때는 생명감각의 도움으로 통증을 느끼기도 합니다. 향긋한 냄새로 식욕을 돋우는 후각이 없다면 음식의 맛은 반감될 것이며, 음식의 맛을 제대로 느끼기 위해서는 씹는 기능이 무엇보다도 중요합니다. 씹는 과정을 통해서 우리는 음식물과 은밀한 만남을 이루게 되는데, 이때 분비되는 침은 음식물이 내장 기관에서 소화 흡수되는 것을 촉진하는 중요한 역할을 합니다. 따라서 음식을 한꺼번에 입안으로 〈쑤셔 넣거나〉 혹은 입안에 넣자마자 〈꿀꺽 삼켜 버리는〉 식의 식습관은 아이들의 성장을 저해하는 요인이 됩니다. 아무리 영양가가 높은 음식이라도 죽처럼 지나치게 갈아서 만든 형태의 음식을 아기에게 제공하는 것은, 씹는 능력의 발달을 저하시키는 결과를 낳을 수 있습니다. 아기들은 만 2세경이면 딱딱한 빵 껍질을 씹는 즐거움을 느낄 정도로 치아가 충분히 발달합니다.

미각의 내밀한 성격을 또 다른 측면에서 살펴보겠습니다. 사회 통념상 혓바닥을 내미는 행동이 불손하고 무례하게 인식되는 것은 결코 우연이 아닙니다. 갈라진 혓바닥을 날름거리는 사악한 뱀이나 혀를 내민 교활한 늑대를 연상하게 하는, 즉 악의 속성을 상징하는 표현이기 때문이지요. 꼬리와 혀로 감정을 표현하는 개가 혀를 늘어뜨리는 모습은 우리에게 어느 정도 익숙하지만, 이 역시 처음 본다면 놀라지 않을 수 없을 것입니다. 최고의 위엄을 갖춘 동물로 간주되는 사자나 호랑이 또는 고양이에게는 이러한 모습을 전혀 찾아볼 수 없습니다.

그렇다면 대우주의 자연을 조심스럽게 음미하며 소우주인 우리의 몸으로 받아들이는 미각이란 감각기관을 우리는 어떻게 사용하고 있을까요? 아마도 미각만큼 도덕적으로 타락한 감각기관은 없을 것입니다. 인간의 이런 불행한 역사는 에덴의 동산에서 비롯합니다. 여러분은 사악한 뱀이 후각을 자극하는 향기나 혹은 시각을 자극하는 그림으로 인간을 유혹하는 장면을 상상해 볼 수 있습니까? 인간을 죄의 구렁텅이에 빠뜨리기 위해서 악마가 가장 효과적으로 생각한 수단은 바로 인간의 미각이었습니다. 이렇듯 미각은 신이 인간에게 허락한 자유의지가 가장 취약하게 나타나는 감각기관입니다. 음식의 맛에 대한 질문을 받게 되면 우리는 보통 "맛있다."와 "맛없다."의 두 가지로 대답합니다. 이러한 판단의 기준, 즉 맛있는 것에 대한 욕구가 바로 인류 원죄의 씨앗이 된 것입니다.

인류의 원죄에 관한 끝없는 담론도 흥미롭겠지만 한 가지 결론만은 명백합니다. 인류가 선악과의 유혹을 이겨내지 못하고 결국 원죄의 굴레를 쓰게 되었지만, 맛있는 것을 판단하고 음미하기 위한 것만이 인간에게 미각을 선사한 창조주의 의도는 분명 아니라는 것입니다.

우리가 양분을 섭취한다는 것은 대자연인 우주의 한 조각을 그 대자연에서 활동하기 위한 도구인 몸의 일부로 받아들이는 과정입니다. 따라서 우리가 섭취하는 물질이 이 도구에 잘 맞는지의 여부가 최우선으로 고려되어야 한다는 것은 자명한 일입니다. 그런데 우리는 이런 중요한 사실을 망각하고 여전히 원죄의 사슬에서 벗어나지 못하고 있습니다. 하지만 때로 나약한 인간의 의지에 작은 위로가 되기도 합니다. 아무리 맛있는 고급 요리라도 장기간 지속해서 먹게 되면 우리의 입맛은 오히려 담백한 빵 한 조각과 물 한 잔을 그리워하게 된다는 사실이지요. 입에는 달다고 하더라도 자신의 체질에 맞지 않거나 유해한 음식을 오랫동안 섭취하면 우리 몸은 거의 본능적으로 건강한 음식에 대한 욕구를 불러일으킵니다. 이 얼마나 놀라운 자연의 섭리입니까? 고급 요리를 물리도록 먹은 뒤 소박한 식탁에서 대하는 빵과 치즈의 맛은 〈그 무엇과도 비교할 수 없는 꿀맛!〉 그 자체일 것입니다. 질병으로 인해 장기간 아무 것도 먹지 못하다가 회복기에 접어들면서 처음으로 대하는 수프의 맛은 어떻게 표현할 수 있을까요? 이러한 상황에서 우리가 대하는 음식은 〈맛있다〉와 〈맛없다〉의 기준으로 판단할 성질의 문제가 아닐 것입니다. 이때 섭취하는 양분은 우리가 건강을 회복하고 지키기 위한 절체절명의 조건이니까요. 이와 같이 건강을 척도로 하는 기준이 진정한 의미의 미각이 가지는 특성입니다.

오늘날 우리 사회는 건강을 중심으로 하는 입맛에 대한 의식이 점점 사라지고 있습니다. 이러한 태도는 어려서 군것질을 하는 습관에서부터 잘못 길들여지기 쉽습니다. 맛있는 음식을 선호하는 태도보다 건강이 일차적인 기준이 되는 식습관의 개선이 그 어느 때보다도 절실하며, 체중 조절 식이요법도 이러한 기준이 중심이 되어야 합니다. 음식에 함유된 각종 비타민과 탄수화물 등의 영양소나 칼로리를 작성한 목록에 맞추어 체중만 감량하는 것이 능사는 아니지요. 누구에게나 일률적으로 적용하는 칼로리 함량을 기록한 목록이 아닌, 각 개인의 체질에 맞는 고유한 요법을 따라야 할 것입니다. 그러니까 새로운 식이요법은 외부에서 정해져서 주어지는 수칙을 따르는 것이 아니고 각 개인의 내면에서 요구하는 입맛을 따르는 말 그대로 맞춤형이 되어야 할 것입니다. 이렇게 입맛을 길들이기 위해서는 무엇보다도 〈건강에 유익한가!〉라는 기준에 따라야 하며, 이러한 기준에 중점을 둔 식이요법이야말로 진정한 효과를 거둘 수 있습니다. 체중 조절에 있어서 음식의 질 못지않게 중요한 것이 음식의 양인데, 이 역시 자연적인 기준을 따라야 합니다. 네덜란드 인지학협회 초대 회장을 역임하고, 의사이자 심리치료사인 차일만스 반 엠마호벤Zeylmans van Emmichoven(1893~1961)은 다음과 같은 말을 했습니다.

> "인간의 몸은 스스로 필요한 양에 대해 판단할 수 있는 구조를 지니고 있다. 언제 포크를 들어야 하고 또한 언제 포크를 내려놓아야 하는지에 대해 몸은 정확히 알고 있다."

제가 강연에서 이 말을 인용할 때면 늘 〈차일만스의 정량〉이라고 표현하는데, 몸은 필요한 양의 한계를 자가 판단하는 능력을 갖추고 있다는 의미입니다.

이러한 자제나 절제는 정신적인 영역에서도 필요합니다. 오늘날 사람들은 넘치는 정보의 홍수 속에서 빠른 시간 내에 최대한 많은 양의 정보와 지식을 습득해야 한다는 강박적인 사고에 시달리고 있으며, 이렇게 인류 문명은 병들어 가고 있습니다. 육체와 마찬가지로 우리의 정신도 입력된 정보를 소화하기 위해서는 충분한 시간적인 여유가 필요합니다. 과도한 양의 정신적인 양분을 급하게 섭취할 때 부작용이 생길 수 있으며, 이때 우리는 위험을 감지한 생명감각이 보내는 신호로 정신적인 통증을 호소하게 됩니다.

의약이 제대로 발달하기 이전에는 질병을 치료하는 약제를 발견하는 데 있어서 미각이 무엇보다도 큰 기여를 했습니다. 초기의 약초꾼들은 자연을 누비며 채취한 약초의 맛을 실험하고 관찰하여 간이나 신장 등 인체의 특정 장기나 부위에 효과가 있는 성분을 알아내곤 했지요. 이렇게 자연의 맛을 음미하고 판단하면서 축적한 경험이 우리 건강을 지키는 최고의 스승이라는 사실을 현대인은 새롭게 인식할 필요가 있습니다.

인간으로 하여금 건강한 이성적 판단을 하게 하는 영혼의 힘을 인지학에서는 〈오성혼과 감성혼〉이라고 합니다. 오성혼과 감성혼의 두 개념을 동시에 사용할 수밖에 없는 것은 우리 영혼의 순수한 본질이 퇴색되었기 때문입니다. 오성혼과 감성혼은 어려운 개념이지만 일반적으로 표현하는 〈건강한 인간 이성〉이라는 말의 의미를 생각해 보면 이해에 도움이 됩니다. 그런데 사람들은 흔히 이성이란 말의 의미를 인간의 지적 능력과 혼동하는 경향이 있습니다. 지능이 뛰어난 사람이 비이성적인 행동을 하는 경우가 허다한 데도 말이지요.

우리의 마음속 깊은 곳에 내재하는 건강한 이성은 경우에 따라서 의식의 표면으로 드러납니다. 오성혼과 감성혼은 말하자면 우리가 직면하는 상황의 합리성 여부나, 그 상황이 건강한 의식에 어긋나는지 여부를 판단하는 능력입니다. 이러한 오성혼과 감성혼은 인간의 지능과는 전혀 무관한 개념이며, 무의식적이고 꿈을 꾸는 듯한 상태인 인간의 감성과 일치하는 개념도 아닙니다. 오성혼과 감성혼은 수면에 빠진 무의식의 상태와 완전히 깨어난 의식의 중간 상태라고 할 수 있습니다. 오성혼과 감성혼은 낙원에서 추방된 인간에게 마지막 남은 작은 나침반으로, 인간 의식의 〈건강함과 건강하지 못함〉의 방향을 제시하는 역할을 합니다.

미각의 성질은 후각에 비해서 그 분류가 아주 명쾌하며 일반적으로 짠맛, 신맛, 단맛 그리고 쓴맛으로 구분합니다. 이 중에서 소금 성분의 짠맛을 우리는 가장 확실하게 느끼며, 나머지 맛은 상대적으로 덜 명확하게 느끼는데, 혀의 표면에 미뢰라고 불리는 맛봉오리가 퍼져 있어서 이를 통해 다양한 맛을 감지합니다. 혀에서 기본적인 맛을 느끼는 부위는 각각 다릅니다. 혀의 앞부분은 주로 신맛과 단맛 그리고 짠맛을 느끼는 신경이 예민하게 발달되어 있고, 쓴맛은 혀의 안쪽 깊은 곳 즉 설근부에 가장 강하게 발달되어 있으며, 혀의 가운데 부분은 감각이 둔한 편입니다. 약을 삼키는 순간 가장 쓰게 느끼는 것은 쓴맛을 지각하는 미각세포가 혀의 안쪽에 가장 많이 분포되어 있기 때문이지요. 네 가지 맛의 성질에 대해서 좀 더 구체적으로 살펴보겠습니다.

우선 누구나 간절히 원하는 〈달콤한 인생〉의 조건이 되는 단맛부터 알아봅시다. 밀가루를 한 술 입에 넣으면 처음에는 무미하지만 점차 단맛을 느끼게 됩니다. 이러한 단맛의 생성은 음식물을 변화시켜서 소화 흡수를 촉진하는 침의 분비로 가능합니다. 몸 안으로 들어온 물질을 일단 몸이 편하게 받아들일 수 있도록 단맛의 상태로 변화시키는 것이지요. 신맛이 나는 음식을 먹기 위해서는 인내심이 약간 필요한데, 신맛은 입이 오그라드는 듯한 느낌을 줍니다. 소금은 소량만 섭취해도 충분하며, 과도한 양의 소금을 먹는다는 것은 그럴 필요도 없을뿐더러, 또한 거의 불가능에 가까운 일입니다. 예를 들어서 설탕을 듬뿍 뿌린 감자 요리는 식성에 따라서 맛있게 먹을 수도 있고, 아주 신맛을 첨가해도 그런대로 참고 먹을 만하겠지만 소금을 듬뿍 뿌린 감자 요리를 끝까지 먹는다는 것은 누구에게나 고역일 것입니다. 쓴맛과 마찬가지로 우리가 섭취할 수 있는 짠맛의 양은 극히 소량에 불과합니다. 비록 소량이라 할지라도 인체에 없어서는 안 될 필수적인 성분입니다. 지나치게 짠 음식 못지않게 염분기가 전혀 없는 음식을 먹는 것 또한 쉬운 일은 아닙니다.

소금과 관련된 이야기로, 공주를 소재로 한 동화가 있지요. 어느 날 공주는 임금님에게 "임금님을 음식에 들어 간 소금만큼이나 사랑합니다!"고 말합니다. 이 말을 듣고 화가 난 임금님은 그만 공주를 쫓아내고 말지요. 몇 년이 흐르고 딸이라는 사실을 전혀 모른 채, 임금님은 공주의 식사 초대를 받게 됩니다. 공주는 임금님께 소금이 전혀 들어가지 않은 음식을 대접하는데, 음식의 맛을 본 임금님이 그제야 비로소 딸이 자신을 얼마나 사랑했는지 깨닫게 되었다는 이야기입니다.

단맛은 의식과 무의식의 중간 상태를 자극하여 우리의 마음을 편안하게 하지만, 신맛은 생기를 북돋우고 의식을 깨어나게 합니다. 유아기의 아기들에게 먼저 단맛이 나는 이유식을 하고, 그 다음 신맛이 나는 음식을 단계적으로 주는 것은 다 그럴 만한 이유가 있는 것이지요. 짠맛이 나는 음식은 아이들이 좀 더 성장한 뒤에 주어야 하며, 갓난아기들에게 짠 성분은 때로 생명을 위태롭게 할 수도 있습니다. 소금은 이렇게 인간의 의식에 아주 자극적으로 작용합니다. 훌륭한 요리사는 소량의 소금을 적절히 사용하여 음식 재료의 고유한 맛을 최대한 살려내며, 결코 소금 자체의 짠맛이 드러나게 하지 않습니다. 단맛이나 신맛은 그 자체의 맛이 드러나야 하지만, 소금은 본래의 짠맛을 드러내지 않고 음식 재료에 감추어진 고유한 맛의 가치를 높여 줄 뿐입니다. 삶은 달걀을 그냥 먹으면 별다른 맛을 못 느끼지만 약간의 소금을 뿌리면 우리는 소금의 짠맛을 느끼는 것이 아니라 달걀을 맛있게 먹게 되지요. 자신의 맛을 드러내지 않고 다른 재료의 고유한 맛을 살리는 힘이 바로 짠맛의 신비한 마력입니다.

여러분이 이해할 수 있기를 바라면서 소금의 이러한 특성에 대해서 약간의 논리적인 비약을 시도해 보려고 합니다. 인간의 사고 능력은 소금이 가지고 있는 간을 맞추는 기능에 비유해 볼 수 있습니다. 어떤 사물에 대해서 사고를 한다는 것은 뇌파의 흐름이나 뇌의 작용 그 자체보다는 항상 사고를 하는 대상에 대한 설명과 연관이 되기 때문입니다. 만약 우리가 민들레를 보고 민들레에 대한 자신의 생각을 남에게 전달한다면, 이

것은 뇌의 사고력이나 사고 작용에 대해서 설명하는 것이 아니라, 사고의 대상인 민들레에 관한 설명을 하는 것입니다. 설명을 제대로 한다면 상대방의 민들레에 대한 이해의 폭은 한층 더 깊어질 것입니다. 말하자면 민들레에 알맞게 〈소금을 뿌려〉 제대로 간을 맞춘 것이라고 할 수 있습니다. 인간은 동물과 달리 사고를 하는 존재입니다. 그렇기 때문에 사고 능력에 비유되는 소금은 인간이 존재하기 위해 절대적으로 필요한 요소인지도 모릅니다. 고대 로마 병사들은 매월 지급 받는 자신들의 급여 외에 소금 한 봉지를 별도로 배당 받지 못하면 전투를 거부했다고 합니다. 소금은 라틴어로 〈sal〉이지요. 급여를 의미하는 네덜란드어의 〈salaris〉나 스위스어의 〈Salär〉는 모두 라틴어의 소금 〈sal〉에 그 어원을 두고 있습니다.

인간의 사고 능력에 비유할 수 있는 소금의 특성과는 달리 신맛은 인간에게 신선함과 더불어 활기를 되찾게 해주고, 단맛은 편안함을 느끼게 하는 특징이 있습니다. 쓴맛은 미각 중에서도 가장 친해지기 어려운 맛입니다. 쓴 것을 먹는다는 것은 항상 의지를 요하는 일이며 극복해야하는 과정으로 받아들여집니다. 그렇기 때문에 어린아이들은 쓴맛에 대한 거부감이 강하고, 좀 더 자라서 용기가 생기면 "이젠 나도 쓴 치커리를 먹을 수 있어요." 합니다. 아이들이 쓴맛을 받아들일 수 있다는 것은 정신적으로 그만큼 성장했음을 의미합니다. 고통스러운 병마와 싸워 이기고 건강을 되찾기 위해서는 아무리 입에 쓴 약이라도 참고 먹을 수 있는 의지가 필요하다는 것을 우리는 알고 있습니다. 쓴맛의 이러한 성격은 생명감각에서 살펴본 통증의 기능과 일맥상통합니다. 살아가면서 힘든 고비를 의지로 극복할 수 있는 것은 인간만이 누리는 특권이며, 고통을 참고 이겨 낼 때 진정 인간다움을 느낄 수 있는 것입니다. 아이들이 좋아한다고 해서 단것만 먹이고 적절한 시기가 되어도 쓴맛에 길들이는 훈련을 하지 않는다면, 아이의 내면에는 인생의 쓴맛을 견딜 수 있는 내성이 결코 생기지 못할 것입니다.

지금까지 우리는 외부에서 섭취하는 음식물에 대한 좁은 의미의 맛에 대해서 살펴보았습니다. 그런데 미각은 외부에서 받아들이는 것뿐만 아니라, 우리의 내면에서 표출되는 것과도 관계가 있습니다. 무엇보다 흥미로운 것은 음식을 먹는 입을 통하여 말을 한다는 사실입니다. 물론 이 두 가지를 동시에 병행하기는 어려우며, 그것은 예의에도 어긋납니다. 심지어 무미건조한 내용보다는 마치 양념이 잘 된 음식처럼 유머나 위트가 가미된 이야기를 훨씬 더 재미있게 받아들입니다. 그리고 〈달콤한 말〉, 〈쓰디쓴 진실〉, 〈씁쓸한 표현〉, 〈독설〉 등에서 볼 수 있듯이 일상 언어생활 속에도 맛이 스며들어 있음을 알 수 있습니다.

미각에 대한 의미는 의외로 넓은 영역에까지 확장되어 사용됩니다. 어떤 사람에 대해 〈미적 감각이 뛰어나다.〉라고 표현한다면, 그것은 음식의 맛을 정확히 판단하는 능력을 가졌다는 의미는 아니지요.* 미적 감각이란 세련된 패션 감각이나 가구 인테리어에 대한 안목과 같이 아름다움

......

* **옮긴이 주**: 한글에서는 아름다울 미와 맛 미를 구분하여 사용하지만, 독일어와 영어에서는 Geschmack 그리고 taste로 맛과 기호/취향의 의미로 함께 쓰인다. 따라서 번역문에서는 미적 감각과 미각으로 구분하지만, 원문에서는 동일한 단어가 각기 다른 뜻을 표현하고 있다.

에 대한 취향을 나타내는 말입니다. 미각과 미적 감각이란 표현은 전혀 다른 분야를 의미함에도 불구하고 언어생활에서 동일한 단어를 사용한다는 사실에 주목할 필요가 있습니다. 이러한 언어 관습은 어떻게 생기게 된 것일까요?

맛을 음미한다는 것은 외부의 물질이 몸의 일부분으로 동화되기 위한 과정의 경계를 지키는 것이라고 했습니다. 그리고 이 경계에서 우리는 물질이 몸에 잘 흡수될 수 있는지 또는 건강에 유익한지를 판단합니다. 이렇게 건강을 위해 양분을 섭취한다는 말의 의미는 무엇일까요? 우리가 섭취한 물질은 우리의 생명을 유지하고 육체를 성장시킵니다.

이와 같은 미각의 기능은 생명력을 부여하는 잉태의 과정에 비유할 수 있습니다. 맛을 음미하면서 우리는 생명을 유지할 수 있는 힘의 원천인 자연의 일부를 얼마나 잘 소화하여 받아들일 수 있는지 세심한 주의를 기울이며 살핍니다. 대우주가 인간의 몸으로 전환되는 시점에서 미각이 중요한 역할을 하는 것이지요.

각자의 취향에 따라서 옷을 선택하고, 방을 멋지게 장식하며 누구와 대화를 나눈다는 것은 무엇을 의미할까요? 음식을 먹는다는 것은, 굳이 표현하자면, 생명을 파괴하는 것이고, 대화를 나눈다는 것은 파괴된 생명을 다시 소생시키는, 즉 호흡을 통해 배출된 이산화탄소가 식물의 광합성 작용을 통해 다시 대자연에 생명을 부여하는 상호작용을 말합니다. 대자연이 인간을 형성하고 인간에게 생명력을 부여할 뿐 아니라 인간도 항상 그에 대한 응답을 하고 반응을 하는 것입니다. 자연에 대한 인간의 이러한 반응으로 인류의 문화가 형성되며, 문화는 바로 인간이 표현하는 미적 감각의 산물인 것입니다.

다시 한번 정리해 보면 대자연은 인간에게 식량을 공급하고, 인간은 미각을 통하여 조심스럽게 그 식량을 취사선택하여 받아들입니다. 한편 인간도 동일한 과정을 통하여 자연에 무엇인가를 제공하는데 이것이 바로 인류의 문화인 것이지요. 음식의 맛을 의미하는 미각과 문화 창조의 동인이 되는 미적 감각을 동일한 단어로 표현하는 이유가 여기에 있습니다. 한편으로는 대우주인 자연이 소우주인 인간의 생명을 유지하며 변화시키고, 다른 한편으로는 인간이 대자연에 정신적인 생명력을 부여하며 문화를 창출하는 힘의 매개가 되는 것이 바로 미각인 것입니다. 미각의 기능은 후각보다 훨씬 더 높은 차원에까지 이른다는 것을 알 수 있습니다. 『성서』에서 찾을 수 있는 가장 인상적인 비유는 영생을 갈구하는 〈목마른 자〉와 〈굶주린 자〉에 관한 비유입니다. 『성서』에서 육체의 목마름과 배고픔을 채우기 위해서 식사를 하는 행위는 영적인 구원에 이르는 성스러운 의식을 상징합니다. 이와 마찬가지로 대자연이 인간에게 생명을 부여하고, 인간이 다시 그 세계에 생기를 불어 넣는 문화 창조의 행위 역시 신성한 의식입니다. 고대 이집트 왕이 천상의 젖소로 숭배되던 여신으로부터 직접 육체의 양분을 섭취하는 모습은 인간의 육체와 정신의 힘의 원천이 같음을 잘 묘사해 주고 있습니다.(160쪽 그림 13 참조)

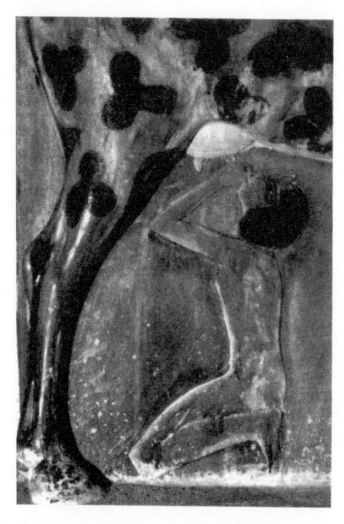

▲그림 13 이집트의 파라오 아멘호텝 2세가 천상의 젖소로 숭배된 하토르 여신의
젖을 먹고 있는 모습. 하토르 신전의 부조를 본뜬 그림, 카이로 박물관 소장

인간이 음식물을 통하여 양분을 취한다는 것은 육체의 활력을 얻는 이상의 의미가 있습니다. 육체의 생명력은 인간이 정신의 양분을 취할 수 있는 밑거름이 되기 때문이지요. 인간은 본질적으로 육체의 양분과 더불어 정신의 양분도 필요한 존재이며, 이러한 정신의 양분을 섭취하는 과정, 즉 책을 읽거나 수업 시간에 지식을 습득하는 과정에서도 소화불량의 증상이 나타날 수 있습니다. 인간에게 있어서 육체의 양분과 정신의 양분은 근본적으로 분리할 수 없는 차원의 문제입니다. 독일의 신비주의자 안젤루스 실레시우스Angelus Silesius가 한 말은 이러한 의미에서 시사하는 바가 있습니다.

"인간은 빵을 먹고 사는 것이 아니다. 우리가 빵을 통해서 섭취하는 것은 하느님의 영원한 말씀이고 생명이며 정신인 것이다."

우리가 섭취하는 양분 그 자체가 우리를 건강하게 만든다고 믿는 것은 잘못된 생각입니다. 섭취한 물질이 제대로 소화 흡수되어 생명의 힘으로 작용하기에 이르는 전체의 과정이 우리 건강을 좌우하는 것입니다. 이는 우리의 인생 역정과 마찬가지 입니다. 그 과정은 때로 순탄하지 않을 수도 있습니다. 〈쓰디쓴 체험〉, 〈신산한 세월〉, 〈달콤한 인생〉과 같이 삶의 다양한 경험이나 역경을 표현할 때 미각과 연관된 수식어를 사용하는 점은 참으로 묘하지 않습니까?

나일 강의 선물이라 일컬어지는 고대 이집트의 찬란한 문명을 꽃피우는데 가장 크게 이바지한 것은 수송을 담당하는 선박입니다. 여기서 한 가지 흥미로운 점은 이집트어로 〈배〉를 표기하는 단어가 동시에 〈인생역정〉과 〈미각〉이란 의미를 함께 가지고 있다는 사실입니다. 넓디넓은 나일 강을 항해하는 한 척의 배를 인간이 혀로 감지하는 다양한 맛으로 비유하고 나아가 운명을 헤쳐 나가는 인간의 삶에 비유했다는 사실에서 고대 이집트인의 놀라운 지혜를 엿볼 수 있습니다.

거친 운명을 통해서 인간은 다시 태어나는 것과 같은 새로운 생명력을 얻게 됩니다. 삶의 긴 여정에서 고비를 넘길 때마다 우리는 마치 육체적인 양분의 맛을 음미하듯이 삶의 힘든 순간이 인생의 참다운 〈양분〉은 아닐까라는 의문을 던져 보아야 할 것입니다. 이런 어려운 삶의 체험을 통해서, 아니 바로 가장 고통스러운 체험이기 때문에 오히려 그 속에서 더욱 강한 치유의 힘을 얻을 수 있을 것이라는 믿음을 가져야 합니다. 왜냐하면 몸에 좋은 약일수록 입에는 쓴 법이기 때문입니다. 고통스러운 체험은 삶을 더욱 강건하게 다져 주는 쓴 약과 같은 것이지요.

미각에 상응하는 황도 12궁의 별자리는 물고기자리(♓)입니다. 물고기는 인간에게는 혀에 분포되어 있는 미각세포가 몸 전체에 퍼져서 환경을 감지하는 역할을 합니다. 말하자면 물고기는 헤엄치는 혀라고 볼 수 있으며, 수질 상태를 측정할 때 물고기를 사용하는 이유도 여기에 있습니다. 물고기의 속성 중에서 특기할 만한 또 다른 점은 생명력을 상징하는 엄청난 번식력입니다. 몸 크기에 비해서 물고기만큼 생식과 관계된(알이나 이리를 품고 있는) 기관이 크게 자리하는 동물은 없으며, 산란기에 뿌리는 알의 양은 거의 소모적일 정도입니다.

또한 물고기의 표시는 기독교에서 예수 그리스도를 상징합니다. 예수 그리스도는 치유의 능력으로 인간에게 새로운 생명을 주는 구세주이며, 물고기 역시 치료의 효과가 있는 것으로 널리 알려져 있습니다. 예를 들면 『구약 성서』에서 실명한 토비트가 그의 아들 토비아스가 구해온 물고기의 쓸개즙으로 시력을 회복한 이야기는 유명합니다.[15]

오늘날 농가에서 의식적으로 환경 친화적인 유기농법에 따라서 농작물을 재배하고, 토양의 자정작용을 보호하기 위한 노력을 하는 것도 모두 이러한 대자연의 자가 치유 능력을 믿기 때문입니다. 이렇게 생산한 작물이야말로 인간의 건강에 진정 유익하다 할 것입니다. 물론 맛있는 음식을 먹는 것도 중요하고 채소에서 벌레를 보는 일이 그리 유쾌하지는 않겠지요. 하지만 음식을 순전히 맛에 따라 선택하고 수확량을 높이기 위해 근시안적인 재배 방법을 선호한다면 인류의 생존은 심각한 위협에 직면할지도 모릅니다. 양분을 섭취하는데 있어서 무엇보다 중요한 기준은 우리가 타고난 삶의 과제를 아름답게 열매 맺기 위해서 건강한 생명의 힘을 얻는 것과 이러한 삶의 과제가 완성되도록 도움을 주는 대자연을 보호하고 지키는 것입니다.

식사를 〈영적인 구원에 이르는 성스러운 상징〉이라는 기독교 문화의 관점에서 해법을 찾는 것이 우리 현대인의 과제라고 할 수 있으며, 이는 다시 〈훌륭한 미적 감각〉과 결부한 선택의 문제입니다. 이러한 맥락에서 볼 때 〈생식生食〉이라는 말은 사실 정확한 표현이 아닙니다. 엄밀한 의미에서 보면 동물만이 생식을 하며, 인간은 정신적인 문화유산인 경작법에 의하여 생산한 〈문화의〉 산물을 섭취하는 존재입니다. 따라서 우리가 건강한 문화를 추구하느냐의 반성적인 사고는 인류라는 존재 그 자체와 긴밀한 연관성을 갖습니다. 우리에게 영양을 공급하는 음식물은 건강한 문화에서 비롯하는 산물이기 때문입니다.

마지막으로 미각에 관한 관점을 하나 더 추가해서 살펴보려고 합니다. 우리가 섭취하는 양분이 어떤 방식으로 생산되는지도 중요하지만 우리가 양분을 섭취하는 행위의 의미를 새겨보는 것도 중요할 것입니다. 우리가 꽃을 먹지 않는 이유에 대해서 한번 숙고해 보시기 바랍니다. 물론 라일락이나 아카시아 꽃잎을 빵에 넣어 굽기도 하고, 꽃잎을 넣어 잼을 만들기도 하지만 일반적으로 꽃을 식용으로 쓰지는 않습니다.(콜리플라워는 꽃이라는 명칭과는 무관하게 식용 채소입니다) 그렇다면 우리가 먹는 것은 무엇입니까?

사람들은 탄수화물이나 단백질, 지방과 무기질 등을 섭취한다고 하지만 제가 알고 있는 것은 조리된 음식입니다. 음식은 식탁에 오르기 전에 먼저 주방에서 익히는 과정을 거치는데, 이때 무엇보다 중요한 역할을 하는 것은 불의 사용입니다. 불의 발견은 문명을 탄생시킨 인류 역사의 신기원의 사건이지요. 그런데 주방으로 오기 전에 음식 재료는 이미 들판에서 태양 에너지에 의해서 일차적으로 〈익혀지는〉 과정을 거칩니다. 태양은 들판의 곡식이나 야채에 에너지를 공급하여 싹을 틔우고 잎을 내며 열매를 맺는 생명활동의 원동력입니다. 태양의 이러한 위력은 꽃을 피우는 과정에서 가장 아름답게 표현됩니다.

　그렇다면 주방에서 요리를 하는 과정은 어떻습니까? 태양이 그러하듯이 우리도 야채의 잎이나 줄기를 익힘으로써 다시 한번 〈꽃을 피우는〉 것이라고 볼 수 있습니다. 그리고 우리는 이렇게 요리한 음식을 다양한 꽃무늬가 그려진 사기 접시나 대접에 예쁘게 담는데, 이 사기 그릇들도 식탁에 오기 전에 고열의 불가마에서 구워지는 과정을 거치며 그릇에 새겨진 꽃을 피운다고 볼 수 있습니다. 끝으로 예쁜 꽃무늬가 수놓아진 식탁보와 한 송이 꽃으로 식탁을 장식하지요. 즉 음식을 준비하는 그 자체가 열매를 맺기 위한 일종의 〈꽃을 피우는 과정〉이기에 굳이 꽃을 먹을 필요가 없다는 사실을 이해하실 수 있을 것입니다.

　식생활 문화는 인류가 이룩한 문화의 꽃이라고 할 수 있습니다. 매일 같이 반복하는 일상적인 행위이지만 식생활은 우리의 의식을 일상적인 것에서 고양시킵니다. 왜냐하면 식사를 한다는 것은 열매를 맺기 위해 꽃을 피우는 과정에 순응하며, 스스로 〈한 송이의 꽃〉으로 피어나는 훈련을 하는 성스러운 의식이기 때문입니다. 생활공간 중에서 서로에게 좋지 않은 감정을 누르고 평화로운 분위기를 유지하려고 애쓰는 곳은 아마도 종교적인 의식을 올리는 장소와 식탁이 유일할 것입니다. 싸우고 언성을 높이는 행동은 식욕을 떨어뜨리고 성스러운 의식을 욕되게 하는 행위이기 때문이지요.

식사를 하는 장소는 세 가지의 문화가 공존하는 공간입니다. 음식을 요리하는 주체인 육신은 이미 결정된 과거에서 오는 문화이며, 주방의 가구나 실내장식 그리고 우리가 입는 옷과 식사예절은 지금 우리의 영혼이 느끼는 양식을 반영하는 현재의 문화입니다. 식탁의 대화를 이끌어가는 주체인 우리의 정신은 미래를 향하여 열려 있습니다. 대화를 통하여 서로의 체험을 나누고 함께 이루고 추진할 일을 계획하며 벅찬 미래를 꿈꾸기 때문입니다. 대화가 풍성한 식탁은 굳이 배경 음악이 없어도 좋을 것입니다.

▲ 쌍무지개

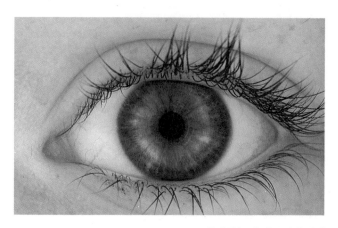

▲ 홍채와 눈 속의 무지개 빛깔

홍채와 무지개와 관련된 어원을 가진 것은 홍채의 색이 무지개와 같이 다양한 색의 층을 이룬다는 뜻이다.

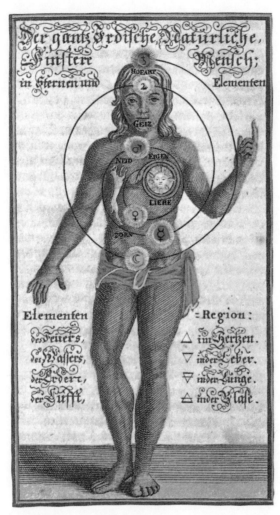

▲ 현세에 묶인 어두운 존재로서, 별과 우주의 기본 물질로 표시한 인간의 모습
출처_ 독일의 신비주의 사상가 요한 게오르그 기히텔의 『실천적 신지론』, 베를린/라이프찌히 1736

▲ 사탄을 물리친 예수 그리스도 안에서 부활하는 인간의 모습
　출처_『실천적 신지론』

▲ 보완현상(184쪽 실험)

▼ 이중 보완현상의 예(185쪽 실험)

넷째 날

7_시각

8_열감각

식사

우주의 정신으로 불을 지펴
모든 이를 불꽃이 되게 하고 싶다.
열정으로 타올라

존재의 이상을 실현할 수 있도록.

우주의 물을 길어
불꽃을 끄려 하는 사람도 있다.
모든 존재는 차갑게 식어버리고,
내면은 경직되리라.
열정의 불꽃이, 모든 것이 멈춰버린 곳에서까지도
활활 타 오를 수 있다면 얼마나 기쁜 일인가!
열정의 불꽃이
타오르지 못하고
속박된다면 얼마나 슬픈 일인가.

(본문 233쪽)

아담아! 말해 보아라!
내가 꾸미고 장식하여 만든 새로운 세계가
너의 마음에도 드느냐!

―독일 오버우퍼 지역에 전래하는 파라다이스극 중에서

　　지금까지 전체 강연 내용의 절반을 다루었는데, 여러분은 이제 신경의 자극에 대해 논하는 것이 별 의미가 없음을 깨닫게 되었을 것입니다. 일반적으로 냄새를 맡으면 코 점막 신경이 자극을 받는다고 말합니다. 하지만 신경 자체는 자극될 수 있는 성질의 것이 아니며 단지 인간이 자극을 받는 것입니다. 물론 인간이 특정한 자극을 인식하기 위해서 신경의 역할은 필수적이고, 신경이 전달하는 흥분을 통해서 궁극적으로 인간이 자극을 받는 것도 사실입니다. 하지만 인간의 감각 작용을 자연과학에서 중점적인 과제로 삼는 것처럼 단순한 자극과 신경의 반응으로 일반화시킨다면 우리는 그 속에서 아무 의미를 찾을 수 없습니다. 제가 여러분에게 전달하고자 하는 것은 개별적인 자극의 영역이 갖는 고유한 특성과 그 이면에 숨겨진 심오한 의미입니다.

　　앞에서 개별적인 감각기관의 고유한 기능을 통하여 감각기관 상호간의 다양한 차이점에 대해 살펴보았습니다. 예를 들면 후각의 특성은 미각과 아주 상이합니다. 냄새는 맡게 되면 언제나 그 냄새에 대한 판단을 하게 되고, 이러한 판단력은 한 개체가 도덕적인 인격체로 성장하는데 결정적인 영향을 미칩니다. 어떤 냄새를 맡는 순간 우리는 그 냄새가 좋은지 나쁜지, 혹은 부패한 냄새인지 성스러운 냄새(성당에서 미사를 드릴 때 사용하는 유향의 냄새와 같은)인지에 대한 판단을 하게 되는데, 이런 후각의 기능을 통하여 인간은 선악에 대한 판단력을 기릅니다.

호흡과 직결되는 후각의 구조적인 특성으로 인하여 우리는 언제나 냄새를 맡아야하는 상황에 놓입니다. 또한 우리 몸에서 후각신경의 전달 경로가 가장 짧기 때문에 냄새의 자극은 뇌에 직접 닿는 것과 마찬가지입니다. 따라서 강력한 화학물질에 노출되면 냄새에 압도당해 곧바로 의식을 잃게 됩니다. 만약 지독한 악취를 풍기는 사람이 우리에게 가까이 다가오면 우리는 그 사람의 얼굴을 제대로 쳐다보지도 못하고 인상을 찌푸리게 됩니다. 이렇듯 강요된 냄새의 자극에 대해서 항상 즉각적인 반응을 나타내게 되는 점이 후각을 규정하는 가장 특징적인 성격입니다.

이와 반대로 미각은 훨씬 더 시간적인 여유를 가지며 천천히 그리고 은밀하게 우리 몸의 닫힌 공간 내에서 진행합니다. 후각과 달리 미각의 자극에 대해서 우리는 스스로 결정할 권리를 가지는데, 입을 열고 음식물을 받아들여야 비로소 미각이 작용할 수 있다는 것입니다. 신경의 전달 경로 역시 후각에 비해서 긴 편이며, 미각은 외부의 세계가 몸의 내부로 전환되는 경계 지점에 위치합니다. 이러한 지점에서 미각은 몸을 구성하기 위해 섭취하는 물질이 건강한 성분인지를 감시하는 기능을 합니다. 생명력을 공급하는 통로에서 작용하는 미각의 기능은 끊임없이 새로운 생명이 잉태되는 과정에 비유할 수 있습니다.

그런데 미각만큼 우리가 잘못 사용하고 있는 감각기관도 없을 것입니다. 건강을 지키기 위한 것이 맛을 음미하는 중요한 기준이 되어야 함에도 불구하고, 우리는 끊임없이 맛의 유혹에 시달립니다. 이렇듯 섭취하는 양분이 우리의 건강에 유익한지를 조심스럽게 맛으로 판단하며 통제하는 기능이 미각의 본질적인 특성입니다. 앞에서 미각과 연관하여 인류의 도덕적인 타락을 상기해 보았는데, 이에 따르면 미각을 〈원죄감각〉이라고 부를 수도 있을 것입니다. 미각으로 인하여 인류는 원죄의 굴레를 쓰게 되었지만, 이러한 인류의 원죄는 다시 미각을 통하여 치유 받게 됩니다.

모든 종교는 육체와 영혼의 양분이 모두 물질에서 출발함을 전제하고 있으며, 따라서 영적인 구원을 위한 의식도 인간의 입을 통하여 행하여짐을 볼 수 있습니다. 예를 들면 기독교의 성찬식은 입으로 받아들인 물질을 통하여 영적으로 구원받고 치유되는 과정을 상징합니다. 종교적인 의식과 미각의 연관성은 그 밖에 기도나 명상에서도 나타나는데, 기도나 명상을 할 때 우리는 그 내용을 〈음미해야〉 구체적이고 깊이 있는 체험을 할 수 있습니다. 이런 맥락에서 루돌프 슈타이너는 기도를 할 때나 성경 구절을 읽을 때 소리 내어 〈중얼거리기〉를 권합니다. 예전에 사람들은 머리로 생각하는 추상적인 기도를 하지 않고, 내용을 〈음미〉하기 위해서 소리 내어 읽으며 기도를 했습니다. 성직자들도 경문이나 기도문을 읽을 때

중얼거리며 읽는 것을 본 적이 있을 것입니다. 명상을 통해서 깊은 내면의 체험을 하기 위해서도 내용을 구체적으로 음미하는 노력이 필요합니다. 영적인 영역에서도 구체적으로 음미하는 방법을 배우고 익혀서 참된 정신적인 〈양분〉을 찾아낼 수 있어야 합니다. 이러한 노력 속에 인류의 미래를 위한 위대한 치유의 힘이 존재하기 때문입니다.

미각은 음식의 맛을 느끼는 감각을 의미할 뿐 아니라 인간이 외부 환경을 각자의 취향에 따라서 다양하게 꾸미는데 사용되는 미적 감각이라는 의미도 동시에 지니며 이 미적 감각이 바로 인류 문화 창조의 동인이 되었습니다. 자연은 물질로 인간에게 생명을 부여하고, 인간은 문화 창조를 통하여 대자연에 정신적인 생명을 불어넣습니다. 인생도 달고 쓰고 시고 짠 다양한 맛을 가집니다. 우리가 살아가면서 겪는 아픈 체험이나 시련은 새로운 탄생을 위한 고통에 비유할 수 있습니다. 몸에 좋은 약이 입에 쓰듯이 쓰디쓴 체험이 우리 영혼에는 오히려 강한 치유의 힘이 되고, 정신적으로 거듭나는 계기가 될 수 있기 때문입니다. 이러한 체험의 가치는 비단 개인에게만 국한하는 것이 아니라, 인류 전체의 문화에도 적용됩니다. 전체 구성원들이 〈삶의 단맛〉만 추구하는 사회가 병들고 신음하는 현상을 종종 보아 오지 않았습니까?

7

시각

지금까지 설명한 감각기관과는 성격이 전혀 다른 우리 몸의 눈, 즉 시각에 대해 살펴보기로 하겠습니다. 만약 앞에서 설명한 여섯 개의 감각기관만을 소유한 존재가 있다고 가정한다면, 이 존재의 의식은 아직 완전히 깨어난 상태라고 할 수 없을 것입니다. 시각을 통하여 만물은 비로소 그 크기와 넓이와 부피로 실체를 드러내고, 이를 인식하는 존재의 의식도 진정한 의미에서 깨어난다고 할 수 있습니다. 우리는 눈을 통하여 몸의 다른 모든 감각기관을 관찰할 수 있으며, 눈은 거울을 이용하여 스스로 자신을 관찰할 수도 있는 묘한 특성을 지닌 기관입니다. 눈은 이렇게 모든 사물을 비추는 기능이 있으며, 이런 점에서 우주의 삼라만상을 비추는 태양에 비교할 수 있습니다.

시각은 몸에서 가장 눈에 띄는 감각기관입니다. 시각은 그 어떤 감각기관보다도 피부의 바깥부분에 노출되어 있고, 또 유일하게 피부가 벌어진 형태를 하고 있으며, 몸의 최전방에서 감시초소의 역할을 담당합니다. 그러나 고양이는 눈의 피부가 아직 벌어지지 않은 상태로 태어나며, 뱀의 눈은 전체가 투명한 비늘로 덮인 상태로 닫혀 있습니다.

시각은 또 다른 점에서 독특한 성격을 지니고 있습니다. 대부분의 감각기관은 몸의 어느 한 〈표면〉이 진화 발달하여 생성됩니다. 후각은 코의 상피가 민감하게 발달하여 뇌와 연결되고, 미각은 혀의 점막 표면에 맛봉오리가 분포되어 뇌의 신경세포와 연결되어 있습니다. 다음 강연에 살펴볼 청각기관의 달팽이관 역시 신체의 한 표면이 변화되어 발달한 것입니다. 이렇듯 대부분의 감각기관들은 우리 몸의 어느 한 표면이 예민하게 발달하면서 특별한 능력을 가진 감각기관으로 변화되고 뇌의 중추신경계와 연결됩니다. 그런데 시각은 이런 감각기관들의 진화 발달과정과는 전혀 다른 양상을 보입니다.

태아의 발생과정을 통해 인간 몸의 진화 과정을 관찰해 보면, 눈이 형성되는 과정은 다른 감각기관과 정반대로 진행되는 것을 알 수 있습니다. 즉 신체의 한 표면이 변화 발달하여 뇌의 기능과 연결되는 것이 아니라, 시각의 형성은 뇌로부터 출발합니다. 호기심에 찬 뇌가 바깥세상을 향하여 뻗어 나온 형상이라고나 할까요. 성인이 된 인간의 뇌는 성장을 멈추지만, 태아의 단계에서는 계속 변화하고 유연하게 활동하며 성장합니다. 태아의 뇌가 성장하는 과정을 관찰해 보면 아주 흥미로운 점이 발견됩니다.

먼저 뇌의 두 곳에서 배엽이 분화되어 피부를 향하여 뻗어나가고, 그런 다음 바깥 피부에서도 점차 변화가 일기 시작하며 뇌에서 뻗어 나온 배엽쪽으로 오목하게 파여 들어가 그 자리에 수정체를 형성합니다. 어떻게 보면 시각이란 감각기관도 피부의 한 표면이 분화하여 발달하는 것처럼 보이지만, 이렇게 형성된 수정체로는 아무 것도 볼 수가 없습니다. 우리가 물체를 인식할 수 있는 것은 뇌에서 분화되어 발달한 안구 뒷면의 망막에 상이 맺힘으로써 가능한 것입니다.

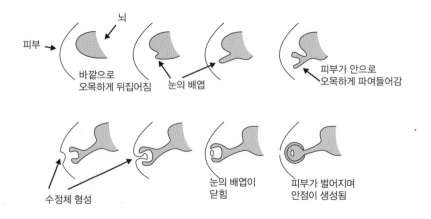

▲ 그림 14 **발생학적 관점에서 본 눈의 생성과정**

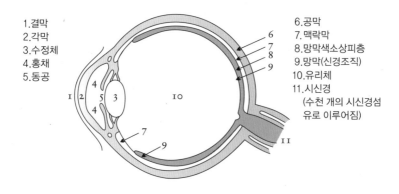

▲ 그림 15 **안구의 단면도**

망막의 색소상피층은 육각형(꿀벌집 형태)의 시세포층으로 이루어져
있다. 이 시세포는 긴 막대 모양의 간상세포(명암 구별)와 원뿔 모양
의 원추세포(색상 구별)로 구성된다.

　눈이 생성된 이러한 진화의 배경을 염두에 둔다면, 안과의사가 동공
을 통하여 우리의 눈을 검진하는 것은 바로 우리의 뇌를 직접 들여다보는
것이나 마찬가지일 것입니다. 뇌는 두개골 속에서 다시 세 겹의 뇌막으로
싸여 보호되는데, 두개골에서 가장 가까운 경막과 중간의 지주막 그리고
안쪽의 연막이 그것입니다. 태아의 발육과정에서 눈이 생성될 때, 이 세
겹의 뇌막도 피부 바깥쪽을 향해 함께 성장하는데 눈의 흰자위는 바로 뇌
를 둘러싸고 있는 경막이 분화하여 발달한 것입니다. 그러니까 우리가 상
대방 눈의 흰자위를 바라보는 것은 바로 그 사람의 연장된 뇌막을 보는

것과 마찬가지입니다. 또한 시신경이 분포하는 안구 뒷면의 맥락막은 뇌의 지주막이 연장되어 발생한 것으로 망막에 영양을 공급하는 기능을 수행합니다. 뇌 피질에 영양을 공급하는 지주막의 기능이 확장된 것이라고 볼 수 있지요. 감각기관이 신체의 한 표면에서 발달하여 뇌로 집중된다는 일반적인 규칙을 벗어나, 뇌가 직접 감각기관의 발생에 관여하여 생성된 시각의 존재는 실로 독특하다고 하겠습니다.

살펴본 바와 같이 시각은 뇌의 연장이며, 두개골에 둘러싸인 뇌의 일부가 뻗어 나와 밖으로 노출된 것이 우리의 눈입니다. 완전히 폐쇄된 공간에 위치하고 있는 뇌가 눈이라는 감각기관을 통하여 세상의 빛을 찾아 나온 것이라고 할 수 있습니다.

그런데 눈이 빛에 노출되면 어떤 현상이 일어날까요? 이러한 현상은 식물의 세계에서 잘 관찰할 수 있습니다. 어두운 땅을 뚫고 나온 식물이 햇빛을 받으면 어떤 현상이 일어납니까? 식물은 햇빛을 받으면 싹을 틔우고 다채로운 색상의 꽃을 피웁니다. 이와 마찬가지로 어두운 곳에 위치한 뇌에서 분화하여 발달한 우리의 눈도 빛에 노출되면 다양한 색상의 빛을 발하게 됩니다. 그러나 이러한 눈의 색은 눈의 본질적인 기능인 시력과는 무관합니다. 아시다시피 파란 눈을 가진 사람이 회색이나 녹색의 눈을 가진 사람보다 물체를 인식하는 능력이 뛰어나다고 할 수는 없겠지요. 이렇게 유용성으로 볼 때 눈의 색은 아무런 의미가 없습니다. 그러나 어두운 공간에서 밝은 빛을 찾아 나오며 형성된 눈의 색이기에 정신적 차원의 의미를 간과할 수 없을 것입니다.

눈의 색은 시각의 본질적인 기능과는 무관하지만 그 의미가 없는 것은 아닙니다. 눈의 색을 결정하는 홍채의 어원은 무지개의 여신을 뜻하는 그리스어의 〈이리스Iris〉에서 유래합니다, 홍채는 그 자체로 하나의 무지개이기 때문입니다. 무지개란 색채의 법칙에 따라 생성되는 자연현상인데, 여기서 말하는 자연의 법칙은 물리학자 뉴턴이 밝혀낸 기계적인 빛의 법칙이 아닌, 괴테의 색채론에 따르는 자연의 법칙을 말합니다. 무지개와 같은 홍채의 색은 뉴턴이 밝혀낸 전자기파의 파장에 따르기 보다는, 괴테의 색채론에 의해서 훨씬 더 설득력 있게 설명되기 때문입니다.

괴테는 색채를 밝음과 어둠의 양극적인 대립현상으로 본 반면에, 뉴턴은 백색광에 이미 다양한 색광이 혼합되어 있다고 보고 프리즘을 이용해서 이 백색광을 무지개의 일곱 가지 색채 스펙트럼으로 분리했습니다. 자연과학적인 사고체계에 근거를 두고 있는 뉴턴의 설명은 색채를 원자의 변환이나 파장의 고저에 의한 객관적인 현상으로 보므로, 그의 이론에 따르면 새로운 색은 결코 생성될 수 없습니다. 이에 반기를 든 괴테는 『색채론』에서, 색채가 생성된다는 다소 특이한 주장[16]을 합니다.

괴테의 이 같은 주장은 실제로 일상생활에서 경험해 볼 수 있습니다. 예를 들면 석양이 질 무렵 태양이 처음에는 노란색을 띠다가 점점 주황색으로 변하고 다시 빨간색으로 물듭니다. 말하자면 따뜻한 계통의 색이 생성되는 것이지요. 반대로 어두운 곳을 바라보면, 예를 들어 어둠이 내린 산등성이나 어두워진 하늘이 화려한 파란색 또는 남보라 계통의 색으로 물들어 있음을 볼 수 있습니다. 진정한 남보라는 우리가 산의 정상에 오르거나 열기구를 타고 공중으로 높이 올라가면 볼 수 있는데, 이런 현상에서 우리는 차가운 계통의 색이 생성되는 것을 잘 관찰해 볼 수 있습니다.

괴테는 빛과 어둠의 상호작용에서 색채가 생성되는 데는 두 가지 가능성이 있다고 주장합니다. 빛이 어둠을 압도하면 빨강이나 주황 그리고 노랑의 따뜻한 계통의 색이 생성되고, 반대의 경우 즉, 어둠이 지배적이면 파랑과 남보라 등의 차가운 계통의 색이 생겨난다는 것이지요. 비가 온 후 맑게 갠 하늘에 펼쳐진 무지개를 누구나 한번쯤은 보았을 것입니다. 그런데 무지개의 바깥 부분에 접한 하늘의 색이 무지개의 안쪽에 접한 하늘의 색보다 어둡다는 사실에 주목해 본 사람은 그리 많지 않으리라 짐작됩니다. 앞으로 무지개를 보게 되면 반드시 이 점을 유의해서 관찰해 보시기 바랍니다. 무심히 보아 넘겼던 자연현상에서 새로운 사실을 발견하는 기쁨을 느끼게 될 것입니다. 사진(167쪽 위 사진 참조)에 나타난 바와 같이 무지개의 빨간색에 접한 하늘은 파랑과 남보라에 접한 하늘보다 확실히 더 어둡다는 것을 알 수 있습니다.

그렇다면 이러한 자연현상은 우리의 눈과 어떤 관계가 있을까요? 눈의 색을 결정하는 홍채가 무지개와 관련된 어원을 가지는 것은 그 나름의 이유가 있다고 했습니다. 어떤 색의 눈이라 할지라도 홍채의 색은 결코 단일한 색상이 아닙니다. 그렇다고 해서 무지개의 일곱 가지 색으로 구성된다는 의미가 아니라, 무지개와 같이 다양한 색의 층을 이룬다는 뜻입니다. 예를 들어서 갈색 눈을 자세히 들여다보면 홍채가 전체적으로 균일한 갈색은 아닙니다. 안구에서 중심부인 검은 색의 동공 주변은 붉은 색을 띠고, 흰자위에 가까운 바깥 부분은 녹색 계통이나 군청색을 나타냅니다. 파란 눈의 경우 검은 동공 주변은 황색 계통의 빛이 나고 흰자위에 가까워질수록 짙은 푸른 계통의 빛을 띠게 됩니다.(167쪽 아래 사진 참조) 결론적으로 말하자면, 무지개가 나타나는 자연현상이 우리 눈의 홍채에도 똑같이 적용된다는 것입니다. 즉 어두운 부분인 동공 주변은 따뜻한 계열의 색상인 빨강, 주황, 노란색이 나타나고, 밝은 부분인 흰자위 주변은 차가운 계열의 색상인 녹색이나 파란색이 나타남을 알 수 있습니다. 이러한 자연현상은 전자기파의 파장에 따른 뉴턴의 광학이론으로 설명하기는 어려우며, 빛과 어둠의 경계에서 색이 생성된다고 보는 괴테의 자연 법칙에 의해서만 이해 가능한 것입니다. 이제 여러분이 서로 상대방의 눈을 가만히 들여다보면 어떤 색의 눈이라 할지라도 자연의 이 놀라운 법칙을 따르고 있다는 것을 확인할 수 있습니다. 물론 홍채에 작은 얼룩이 보인다거나 또는 부분적으로 예외적인 색이 나타나는 경우도 있지만, 이런 정도의 편차는 무시해도 좋을 것입니다.

여러분은 색을 둥글게 배열한 색상환을 본 적이 있을 것입니다. 이 색상환은 색과 색이 계속 연결되는 것에 그 의미가 있습니다. 남보라는 자주색에 이어지고, 자주색은 다시 빨간색으로 이어지는 등, 끊이지 않고 연속적으로 순환하는 것이 색상환의 고유한 특징입니다.

이러한 색상의 특성은 다른 감각기관의 영역에서는 찾아볼 수 없습니다. 예를 들어서 음계의 경우, 저음에서 고음으로 올라가다가 다시 인접한 음계에서 저음의 소리가 나지는 않습니다. 미각의 경우도 짠맛에서 쓴맛의 단계를 거쳐서 다시 짠맛으로 돌아가는 순서로 작용하지는 않지요. 열 감각도 이와 마찬가지입니다. 온도가 계속 상승하다가 그 다음 이어지는 단계에서 저온의 찬 기운을 느낄 수는 없겠지요. 이렇게 순환하는 연속적인 색의 스펙트럼을 지각할 수 있는 점은 시각만이 가진 놀라운 능력입니다. 전자기파의 파장을 분석하여 빛의 본성을 밝히는 기계적인 설명으로는 이해하기 힘든 영역이지요. 371쪽에 그려진 원형에 직접 색을 칠해 색상환을 만들어 보시기 바랍니다. 한 가지 색을 오랫동안 응시하다가 눈을 감거나 혹은 다른 곳을 쳐다보게 되면, 그 색과 대비 관계에 있는 보색의 잔상이 나타나는 현상에 대해서 여러분은 잘 알고 있을 것입니다. 보색이란 색상환에서 서로 마주보는 위치에 놓여있는 색을 말합니다. 이러한 신비한 현상은 시각을 통해서만 경험할 수 있는 매우 독특한 영역입니다. 신맛이 나는 음식을 먹은 후에 혀의 다른 위치에서 단맛의 여운을 느낀다든지, 혹은 악취를 맡은 코끝에서 백합향의 기운을 느낀다는 것은 상상조차 하기 힘든 일입니다. 이런 시각의 현상은 경이로움을 넘어 수수께끼에 가까운 자연의 신비라고 할 수 있습니다.

시각은 이렇게 서로 대비 관계에 있는 양극적인 요소를 채우고 조화롭게 보완하는 속성을 지닙니다. 대비색을 항상 보완하려는 시각의 보색 잔상과 관련하여 다음과 같은 간단한 실험을 해 보기로 하겠습니다.(170쪽 그림 a)

그림에 나타난 대로 붉은색과 자주색이 경계를 이루고 있는 선 위의 점을 일 분 정도 응시하십시오. 그러고 나서 시선을 고정한 채 회색 종이를 그 위에 덮으면 보색이 나타나는 현상을 체험하게 됩니다. 여기서 우리는 일반적으로 알려진 것과는 달리, 녹색이 붉은 색의 보색이 아니라, 자주색의 보색이라는 사실을 확인하게 됩니다.

대립적인 요소와 조화를 이루고 〈총체성〉을 지향하는 시각의 속성은 다음 실험에서 더욱 분명하게 드러납니다.(170쪽 그림 b) 주황색의 두 면 사이에 회색의 면이 있습니다. 이 그림의 중심점을 일 분 정도 응시하십시오. 그러고 나서 회색 종이를 그 위에 덮으면 주황색의 보색이 나타나는 것을 볼 수 있습니다. 그런데 회색자리에 어떠한 색도 나타나지 않아야 당연할 것 같은데, 놀랍게도 주황색을 보게 됩니다. 시각은 이렇게 항상 단일성을 극복하고 전체적으로 나아가려는 경향이 있습니다.

이렇게 상호 보완하려는 자연의 현상은 무지개에도 나타나는데, 쌍무지개가 바로 그것입니다. 무지개 위에 또 하나의 무지개가 나타나서 예쁜 곡선을 그리는 쌍무지개는 자연이 인간에게 선사하는 아름다움의 극치가 아닐 수 없습니다.(167쪽 위 사진 참고) 사진에서 보시는 바와 같이 두 번째 무지개는 폭이 더 넓고 색상이 덜 선명하며, 색의 순서가 첫 번째 무지개와 반대로 배열됩니다. 즉, 안에서 바깥 방향으로 살펴보면, 빨강, 주황, 노랑, 초록, 파랑, 남보라의 순서입니다. 그리고 두 무지개 사이의 빨간색과 빨간색이 경계를 이루는 하늘은 훨씬 더 어둡게 나타남을 볼 수 있습

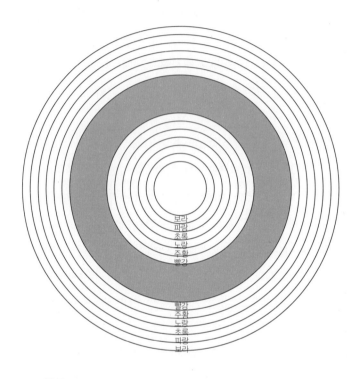

보라
파랑
초록
노랑
주황
빨강

빨강
주황
노랑
초록
파랑
보라

▲ 그림 16

쌍무지개를 원으로 나타낸 그림

니다. 이제 반원 형태의 쌍무지개를 연장해 만든 두 개의 원을 생각해 보
시기 바랍니다.(그림 16 참고: 여러분이 직접 무지개 색을 그려 넣어도 좋
습니다) 이 두 개의 원에서 안쪽에 위치한 원은 마치 행성체의 중심인 태

양을 보는 듯합니다. 이제 안쪽의 원은 배제하고 바깥쪽의 원만 주시한다면 어떤 모습이 연상됩니까? 바로 눈의 구조와 흡사하다는 것을 알 수 있습니다. 안쪽의 원이 없다고 생각한다면 가운데의 전체적으로 어두운 부분을 동공으로 볼 수 있고, 바깥쪽의 원은 흰자위로 이어지는 홍채로 이해할 수 있을 것입니다.

그렇다면 색의 본질은 무엇일까요? 우리가 지금까지 색상에 대한 개념이 전혀 없는 세계에서 살아온 존재라고 가정해 봅시다. 예를 들면 빛이 없는 달나라에는 색상이 존재하지 않을 것입니다. 우리의 머릿속에 남아있는 색상과 관련된 기억을 가능한 한 지우고, 오로지 검은색, 회색 그리고 흰색만 존재하는 달나라를 떠올려 봅시다. 우리의 의식은 이미 색상에 강하게 물들어있기 때문에 이런 상상을 한다는 자체가 쉽지는 않겠지요. 무채색의 세계에서 살다가 난생 처음 다양한 색을 대할 때 느낌을 어떻게 묘사할 수 있을까요? 거대한 규모의 웅장한 전시회장에 갑자기 들어선 느낌이 이와 같을까요? 충격과도 같은 놀라운 경험을 표현할 수 있는 말을 찾기란 쉽지 않을 것입니다. 하지만 한 가지 분명한 것은 이 같은 새로운 경험이 마음속에 엄청난 변화를 불러일으키리라는 사실입니다.

어떤 물체의 색을 본다는 것은 그 물체의 본질을 경험하는 것을 의미합니다. 회색이나 검은색 또는 흰색으로 드러난 모습은 단지 물체의 피상에 불과하며, 그 실체는 아직 자연 속에 숨어있는 상태입니다. 어떤 물체가 자신의 고유한 색을 발할 때 비로소 그 본래의 모습이 드러나는 것입니다. 녹색 일색이던 정원에 꽃이 피어나는 모습을 상상해 보면 위의 설명이 조금은 쉽게 이해될지도 모르겠습니다. 햇빛이 찬란한 어느 날 아침 꽃봉오리에서 아름다운 색깔의 꽃이 활짝 벌어지는 광경을 상상해 보십시오. 우리는 미각 편에서 꽃이 피어나는 과정 속에 식물계의 비밀이 담겨 있음을 보았습니다. 이렇게 대자연은 색으로 그 본질을 드러내며, 자연의 본질을 밝혀주는 것이 색의 오묘한 힘입니다.

인간은 영혼 속에 갇힌 자아의 본성을 자연 속에 끊임없이 드러내고자 노력하는 존재입니다. 자연과 동화하려는 이러한 인간의 노력에 가장 부합하는 감각기관이 바로 시각입니다. 시각이 작용하기 위해서는 자연의 도움이 절대적으로 필요하기 때문이지요. 즉, 태양이 없다면 눈으로 사물을 인식하는 것은 불가능합니다. 인체의 태양이라 할 수 있는 눈이 사물을 보기 위해서는, 우주의 태양이 자연의 본질을 비추어 드러낼 때 비로소 가능한 것입니다. 이렇게 시각의 작용과 태양의 존재는 불가분의 관계에 놓여 있습니다.

색을 볼 때 우리의 마음에는 어떤 작용이 일어날까요? 무어라고 딱 꼬집어 표현하기 어려운 어떤 힘이 우리의 감정에 영향을 미친다는 것을 느낍니다. 이렇게 인간의 정서에 변화를 일으키는 색의 힘을 색상이 풍기는 분위기로 표현할 수 있습니다. 그런데 이런 분위기를 검은색이나 흰색 또는 회색의 무채색에서는 느끼기 힘듭니다. 물론 흑백 동판화나 렘브란트의 흑백 스케치와 같이 무채색의 특징적인 요소를 살린 예술 작품도 훌륭하지만, 색상이 가지는 느낌으로 우리의 감정에 영향을 미치는 것은 유채색입니다. 예를 들면 빨간색은 활동적인 느낌을, 오렌지색은 활기찬 느낌을, 노란색은 밝고 명랑한 느낌을, 녹색은 진정시키고 편안한 느낌을 우리에게 전달해 줍니다.

이렇게 색상은 인간의 내면을 자극하여, 인간의 기본적인 감정을 밖으로 끌어내는 힘이 있습니다. 이러한 현상은 다른 감각기관에서는 찾아볼 수 없는 시각만의 고유한 특성입니다. 예를 들면 우리가 식탁에 마주앉아서 '오늘 양배추 요리의 맛은 마음을 몹시 무겁게 하네요.'라든가 '파인애플의 맛이 참 밝고 명랑하게 느껴져요.', 혹은 '꽃상추 샐러드는 정말 마음을 진정시키는군요.' 등의 표현을 하지는 않습니다. 하지만 음악은 색상 못지않게 인간의 정서에 영향을 미치지 않느냐고 반문하실 수도 있습니다. 그 부분에 대해서는 나중에 다시 설명을 드리도록 하지요.

다채로운 색상을 띠고 다양한 인간의 감정이 표출되는 통로로서, 마치 〈꽃이 피어나듯〉 인간의 본성이 드러나는 기관인 시각은 인간에게 특별한 의미를 주는 감각입니다. 이런 시각이 몸의 그 어느 다른 곳도 아닌 얼굴의 한 가운데에 위치한 이유는 자명합니다. 이론적으로는 눈이 얼굴이 아닌 그 어느 다른 곳, 예를 들면 정수리에 위치할 수도 있을 것이고, 어쩌면 그 자리가 오히려 더 편할지도 모릅니다. 하지만 우리의 영혼이 표현되는 장소인 눈은 우리가 서로 마주볼 수 있는 얼굴의 한가운데에 자리하고 있습니다. 일반적으로 두 사람의 영혼이 만나고 사랑에 빠질 때, 첫 눈에 반한다는 표현은 쓰지만 처음 본 귀나 코를 보고 사랑에 빠진다는 말을 하지는 않습니다. 물론 코나 귀가 예뻐서 사랑을 하게 되는 경우도 있기야 하겠지요. 눈은 뇌가 연장되어 생성된 영혼의 거울[17]이며, 따라서 두 영혼의 만남인 사랑은 눈을 통하여 이루어지는 것입니다. 행복한 사람의 눈에서는 빛이 나고 슬픈 사람의 눈에서는 눈물이 흐릅니다. 다시 말해서 눈은 인간의 가장 기본적인 감정이 표출되는 통로인 것이지요.

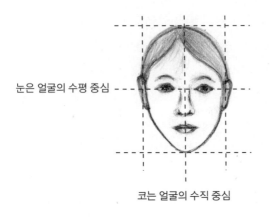

눈은 얼굴의 수평 중심

코는 얼굴의 수직 중심

　　시각은 눈을 감음으로써 유일하게 외부 세계와 차단할 수 있는 감각 기관이기도 합니다. 물론 입도 우리가 닫을 수는 있지만 미각을 감지하는 입안의 혀에 분포된 맛봉오리는 언제나 자극에 노출되어 있습니다. 인간이 죽으면 영혼은 눈을 통하여 육체에서 이탈합니다. 스스로 눈을 감고 죽는 사람의 경우도 있습니다만 남은 가족들이 죽은 사람의 눈을 감겨주게 되지요. 외부 세계와 의식이 분리될 정도로 진화하지 못한 물고기는 죽어도 눈을 감지 못합니다.

▲ 그림 17

　지금까지 설명한 것과는 다른 관점에서 시각을 한번 살펴보겠습니다. 그림 17에서 여러분은 하얀 꽃병을 볼 수 있습니다. 어쩌면 여러분은 검은색 피부를 가진 마주보는 두 사람의 옆얼굴을 보며 혼란스러워할지도 모릅니다. 그러나 어느 정도 익숙해지면 우리는 의식적으로 두 물체를 번갈아가며 인식할 수 있게 됩니다. 이렇게 우리가 한 번은 흰색의 꽃병으로, 한 번은 두 사람의 옆얼굴로 인식할 수 있는 것은, 우리의 눈이 물체를 지각하는 과정에 〈감각적인 힘〉이 함께 작용하기 때문입니다.

　다음 그림 18에서는 중심점이 안으로 말려 들어간 나선형의 곡선을 볼 수 있습니다. 그런데 우리가 보는 것이 정말 나선형의 곡선일까요? 원

▲ 그림 18

의 바깥에서 출발하여 천천히 선을 한번 따라가 보십시오. 나선이 아닌 수
많은 동심원의 집합체라는 것을 알게 될 것입니다. 이러한 현상을 우리는
〈착시〉라고 하는데, 이와 연관된 재미있는 현상은 수도 없이 많습니다. 착
시 현상으로 인해 우리의 눈은 종종 착각을 일으켜 때로 곤란을 겪을 때도
있습니다. 이러한 착시 현상은 다른 감각기관에서는 일어날 수 없는 시각
만의 고유한 성질입니다. 예를 들어서 아이에게 쓴 약에 시럽을 발라 준다
고 해서 아이가 단맛과 쓴맛을 착각하지는 않습니다. 아이는 시럽이 녹는
동안은 단맛을 느낄 것이고, 시럽이 다 녹은 후에는 본래의 쓴맛을 느끼
게 될 것입니다. 미각을 통해서는 착각이란 현상을 경험할 수 없지만, 시

192

각은 종종 착각을 불러일으킵니다. 방금 살펴본 나선형의 곡선을 여러분이 아무리 오래 들여다본다고 하더라도 동심원으로 인식하기는 결코 쉽지 않을 것입니다.

　　그렇다면 눈이 착각을 일으키는 이유는 무엇일까요? 그 이유는 바로 우리가 〈눈을 통하여〉 사고도 함께 하기 때문입니다. 따라서 본능에 의해 움직이는 동물은 착각을 일으키는 법이 없습니다. 그러나 동물도 인간에게 길들여지고 학습되어짐으로써 본능의 체계에 균형이 깨어지면 착각을 일으키기도 합니다. 자연환경에서 생활하는 한 동물은 결코 착각을 일으킬 수 없는데, 이는 동물이 사고를 하지 않기 때문입니다. 인간만이 사고를 하는 존재이며, 이러한 인간의 사고는 특히 눈을 통하여 이루어지고, 따라서 착시는 시각에서만 일어날 수 있는 현상인 것입니다. 우리가 앞서 보았던 꽃병과 두 사람의 옆얼굴을 다시 한 번 상기해 보시기 바랍니다. 이 그림을 어떤 형태로 인식하는가는 바로 우리의 사고가 결정하고 있음을 알 수 있습니다. 어떤 사물을 볼 때, 그 사물을 인식하는 과정에서 사고가 기대하는 상이 보완되어 눈은 착시현상을 일으킵니다. 이러한 현상은 사고에 의해 나타나므로 〈착시〉라기 보다 〈판단 오류〉라는 표현이 더 적절할지도 모릅니다. 이런 의미에서 괴테가 한 말은 흥미롭습니다.

"감각은 우리를 기만하지 않는다. 단지 우리의 판단이 흔들릴 뿐이다."

—괴테의 『산문』 중에서

시각은 이렇게 인간의 사고와 밀접한 연관 속에서 작용하는데, 이 점이 시각을 특징짓는 또 다른 고유한 기능입니다. 따라서 시각은 인간의 감정을 표출하는 통로이면서, 인간의 사고와 함께 작용함으로써 과학적 도구의 역할도 하는 것이지요.

사고와 연관된 시각의 이런 기능은 우리가 눈으로 지각한 것을 항상 이해하려는 태도에서도 잘 드러납니다. 하지만 우리가 음악을 들을 때는 이와 다른 태도를 보입니다. 음악을 들으면서 우리는 그 속에서 표현되는 구체적인 의미를 찾으려고 애쓰기 보다는 원시적인 자연 음향(새가 지저귀는 소리나 사자의 포효하는 소리와 같은)의 모방을 발견하며 그 자체를 즐깁니다. 그렇지만 미술작품을 대하게 되면 우리는 직관적으로 그 그림이 표현하는 점을 파악하려는 노력을 하게 됩니다. 초상화를 벽에 걸면서 우리는 그림의 위아래를 바꾸어 걸지는 않습니다. 마찬가지로 슬라이드 필름을 볼 때도 화면이 흐릿하면 견디지 못하고 선명하게 조절해 주기를 요구합니다. 이렇게 우리는 어떤 물체를 보더라도 시각이 인지한 것을 파악하고 이해하기를 원합니다. 그렇기 때문에 〈거꾸로 걸어도 별 차이가 없는 것 같은〉 인상을 주는 현대미술이 많은 사람의 공감을 얻지 못하는지도 모르겠습니다. 아직 사고력이 덜 발달한 아이들에게는 책이나 그림의 위아래가 바뀌는 것이 전혀 문제가 되지 않는 점도 이러한 사실을 잘 뒷받침해 주고 있습니다.

시각은 또 다른 흥미로운 특성이 있습니다. 이 특성은 청각과 비교해 볼 때 더욱 확연하게 드러납니다.

우리는 항상 소리에 노출되어 살아간다고 생각합니다. 특히 한여름에는 각종 곤충들의 울음소리가 끊이지 않고 들립니다. 하지만 이 지구상에는 고요한 정적이 흐르는 곳도 많이 있습니다. 혹은 우리 스스로 소음이 없는 조용한 공간을 찾아갈 수도 있지요.

이와 달리 우리는 항상 무엇인가를 보면서 살아갑니다. "빛이 없는 어둠 속에서 우리는 아무것도 볼 수 없지 않느냐."고 반문할 수도 있습니다. 하지만 어둠 속에서 우리는 단지 물체를 분간하지 못할 뿐이고, 아무것도 보지 못하는 것은 아닙니다. 아무리 밝은 대낮이라 하더라도 안개가 자욱하게 낀 상태라면, 아무것도 보지 못하기는 마찬가지이니까요. 사람들은 일반적으로 선천적 시각장애인은 어둠 속에서 살아간다고 생각합니다. 그러나 선천적 시각장애인들은 빛의 세계와 마찬가지로 어둠의 세계도 알지 못합니다. 여러분은 〈맹점 실험〉으로 이러한 사실을 경험해 볼 수 있습니다.(196쪽 참고) 검은 점이 사라지면 어둠이 나타나는 것이 아니라 〈아무것도〉 존재하지 않음을 알 수 있습니다. 또 눈 수술을 받는 환자의 경우, 한쪽 눈의 시신경을 마취하면 환자는 어둠을 경험하는 것이 아니라 아무것도 존재하지 않는다는 것을 깨닫게 됩니다. 마취를 하지 않은 다른 한쪽 눈을 감으면, 어둠이 존재하는 세계와 아무것도 존재하지 않는 세계의 명확한 차이를 인식할 수 있습니다.

이제 다른 감각기관과 분명한 차이를 보이는 시각의 독특한 특성을 이해할 수 있을 것입니다. 소리가 존재하지 않는 공간에서는 아무것도 들

〈맹점 실험〉

책의 위치를 읽기 편한 거리로 유지하고, 오른쪽 눈으로 왼쪽에
위치한 검은 점을 응시하십시오.(이 때 왼쪽 눈은 감습니다) 그
러고 나면 오른쪽 검은 점이 보이지 않을 것입니다. 잠시 후 책
을 멀리 하거나 가까이 당기면 오른쪽 검은 점이 다시 나타나
게 됩니다.

지 못하고, 냄새가 나지 않는 한 코도 아무런 자극을 받아들이지 않습니
다. 이와 달리 눈은 늘 깨어 있는 감각기관으로서, 아무리 어두운 공간이
라 할지라도 항상 무엇인가를 지각하고 있는 것입니다.

우리가 몸의 여러 감각기관에 대해서 말로 표현하고 설명할 수 있는
것은 어떻게 가능한 것일까요? 그것은 무엇보다도 눈을 통해 다른 감각기

관들을 자세히 관찰할 수 있기 때문입니다. 그러나 반대로 다른 감각기관의 도움을 빌어서 시각을 설명할 수는 없습니다. 예를 들어서 눈으로 본 코의 형태나 구조를 말로 표현할 수는 있지만, 냄새를 맡는 후각의 경험을 바탕으로 눈에 대한 설명을 하기는 어렵습니다.

시각은 이렇게 모든 감각기관을 포괄하는 성격을 지니며 다른 감각기관의 작용에 함께 관여합니다. 몇 가지 예를 들어 보기로 하겠습니다.

동물에 비해서 인간은 몸의 균형을 잡기 위해서 눈의 도움이 절대적으로 필요한 존재입니다. 안개가 짙게 낀 상태에서 항공기 조종사는 계기판을 보지 않고서 비행 방향을 가늠할 수 없으며, 기체가 수평인지 기운 상태인지 혹은 상승하는지 하강하는지에 대해 쉽게 판단하지 못합니다. 그런데 함께 탑승한 개는 이런 상태를 정확히 감지합니다. 항공기의 기체가 약간만 기울어도 인간은 잘 느끼지 못하는 반면, 개는 균형을 잡기 위해 몸의 중심을 옮기는 것을 관찰할 수 있습니다. 또 다른 예로 시각장애인이 평형대를 똑바로 걸어가는 것은 불가능하지만, 시각을 상실한 고양이의 경우는 정상 고양이와 똑같이 추녀의 아주 좁은 돌림띠마저 어려움 없이 통과합니다. 인간은 눈에도 일종의 균형감각이 있습니다. 눈은 팔다리와 마찬가지로 근육의 이완과 수축에 의해서 움직이는데, 안구 근육은 네 개의 직근과 〈동안근〉이라고 하는 두 개의 사근으로 구성됩니다. 이 중에서 네 개의 직근은 안구의 움직임에 관계되고, 두 개의 사근은 균형감각기관에 연결되어 있습니다. 수평좌라는 광학도구를 이용하여 물체의 수평 상태를 가늠하는 것처럼, 이 근육의 도움으로 우리는 물체가 기울었는지 혹은 수평상태인지를 판단하게 되는 것입니다. 이렇게 똑바로 서서 중심을 잡기 위해서는 몸의 균형감각과 더불어 시각이 중요한 역할을 하는 것입니다.

시각은 비단 균형감각에만 작용하는 것이 아니고, 이어서 다룰 열감각과도 관계가 있습니다. 보통 색을 표현할 때 따뜻한 색이나 차가운 색 혹은 감미로운 색이나 지저분한 색이란 말을 사용합니다. 감미로움과 지저분함은 미각과 후각에 연관되는 표현이며, 차가움과 따뜻함은 눈으로도 열을 감지한다는 것을 의미합니다.

이러한 시각과 다른 감각기관의 연관성은 무엇보다도 고유운동감각에서 가장 분명하게 드러납니다. 눈처럼 활발하게 움직이는 신체의 기관도 드물기 때문입니다. 삼각형을 보게 되면 우리의 눈은 거의 무의식적으로 삼각형의 모양을 따라갑니다. 이렇게 눈은 끊임없이 움직이는데, 이때 생명감각도 함께 작용합니다. 즉, 눈으로 인식하는 사물이나 상황이 우리에게 편안함을 주는지의 여부를 동시에 판단하게 된다는 것이지요. 자아감각이 작용하는 두 사람의 만남에도 눈은 중요한 역할을 합니다. 보이지 않는 손이라고 할 수 있는 눈은, 거리의 원근을 〈더듬어〉 가늠하는 촉각의 기능도 수행할 수 있습니다. 극단적으로 사람은 눈빛으로 누군가를 〈죽일 수〉도 있습니다. 이렇게 시각은 몸의 모든 감각기관을 포괄하여 기능을 수행하는 총체적인 감각기관입니다.

그러면 시각의 특징을 반영하는 천체의 별자리는 무엇일까요? 시각은 황도 12궁 중에서 가장 큰 성좌인 처녀자리(♍)에 비유할 수 있습니다.

대지의 여신과 관계있는 처녀자리는 사물의 본질을 드러내는 속성을 지닙니다. 이와 마찬가지로 눈도 인간의 내면과 본성이 드러나는 통로입니다. 인간의 본성이 표출되는 과정과 대지에서 식물의 본질이 드러나는 과정을 앞에서 대략적으로 설명하였는데, 이러한 눈의 속성은 황도 12궁에서 여성을 상징하는 처녀자리로 표현할 수밖에 없습니다. 모성인 대지를 통하여 대자연은 그 본성을 드러내고, 이러한 자연의 모성은 모든 감각기관을 포괄하는 시각의 특성을 잘 반영하고 있기 때문입니다.

처녀자리는 세상에 활력을 불어넣는 세계혼입니다. 고대에는 이 세계혼을 농사와 수태의 여신 이시스로, 또는 사고의 힘이 샘솟는 원천이며 아름다운 지혜의 여신인 소피아로 인식하였습니다.

마지막으로 눈의 외형에 관하여 몇 가지 더 살펴보기로 하겠습니다. 우선 눈의 투명함입니다. 우리 몸에서 투명한 조직은 유일하게 태아의 단계에서만 관찰 가능합니다. 이러한 태아의 맑고 투명한 조직도 초기 발달 단계에서만 볼 수 있으며, 점차 성장하면서 모든 조직은 단단해지고 불투명해집니다. 그런데 이 성장의 원칙에서 벗어나는 예외적인 경우가 바로 눈입니다. 신경조직이 퍼져있는 각막(이 부분이 얼마나 예민한지 우리는 스스로 잘 알고 있습니다)과 복잡한 구조의 수정체 그리고 세포로 구성된 유리체와 신경세포로만 형성된 망막에 이르기까지 눈을 구성하는 이 모든 조직들은 마치 크리스탈처럼 맑고 투명합니다. 나이가 들어 노화하면 눈이 부분적으로 혼탁해지기도 하지만, 이런 흐림 현상은 다시 사라지기도 합니다. 갓 태어난 아기의 눈은 완전히 성장한 상태이지만 조직이 여전히 여리고 투명하며 한 점의 티도 없이 순결합니다.

특히 수정체는 참으로 묘한 특성을 가지고 있습니다. 우리가 살아있는 동안은 미미하나마 지속적인 성장을 한다는 것입니다. 그러니까 여든 살이 된 노인의 수정체도 아직 성장이 완전히 멈추지 않은 상태라는 것이지요. 성장이란 원래 젊음의 속성으로 일정한 시기가 되면 멈추게 마련이지만, 눈만은 예외적으로 생을 마치는 순간까지 영원한 젊음의 활력을 유지한다는 것입니다. 눈의 끊임없이 움직이는 왕성한 활동력 또한 이를 잘 증명해 주고 있습니다.

시각의 흠 없고 순결한 속성은 과거 연금술사들이 정제를 통해 모든 물질이 환원될 수 있다고 믿고 추구했던 순수한 〈근원 물질prima materia〉을 상기시킵니다. 눈의 투명한 성질을 자연에서 굳이 찾아본다면 잠자리와 같은 곤충의 날개에 비교해 볼 수 있을 것입니다. 하지만 잠자리의 날개는 너무 얇아서 둥근 안구의 투명함에 비교하기는 어려우며, 유리물고기 역시 너무 납작하고, 해파리의 경우는 반투명한 상태입니다. 완벽하게 맑고 투명한 현상은 자연의 세계에서도 찾아보기 힘든 우리 몸의 눈만이 가지고 있는 고유한 특성인 것이지요.

지금까지 시각의 여러 가지 고유한 특성에 대해서 살펴보았지만 아직 눈의 〈진정한 비밀〉에 대해서는 언급하지 않았습니다. 인간의 눈은 홍채의 양쪽으로 티 없이 깨끗한 흰자위가 뚜렷하게 보이는 형태를 하고 있습니다. 우리가 때로 어류나 양서류 또는 조류를 비롯한 다른 동물들에서도 아름다운 눈을 발견할 때도 있지만, 묘하게 이들 동물의 눈에서는 흰자위를 볼 수 없습니다. 원숭이의 눈도 예외는 아닌데, 단지 원숭이가 옆으로 심하게 눈을 돌리면 흰자위가 약간 나타나기는 합니다. 동물은 언제나 타고난 본능과 충동에 따라서 움직입니다. 인지학적인 용어를 빌자면 아스트랄체(감정체)의 지배를 받는다고 할 수 있지요.

그러나 〈자아〉의 주체인 인간은 타고난 욕망이나 본능을 억제하고 지배할 수 있는 존재입니다. 이런 인간의 본성을 반영하고 있는 것이 바로 눈입니다.

인간의 감정체가 발현되는 홍채 주변을 이성적 사고를 하는 뇌의 확장자인 흰자위가 둘러싸고 있는 구조가 이를 잘 표현해주고 있습니다. 인간은 어릴 때부터 눈에서 흰자위가 뚜렷하게 구분되는데, 어린아이들의 흰자위는 때로 안구 뒷면의 검은 색소가 반사되어 약간의 푸른빛을 띠기도 합니다. 또 눈에 이상이 생기면 흰자위가 심하게 충혈 되어 우리를 놀라게도 하지만 대부분 빠른 속도로 회복되며, 드물게 검은 점이나 얼룩이 생기는 경우도 있습니다. 이런 예외적인 경우를 제외하면 눈의 흰자위는 남녀노소를 막론하고 인종을 초월하여 모든 인간에게 똑같이 흠 없는 하얀 상태로 나타납니다. 흰자위는 영혼의 감정상태를 반영하기 보다는 인간의 내면적인 의식이 드러나는 곳입니다.

8

열감각

지금부터 온도감각이라고도 하는 열감각에 대해서 살펴보겠습니다. 이 감각을 통하여 우리는 또 하나의 새로운 세계를 경험하게 될 것입니다. 시각과 마찬가지로 열감각 역시 태양과 밀접한 관계를 가지는데, 이는 태양이 빛과 열에너지의 원천이기 때문입니다.

　　지구상에서 해가 지면 빛은 아주 빠른 속도로 사라지는데, 이러한 현상은 특히 열대지방에서 더욱 급격하게 진행됩니다. 빛과는 달리 열은 좀더 느린 속도로 전달되는데, 물체는 언제나 서서히 데워지고 다시 서서히 식으며 〈저장한 태양열〉을 방출합니다. 투명한 크리스탈이나 유리를 통해서 찬란한 빛이 발산되는 것처럼, 열 또한 물질을 통해서 빛을 발산합니다. 그리고 열은 아무리 딱딱한 고체의 물질이라도 그 물질을 채움으로

해서 그 물질과 결합하는 성질을 가지고 있습니다. 그러나 가열된 물질에 저장된 열이 항구적으로 보존될 수 있는 것은 아니며 언제나 다시 방출됩니다. 그런데 위에서 설명한 것과 반대의 상황을 한번 가정해 봅시다. 즉 지구상의 물체가 열 대신 빛을 흡수하여 해가 떨어져도 흡수된 빛이 서서히 방사되면서 세상이 아주 천천히 어두워지는 반면에, 모든 물체는 급속도로 식어버린다면 어떤 현상이 일어날까요?

이러한 상상을 통하여 우리는 창조주의 지혜를 느낄 수 있습니다. 낮에는 태양이 만물을 〈따뜻하게 품어〉 숙성시키고, 밤에는 대지가 그 역할을 대행합니다.

인간을 포함하여 조류나 포유동물 등의 고등동물을 우리는 정온동물이라고 부르는데, 정온동물은 신체의 조직 안에 체온을 조절하는 기능을 가지고 있습니다. 인간의 신체는 열을 발하는 태양체에 비교할 수 있는데, 몸에서 빠져 나간 에너지는 보충되어 항상 일정한 체온이 유지되어야 합니다. 이와 달리 변온동물에 해당하는 하등동물은 체온조절 기능이 없습니다. 따라서 하등 동물의 체온은 항상 환경에 종속되며, 외계의 온도가 떨어지면 몸의 움직임도 둔해집니다. 그런데 하등동물 중에는 스스로 빛을 발하는 발광기를 가지고 있는 동물이 있습니다. 특히 심해에 사는 어류가 주로 이에 해당하는데, 심해 오징어의 경우는 적의 공격을 받으면 빛이 나는 먹물을 뿌리기도 합니다. 그 밖에 반딧불이도 빛을 발하는 곤충에 속하지요. 즉 이들 동물은 빛을 발하는 태양의 속성을 지니고, 인간은 열을 내는 태양의 속성을 지닙니다.

이제 신비의 베일에 싸인 열의 비밀에 접근해 보기로 합시다. 빛은 충만하지만 열이 존재하지 않는 세상을 한 번 상상해 보시기 바랍니다. 모든 것이 경직되고, 그 어떤 변화도 기대할 수 없을뿐더러 시간도 흐름을 멈출 것입니다. 어쩌면 시간이 존재하지 않는다는 표현이 더 적절할지도 모릅니다. 가까운 예로 우리가 사용하는 냉장고 안의 시간은 (거의) 정지한 것으로 볼 수 있습니다. 음식물이 변질되는 과정이 지연되거나 더욱이 일정기간은 원래의 상태가 그대로 보존되기도 하니까요. 선사시대에 살았던 매머드가 냉동된 상태에서 부패되지 않고 원형 그대로 발견된 것은, 정지된 시간과 열의 관계를 극명하게 보여주는 대표적인 경우입니다.

말의 의미나 유래를 연구하는 어원학자들에 의하면 시간을 의미하는 라틴어의 〈tempus〉가 온도를 의미하는 〈temperature〉와 어원상 그 뿌리가 같다고 합니다. 더욱 흥미로운 것은 시간을 나타내는 그리스어의 〈daiomai〉는 〈나누다〉 또는 〈분배하다〉라는 뜻을 가진다는 사실입니다. 이 단어는 다시 산스크리트어의 〈dày〉에서 유래하며 그 의미는 〈나누다〉, 〈소유하다〉, 〈연민을 갖다〉이고, 〈호감〉 또는 〈동정〉을 뜻하는 〈daya〉와도 연관이 있다고 합니다.

시간이란 단어가 가지는 뜻 중에서 〈나누다〉와 〈분배하다〉는 사회적인 의미의 성격을 띠며, 시간이 갖는 또 다른 속성인 변화, 움직임, 흐름과 형성의 의미는 열과 관계됨을 알 수 있습니다. 온도가 높으면 높을수록 변화의 과정은 빠르게 진행하는데, 이 변화를 일으키는 역동적인 힘의 원천은 에너지입니다. 에너지란 말의 어원은 그리스어의 〈en ergeo〉에서 유래하며 그 뜻은 〈나는 활동한다〉로 해석합니다. 이러한 에너지의 힘을 우리는 빛이나 색상의 영역에서는 경험할 수 없습니다. 열은 또 물질을 늘어나게 하고 팽창시키는 독특한 성질이 있는데, 예를 들어서 고체를 녹이면 부피가 늘어나고(물은 예외입니다), 무더운 한여름에 기차의 철로가 휘어지는 현상에서 이를 잘 볼 수 있습니다. 그리고 고온에서 고체의 물질은 액화되어 증발하는데, 열에너지는 이렇게 물질을 유동적으로 변화시키고 가볍게 만듭니다. 달리 표현하면 가열된 물질은 지상으로부터, 그러니까 중력으로부터 훨씬 더 자유롭습니다.

열은 물질을 〈빛을 향하여〉, 즉 태양으로 돌아가게 하는 성질이 있습니다. 또한 열은 물질의 경계를 허물고 고립과 단절을 극복하는 속성을 지니며, 더 나아가서 여러 가지 물질들을 혼합시켜 새로운 화학적인 결합으로 이끄는 힘을 가지고 있습니다. 모든 물질을 뚫고 들어가는 힘은 열에너지의 신비한 마력입니다. 빛은 쉽게 차단할 수 있지만 열의 흐름을 막는 것은 불가능합니다. 물론 물질에 따라서는 열을 잘 전달하지 못하는 부도체도 있지만, 열에너지는 원칙적으로 모든 물질을 통과합니다. 열에너지는 보존되고 저장되지만, 언제나 온도가 낮은 곳으로 다시 이동합니다. 열의 이러한 현상은 열을 많이 간직할 수 있는 물에서 현저하게 나타납니다. 태양의 복사열을 흡수하고 다시 방출하여 대기의 온도를 조절하는 바다는 그 좋은 예이며, 이때 바다는 인간을 추위로부터 따뜻하게 보호하는 역할을 한다고 볼 수 있습니다. 우리가 숨 쉬는 공간인 대기 또한 열에너지가 없다면 딱딱한 고체에 불과할 것이고, 따라서 우리가 공기를 들이마시는 것은 불가능할 것입니다.

열은 또 물체로 하여금 빛을 발하게 하는 힘이 있습니다. 이런 열의 성질 가운데 가장 결정적인 것은 무엇보다도 인류의 문명을 꽃피운 불의 힘일 것입니다. 열에너지는 인간이 존재하기 위한 절대적인 전제조건입니다. 즉, 인간이 움직이고 느끼고 생각하고 12개의 감각기관으로 사물을 인지할 수 있는 이 모든 것이 열에너지가 존재하기 때문에 가능한 것입니다. 우리의 몸도 체온조절 기능을 통해서 이러한 과정에 동참하고 있는 것입니다.

지금까지 우리는 열에너지에 의해서 나타나는 현상에 대해서 이야기했습니다. 그렇다면 그 흐름을 막을 수도 없고, 또한 모든 물질을 통과하는 열의 본질은 무엇입니까?

일반적으로 열이 전도된다고 하는데(예를 들면 뜨거운 차에 담근 은 티스푼이 뜨거워지듯이) 이 말의 의미는 무엇입니까? 우리가 들판에 일렬로 늘어선 두더지 굴을 본다고 합시다. 이때 우리는 비록 두 눈으로 확인하지 않더라도 두더지굴이 저절로 생긴 것이 아니고, 땅 밑에 살고 있는 두더지가 이동하며 만든 것임을 확신할 수 있습니다. 이와 마찬가지로 차가운 은 티스푼이 따뜻해지는 것으로 비록 육안으로 확인할 수는 없지만, 뜨거운 물에서 은 티스푼으로 〈숨어서〉 이동한 열의 존재를 인식할 수 있는 것입니다. 이러한 열의 속성을 우리는 열정이라고 표현할 수 있는데, 열정은 그리스어로 〈신 안에 존재한다〉는 의미입니다.

만약 누군가 여러분을 〈열이 나게〉 한다면, 이 말의 뜻이 누군가 여러분에게 온기를 전달해 준다는 의미는 아닐 것입니다. 물론 체온으로 상대방의 차가운 손을 따뜻하게 감싸줄 수도 있습니다만, 이 경우에 〈열이 나게〉 한다는 표현의 의미는 어떤 상황에 반응하는 자극을 불러일으킨다는 의미입니다. 사실은 누군가의 차가운 손을 감싸줄 때도 상대방에게 스스로 몸을 따뜻하게 하라는 자극을 전달해주는 것이나 다를 바 없습니다.

인간의 몸은 외부의 온도에 적응하여 체온을 조절하지 않으면 병이 나게 됩니다. 몸을 따뜻하게 하여도 열이 나지만 추위에 노출되어도 열이 나는데, 우리의 몸은 외계와의 극심한 온도 차이를 견디지 못하기 때문입니다. 추위나 혹은 더위에 상관없이 심하게 온도차이가 많이 나는 곳에 오래 머무르게 되면, 외부의 온도가 몸 안으로 전달되어 우리는 여지없이 병에 걸리고 맙니다.

다행스러운 것은 인간이 이런 외부 환경에 적극적으로 대처할 수 있는 능력을 가지고 있다는 사실입니다. 인간이 존재하기 위해서 열에너지는 필수적인 조건이지만, 인간이 의욕적으로 활동하기 위해서는 체온과 외부의 온도차가 적당하게 유지되어야 합니다. 외부와의 지나친 온도차를 극복하고 육체적으로 생존하기 위해서 인간은 옷을 입고 난방을 합니다. 이와 마찬가지로 인간의 정신적 생존, 즉 인간다운 삶을 영위하기 위해서도 인간은 내적인 차원에서 부단히 노력해야 합니다.

인지학에서는 인간이 활동하기 위한 내적인 원동력을 〈아스트랄체〉라고 하는데, 아스트랄체는 우주를 운행하는 〈성체〉를 의미합니다. 이 성체를 우리는 〈태양체〉라고도 부를 수 있는데, 태양도 하나의 별이기 때문입니다. 이 부분에 대해서는 고유운동감각을 다룰 때 이미 설명을 드린 적이 있습니다.

식물과 동물의 근본적인 차이점에 대해 여러분은 잘 알고 있을 것입니다. 동물과 인간은 내적인 동기나 자극에 의해 움직이고 행동하는 반면, 식물은 비록 성장은 하지만 움직일 수는 없습니다. 특히 인간은 개별적인 관심이나 호기심에 따라서 지구의 그 어디라도 자유롭게 활보할 수 있는 존재입니다. 인간의 육체가 움직일 수 있는 것은 열에너지에 의해서 가능하고, 인간은 아스트랄체, 즉 내적인 동인에 의해서 행동하므로 열감각기관의 원천은 아스트랄체인 것입니다.

앞에서 정온동물이라는 표현을 사용했는데, 피의 색깔이 붉은 것은 결코 우연이 아닙니다. 일반적으로 붉은 색에서 우리는 따뜻한 느낌을 받게 되고, 붉은 색은 지칠 줄 모르는 심장박동에 의해 공급되는 혈액의 왕성한 활동력을 의미하기도 합니다. 그리고 우리가 의지에 따라서 움직일 수 있는 수의근도 적색근입니다. 하다못해 미세한 크기의 단세포 동물조차도 아주 작지만 고동치는 기포를 가지고 있어서 움직일 수 없는 식물과의 차별성을 나타냅니다. 조화롭고 편안하며 고요한 느낌을 주는 녹색은 욕망이 없는 식물의 특징입니다. 식물의 녹색은 마그네슘이 밝은 빛과 합성하여 엽록소를 형성함으로써 만들어지고, 피의 붉은 색은 체내의 어두운 골수에서 철분의 도움으로 생성됩니다. 이렇게 생성된 혈액은 산소를 전신으로 공급하여 체내에 열을 발생시킵니다.

심장도 근육입니다. 체내에 감춰진 심장은 몸의 중심부에 위치하며 우리의 감정 변화에 직접적인 영향을 받고 반응을 합니다. 불수의근인 심장의 활동에 우리는 아무런 영향력을 행사할 수 없습니다. 반면에 팔과 다리는 두 눈으로 직접 볼 수 있고 마음대로 움직일 수도 있지만, 이 모든 것도 단지 심장이 제대로 기능할 때 비로소 가능한 것입니다. 따라서 우리의 생각과 감정을 동작으로 표출하는 수의근은 심장근의 주변부가 연장된 것으로 볼 수 있습니다.[18]

얼음으로 뒤덮인 극지방은 연중 6개월이나 햇빛이 비치지만 생물이 살기에는 적합하지 않습니다. 물론 얼음 밑의 해양에 서식하는 생물은 있지요. 한겨울에 알을 낳는 남극의 황제펭귄은 이런 최악의 기후조건에서도 생존하는 극단적인 경우입니다. 그리고 빛이 없는 심해나 어두운 동굴과 같은 열악한 조건에서 살아가는 생물도 있고, 유독 빛이 없는 어두운 곳에서만 생존할 수 있는 박테리아도 있습니다. 또한 박쥐와 같은 야행성 동물도 빛이 없는 환경에서 살아가는 생물의 대표적인 예입니다.

하지만 지구상에 존재하는 그 어떤 생물도 태양의 열에너지가 없으면 생명을 유지할 수 없습니다. 모든 것을 움직이게 하며, 때로 거대한 폭풍과 파도를 일으키기도 하는 열에너지는 생물이 존재하기 위한 원천입니다.(《태양의 화가》 빈센트 반 고흐처럼 삶의 근원적인 힘이 태양의 따뜻한 에너지에서 우러나옴을 깊이 체험한 존재는 없을 것입니다)

또한 이 모든 것들은 지구 중력에 의해서 유지되는 대기권이 없다면 불가능할 것입니다. 극지방이나 고산지역은 변화와 움직임이 없는 빙산과 만년설로 언제나 꽁꽁 얼어붙어 있습니다. 이와 반대로 지구상에는 뜨거운 열기를 뿜어내며 화산이 폭발하고 지진이 발생하여 지각변동을 일으키기도 하며 활발히 움직이는 지역도 있습니다. 이러한 현상은 움직임을 일으키는 열기와 모든 것을 경직시키는 냉기의 극명한 대조를 잘 보여줍니다.

현대 자연과학은 모든 것을 측정하고 계량화하여 증명할 수 있다는 맹신에 가까운 믿음을 가지고 있습니다. 이런 믿음을 바탕으로 과학자들은 광년의 단위로 측정되는 세월로 거슬러 올라가면 지구가 거대한 우주를 떠돌던 미미한 먼지입자에 불과했다고 설명합니다. 이렇게 지극히 작은 크기의 지구에서 더 작은 장소인, 예를 들면 이태리의 밀라노라는 도시로, 인류가 이룩한 문화의 흔적을 찾아가 봅시다. 이 도시에서 다시 한 박물관을 찾아가면 우리는 레오나르도 다빈치(1452~1519)의 프레스코 벽화를 발견하게 됩니다. 레오나르도 다빈치의 걸작 「최후의 만찬」은 한 순간의 역사적인 사건을 묘사하고 있는데, 창조주이신 하느님의 아들 예수가 그의 제자들 중 한 사람이 자신을 배반하리라는 예언을 하는 내용입니다.(요한의 복음서 13장 21절)

그렇다면 과연 이러한 작품의 가치를 자연과학적인 잣대로 그림의 크기와 같은 계량화된 수치로 측정해 낼 수 있을까요? 이 작품의 가치는 결코 그림의 크기와 같은 수치로 평가할 수는 없을 것이며, 이 작품의 위대함은 바로 작품을 구성하는 내적인 힘에 있다고 보아야 할 것입니다. 강연을 하면서 저는 줄곧 이런 전체적인 구성의 힘에 대한 여러분의 이해를 돕기 위해서 여러 가지 방식으로 이를 강조해 왔습니다. 어떤 것도 그 자체로써 절대적인 가치를 지닐 수는 없으며, 언제나 전체적인 관계 속에서 그 소중한 가치가 드러나는 것입니다. 대우주와 소우주인 인간의 관계를 규명하고 연구하는 것이 인지학의 주요 관심 영역입니다. 정신을 소유한 인간 존재를 좀 더 근본적으로 이해하기 위해서는 〈상상할 수 없을 만큼 크거나〉 또는 〈상상할 수 없을 만큼 작은〉 크기의 문제는 특별한 단서를 제공하지 못합니다. 대우주와 소우주인 인간의 관계와 결합, 즉 종교(종교는 라틴어의 결합을 의미하는 religere에서 유래함)에 대한 접근을 통해서 더욱 본질적인 이해가 가능한 것이지요.

추위와 더위의 양극적인 기후를 모두 체험할 수 있는 온대지방에 사는 것은 축복이라고 할 수 있습니다. 열대지방에서는 이런 다양한 체험이 불가능하지요. 그리고 극지방의 설경이 아무리 아름답다고 해도, 냉혹한 추위를 견디기 위해 방한복과 비상식량으로 단단히 무장하지 않는다면 경치를 감상할 마음조차 생기지 않을 것입니다. 말하자면 설경을 즐기기 위해서 인간 자신은 〈여름과 같은〉 존재가 되어야 하고, 따뜻한 심장의 박동 소리를 들으며 이 지구 전체가 얼어붙은 혹한의 극지방이 아님에 감사하게 될 것입니다. 이와 달리 온대지방에서는 해마다 봄, 여름, 가을, 겨울의 사계절이 순환하며, 태양열을 받아 만물이 움트고, 싹이 나서 꽃을 피우며 다시 열매를 맺는 과정을 반복합니다. 차가운 냉기 속에서 에너지는 물체에 응축되어있지만 일단 열이 가해지면 에너지는 움직이며 이동합니다. 예를 들어 밀폐된 물주전자를 계속 가열해보면 이를 알 수 있는데, 오갈 데

없는 에너지(수증기)의 압력으로 물주전자는 결국 폭발하고 말 것입니다.

이런 열의 속성과는 달리 빛은 에너지를 식물계에 농축시켜서 가연성의 지상에너지로 변화시킵니다. 식물은 빛의 도움으로 이산화탄소와 수분을 합성하여 인간에게 절대적으로 필요한 유기양분, 즉 탄수화물(최종적으로는 포도당)을 만듭니다. 그러니까 빛에너지는 지상의 유기양분으로 농축되고, 인간은 다시 그 양분을 섭취하여 체온을 유지하는 열에너지를 발생하게 되는 것이지요.

인간이 밀도 높은 건강한 뼈조직을 유지하기 위해서도 충분한 빛에너지가 필요한데, 자외선에 충분히 노출되지 않은 아이들은 구루병에 걸릴 위험이 높습니다. 구루병은 치밀하지 못한 뼈조직이 몸의 체중을 견디지 못하여 등뼈나 가슴뼈가 굽어지는 증상을 말합니다. 이렇게 빛에너지가 농축되어 조직이 치밀한 채소는 고기만큼 수분을 많이 함유하고 있지 않습니다. 그래서 우리는 요리를 할 때 채소에는 주로 수분을 첨가하고, 고기는 프라이팬에 굽거나 그릴을 함으로써 수분을 제거합니다. 우리가 일상적으로 과실의 수분이 많은 부분을 가리켜 〈과육〉이라고 표현하는 것도 바로 이런 맥락입니다.

그럼 보통 어떨 때 춥거나 혹은 덥다고 느끼게 됩니까? 우리는 주로 머무는 공간의 실내온도를 보통 18°C에서 20°C 정도로 유지합니다. 말하자면 이 상태에서 우리의 몸은 외부와의 온도차를 감지하지 못하고 가장 쾌적하게 느끼는 것이지요. 이 점에서 열감각과 시각의 대조적인 특성이 드러나는데, 색은 다양한 자극으로 우리의 시각을 매료시키지만, 열은 우리 몸이 느끼지 못할 정도의 무난한 자극이어야 편하다는 것입니다. 다채로운 색상을 한꺼번에 즐길 수 있는 시각과는 달리 우리의 몸은 다양한 온도를 동시에 경험하는 것이 힘들기 때문에, 욕조에 들어가기 전에 항상 뜨거운 물과 차가운 물을 섞어 적절한 온도를 유지시킵니다. 그런데 재미있는 현상은 우리가 머무는 공간의 온도는 20℃ ± 2°가 최적이지만, 목욕을 하는 물의 온도로는 너무 낮다는 것입니다. 목욕을 할 때 가장 기분 좋게 느끼는 온도는 체온과 같은 37℃ 정도인데, 태아가 성장하는 양수의 온도도 이와 같습니다. 손을 씻을 때도 40℃를 넘지 않는 범위 내에서 가장 편안함을 느낍니다.

사람의 체온은 서로 비슷한데도 불구하고 경우에 따라서 어떤 사람의 손을 잡으면 따뜻하게 느껴지기도 하고 어떤 사람의 손은 차갑게 느껴집니다. 그런데 기호품으로 마시는 음료수 온도는 몸이 편안하게 느끼는 체감온도와는 전혀 다른 차이를 보입니다. 뜨거운 음료수의 경우는 보통 50℃ 정도에서 즐겨 마십니다. 하지만 이 음료수에 손가락을 담근다면 몹시 뜨겁다고 느낄 것입니다. 또 우리는 체온과 심한 차이가 나는 차가운 음료수 역시 즐겨 마십니다. 이렇게 아주 뜨겁거나 혹은 차가운 음료수를 즐길 수 있는 것은 우리 스스로가 온도의 변화에 적응하는 과정에 적극적으로 동참할 수 있기 때문입니다. 즉, 뜨거운 음료수는 우리가 입안에서 어느 정도 식힌 뒤에 삼키고, 차가운 음료수는 어느 정도 따뜻해 진 뒤에 삼킵니다. 일반적으로 체온보다 8° 정도 낮은 29℃의 물에서 우리는 전혀 뜨겁거나 차갑다는 느낌을 받지 않습니다. 이렇게 미지근한 상태의 물은 인간에게 어떤 자극이나 활력도 불러일으키지 못하므로 기호품인 차나 음료수의 온도로는 적당하지 않습니다. 단지 양치질을 한 후 입을 헹구는 물의 온도로는 딱 알맞을 것입니다.

　지금부터 수면을 취할 때의 외부 환경에 대해서 살펴보겠습니다. 그런데 우리는 왜 잠을 자야만 하는 것일까요? 육체가 피곤해지면 아무런 의욕이 생기지 않고 몸은 휴식이 필요합니다. 그렇다면 우리의 육체는 왜 피곤해지는 것일까요?

　우리의 의식은 스스로 에너지를 재생하는 능력이 없기 때문에 체내의 생명에너지로부터 힘을 얻습니다. 심장을 비롯해서 우리의 의식과 무관한 몸의 기관들은 결코 지치는 법이 없지만, 우리의 의식과 관계하는 몸의 조직은 생명에너지를 소모합니다. 이렇게 소진한 에너지를 수면을 취함으로써 재충전을 하게 되는 것이지요.

　잠을 자기 위해서 우리는 어둡고 조용한 공간을 찾아 갑니다. 수면상태일 때 가능한 한 외부의 감각적인 자극을 차단하기 위한 것이지요. 그러나 이때에도 차단되지 않는 것이 있는데, 바로 열감각의 작용입니다. 잠을 잘 때 춥거나 덥다고 느끼게 되면 숙면을 취할 수가 없습니다. 얼굴은 온도 변화에 비교적 둔감한 편이지만 손을 비롯한 그 밖의 신체 부분, 즉 낮에 활동적으로 움직이는 부분은 잘 덮어서 체온을 일정하게 유지해야 숙면을 취할 수 있습니다.

　잠정적으로 다음과 같이 정리해 보기로 합시다. 인간이 깊은 잠에 빠져 있는 동안 신적인 존재가 높은 차원의 관심으로 인간을 돌보며, 새로운 생명에너지를 보충해 줍니다. 이러한 에너지를 전달하는 통로 역할을 하는 것이 바로 체온을 조절하는 열감각기관인 것입니다. 잠을 자는 동안 충전 받은 에너지로 인간은 다시 세상에서 다양한 관심을 펼치며 활동할 수 있습니다. 잠을 자는 동안 대우주가 인간에게 새로운 에너지를 불어넣고 인간은 다시 그 에너지로 활동을 재개하는 것이라면, 인간 역시 자신이 활동하기 위한 에너지의 원천인 대자연의 재건과 보호에 마땅히 관심을 쏟아야하지 않을까요?

만약 우리가 살고 있는 환경의 온도가 체온과 같은 37°C라면 우리는 마치 열대지방의 폭염을 겪듯이 몹시 지치고 무기력해질 것입니다. 인간이 의욕적으로 활동하기에 가장 적합한 온도인 20°C와 인간의 체온 사이에 생기는 17°의 온도차는 중요한 의미를 내포하고 있습니다. 지구는 태양의 복사열로 인간에게 기본적인 열에너지를 제공하지만, 인간에게 최적의 환경을 만들기 위해서는 인간 스스로 노력해야 하는 것이지요. 이 17°의 온도차에는 바로 인간이 주변 환경에 무관심하지 않고, 인간에게 가장 알맞은 여건을 조성하는데 자발적으로 동참하기를 촉구하는 상징성이 담겨 있는 것입니다.

인간에게 요구되는 이러한 참여는 새로운 생명의 탄생과정에서 매우 극적으로 전개됩니다. 37°C의 양수에서 성장 발육한 새 생명은 한 순간에 20°C인 세상 밖으로 나옵니다. 급격한 온도차로 인한 충격을 아기는 울음소리로 표현하고, 이 울음소리는 아기가 최초로 자신의 힘으로 호흡을 한다는 증거이기도 합니다. 힘찬 울음소리는 그 어떤 다른 포유동물에게서도 볼 수 없는 삶에 대한 강한 의지의 표출이지요. 때로 아기의 호흡이 터지지 않으면 울음소리가 들리지 않는데, 이럴 때 아기에게 차가운 물을 뿌리면 기적과도 같이 울음을 터뜨립니다. 이렇게 환경은 아기에게 단지 자극을 줄 수 있을 뿐이고, 호흡은 아기 스스로 풀어야 하는 삶의 과제인 것입니다. 마치 무중력 상태인 우주에서 둥둥 떠다니던 우주인이 지구에 착륙해서 똑바로 서듯이, 인간은 모태의 양수에서 자라 이 세상에 태어나고 다시 중력을 이기고 서는 법을 배워야 합니다.

우리는 보통 자신의 체중을 느끼지 못하지만 비슷한 체중의 사람을 들어 올려 보면 비로소 자신의 몸무게를 실감하고 새삼 놀라게 됩니다. 느끼지 못할 뿐이지, 대자연은 항상 우리를 떠안고 받쳐주고 있습니다. 우리가 평소에는 못 느끼지만, 병이 들고 피곤하거나 노쇠해지면 스스로 몸이 무거워지는 것을 느끼면서 중력의 힘을 의식하게 됩니다. 실제로 인간이 지상에서 건강하게 활동한다는 것은, 다름이 아니라 외부 세계에 존재하는 다른 물체와의(그 물체의 중량과의) 관계 속에서 이루어지는 것입니다.

인간에게 있어서 본능과 연관하는 후각의 기능은 거의 퇴화했습니다. 따라서 자극을 본능으로 감지하고 반응하며 살아가는 동물과는 달리 인간은 탄생에서 죽음에 이르는 순간까지 끊임없이 배우고 학습하는 존재입니다. 인간처럼 태어나서 거의 반년이라는 긴 시간을 누워 지내면서 오랜 기간 보살핌과 보호가 필요한 동물은 없습니다. 이 시기에 인간은 주변 환경에 대한 관심과 사랑, 즉 인지능력을 키웁니다. 말하자면 새로운 탄생을 기다리는 인생의 강림절이라고 할 수 있지요. 인간은 단계적인 발달과정을 거치며 성장하는 존재이므로, 아기의 기는 능력을 촉진하기 위해서 지나치게 아기를 엎어서 재우는 것은 좋지 않습니다. 잘못하면 호흡기가 막혀 사망할 위험도 있으니까요.

열감각을 설명하기 위해서 일반적으로 많이 사용하는 실험 한 가지를 소개하려고 합니다.

우선 세 개의 양동이를 준비합니다. 양동이 하나는 차가운 물로 채우고 또 다른 양동이는 뜨거운 물로, 나머지 양동이는 29°C의 물로 채웁니다. 그러고 나서 한 손은 뜨거운 물에, 다른 한 손은 차가운 물에 2분 정도 담그고 있다가, 양손을 옮겨서 동시에 29°C의 물에 옮겨 담급니다. 이때 차가운 물에 담갔던 손은 따뜻함을, 뜨거운 물에 담갔던 손은 차가움을 느끼겠지요. 같은 온도의 물에 담근 양손의 체감온도가 다르게 느껴지는 묘한 체험을 하게 될 것입니다. 우리는 이 실험을 통하여 불확실하고 상대적인 성질을 지닌 열감각의 특성을 경험할 수 있습니다. 물론 온도계를 사용한다면 어떤 경우에라도 정확하고 객관적인 결과를 쉽게 얻을 수 있습니다.

이번에는 손대신 온도계를 각각의 양동이에 담가 봅니다. 차가운 물에 담근 온도계의 수치는 낮고, 뜨거운 물에 담근 온도계의 수치는 높게 나타날 것입니다. 다시 두 개의 온도계를 동시에 29°C의 물에 담그면 순식간에 차가운 물에 담갔던 온도계의 수은주는 올라가고, 따뜻한 물에 담갔던 온도계의 수은주는 내려가서 동일한 수치를 가리킬 것입니다. 물론 우리의 손도 온도계와 같은 과정을 거치지만, 급속히 움직이는 온도계의 수은주와는 달리 손은 그 변화를 단지 천천히 감지할 뿐입니다. 양손을 29°C의 물에 옮겨 담그면 처음에는 상이한 온도를 체감하지만, 시간이 흐르면서 양 손에서 느끼는 온도는 결국 같아집니다. 여기에서 우리에게 혼란을 야기하는 것은 인간의 감각이 아니라, 오히려 과학적인 지식이라는 것을 알아야 합니다. 한 가지 더 흥미로운 사실은, 온도계는 기계적으로 수치를 읽어내는 것 밖에 못하지만 인체라는 온도계는 차가움과 뜨거움을 상대적인 기준과 중립적인 기준으로 판단한다는 것입니다. 실험에서 사용한 29°C의 물을 인체라는 온도계는 0°C로 인식한다고 볼 수 있습니다. 왜냐하면 몸은 29°C의 온도를 뜨겁지도 그렇다고 차갑지도 않은 중립적인 상태로 느끼기 때문입니다.

인간은 종종 '나는 무엇을 하기를 원하는가?' 또는 '나는 누구이며 어디서 왔는가?'라는 근원적인 질문을 던질 때가 있습니다. 이런 질문들은 결국 큰 맥락에서 보면 '나는 장차 무엇이 되기를 원하는가?'라는 물음에 귀결됩니다. 무엇인가를 하기 위해서는 먼저 지식을 배우고 습득해야 하며, 그러기 위해서 우리는 학교에 다닙니다. 그런데 좋은 학교란 결코 지식의 전달을 최고의 목표로 두지 않고, 학생들이 삶에 대한 의욕을 가지고 학창 시절에 배운 감동과 기쁨을 사회에 나가서도 나눌 수 있는 정신 교육을 하는 곳일 것입니다. 사람들은 누구나 학창시절에 열정적으로 가르쳐주신 선생님께 영향을 받고 또 오래도록 고마운 마음을 간직합니다. 그렇게 배운 학생들이 진로를 선택할 시점에 이르면, 그들 역시 남에게 감동을 줄 수 있는 직업을 찾기 위한 노력을 할 것입니다. 어떻게 보면 모든 직업은 원칙적으로 남을 돕고 배려하는 행위라고 볼 수 있습니다. 존재에 대한 근원적인 물음인 '나는 무엇을 하고자 하는가?'라는 것에 대한 답을 우리는 루돌프 슈타이너가 설명한 인간 생성의 기원에서 찾아볼 수 있습니다.

신적인 차원의 존재나 인간이 무엇인가를 창조하고자 하는 욕구는 어디에서 비롯하는 것일까요? 이러한 욕구는 경험이 충분히 쌓일 때 저절로 우러나오는 자연스러운 현상입니다. 인간은 축적한 경험을 혼자 소유하지 못하고, 타인과 함께 나누고 싶은 욕망을 가집니다. 루돌프 슈타이너는 자신의 저서인 『아카샤 연대기』19에서 다음과 같이 설명하고 있습니다.

신적 차원의 존재들이 (기독교에서는 이 존재를 하늘의 보좌라고 합니다) 현세 이전에 정신적 차원의 의식 상태에서 인간의 존재가 되어보는 내적인 체험을 합니다. 이러한 내적 경험에 매우 감동한 신들은 자신들의 정신적 경험을 외적으로 표현하여 알리고 싶은 강한 욕구를 느끼게 되고, 이 욕구의 산물이 바로 천지 창조입니다. 루돌프 슈타이너는 이 신적 차원의 존재들에게 〈의지의 영들〉이라는 명칭을 부여하고, 이 존재들을 〈빛나는 불꽃〉 또는 〈빛나는 생명〉으로 묘사하고 있습니다. 신들의 내적인 인간 체험이 밖으로 드러난 것이 천지 만물이며, 신들의 〈빛나는 불꽃〉과 같은 본성의 표현이 우주의 삼라만상입니다.

이렇게 창조된 세계는 인간에게, 창조된 세계에 내재된 신의 정신을 경험하기 위해서 열의와 적극적인 태도로 동참하기를 촉구합니다. 이와 관련하여 독일의 낭만주의 작가 노발리스는 다음과 같이 표현하고 있습니다. "외적인 현상은 신성한 내면의 비밀이 드러난 것이다." 이 말의 의미는 천지만물은 정신의 세계가 구현된 것이고, 심오하고 따뜻한 정신적 체험의 발현이라는 것입니다. 새로운 경험이란, 이미 존재하는 경험에서 우러나온다는 사실은 묘한 역설을 담고 있습니다. 인간은 신의 형상에 따라 만들어졌다는 창조론을 바탕으로 설명해 보겠습니다. 인간이 신의 모습에 따라 창조되었다는 것의 의미는 무엇일까요? 독일의 오버우퍼 지역에 중세로부터 전래하는 종교극인 파라다이스극의 한 구절이 이에 대한 답을 제시하고 있습니다. 정신적인 체험을 함께 나누고 싶었던 신은 자신의 내적 체험을 외부 세계에 형상화하여 낙원을 건설합니다. 6일간의 창조가 스스로 보기에도 흡족하였으나 신은 자신의 창조물에 대한 인간의 생각이 궁금해집니다. 전지전능하신 창조주도 인간의 마음을 읽어낼 수는 없었나 봅니다.

다음은 파라다이스극의 내용에서 하느님이 인간에게 던지는 질문입니다.

"아담아! 말해 보아라! 내가 꾸미고 장식하여 만든 새로운 세계가 너의 마음에도 드느냐?"

신은 자신의 모습에 따라 빚은 인간의 마음에도 자신이 창조한 세계가 보기에 흡족한지, 인간도 신과 똑같이 창조한 세계에 감탄하며 함께 기쁨을 나눌 수 있는지가 궁금했던 것입니다. 말하자면 인간은 신이 창조한 피조물을 보고 느낀 감동을 적극적이고 자발적으로 표현하도록 창조주로부터 요청받은 것입니다. 이러한 신의 요구를 인간은 〈관심을 표현하는〉 감각기관인 열감각을 통하여 충족시키며 신의 피조물을 함께 향유하는 존재가 되었습니다. 신이 천지를 창조한 바탕이 되는 사랑의 속성은, 그렇기 때문에 언제나 상대방의 반응을 기대합니다. 우리가 서로에게 관심을 가지고 던지는 '당신은 어떻게 생각하느냐?'의 질문은 이러한 인간의 근원적인 본질에 기인하는 것입니다. 따라서 인간은 자신이 속한 세계에 무관심한 주변인이 되어서는 안 되며 언제나 이웃의 관심을 함께 나누는 존재가 되어야 합니다.

  루돌프 슈타이너는 인간에게 가장 먼저 생긴 감각이 열감각이며, 열감각과 관계하는 신체기관이 원래는 인간의 머리 위에 있었다고 합니다. 여러분은 〈제 3의 눈〉에 대해 한번쯤 들어본 적이 있을 것입니다. 그런데 이 〈제 3의 눈〉은 명칭이 시사하는 것과 달리 보는 기능과는 무관한데[20], 도마뱀과 같은 파충류는 아직도 이 기관을 소유하고 있습니다. 도마뱀의 두개관 아래에 원시적인 눈의 형태를 하고 있는 작은 구멍을 볼 수 있는데, 이 구멍을 통해 도마뱀은 적외선을 감지합니다. 그러니까 열에너지인 적외선에 대한 센서의 역할을 하는 〈제 3의 눈〉은 다름 아닌 열감각기관인 것이지요. 그런데 원시시대의 인간도 지상에서 살기에 가장 적합하고 먹을 것이 풍부한 장소를 찾아내는데 이 〈제 3의 눈〉을 사용했습니다. 이 시기를 인지학에서는 〈레무리아 시기〉라고 부릅니다. 그러니까 인간에게 있어서 〈제 3의 눈〉은 자기보존을 위한 도구였으며, 진화와 더불어 점차 퇴화했습니다. 현재는 송과체나 골윗샘의 작은 분비선의 형태로 남아있습니다.[21] 태아의 발육과정에서 보면 두개관이 완전히 닫히기 전에 숨구멍 아래에 위치하고 있는 이 분비선은 차차 대뇌로 흡수되어 발달합니다. 이렇듯 태아의 성장 과정을 통하여 인류의 진화과정에 대한 비밀을 엿볼 수 있다는 점은 언제나 흥미롭습니다.

학계에서는 아직 열감각에 대한 연구가 미진한 편입니다. 일반적으로 냉각신경과 온각신경으로 표기를 하지만 학자들 사이에서도 주장이 여전히 엇갈리고 있습니다. 언젠가 강의시간에 단 한 번 들은 이론이긴 하지만, 지금까지 이 분야에서 알려진 연구 성과 중에서는 가장 설득력이 있다고 생각되어 소개하고자 합니다.

피부는 여러 층의 모세혈관과 다양한 신경조직으로 구성되어 있습니다. 피부에 분포하는 신경조직은 예를 들면 촉각을 수용하는 신경종말과 같이 특정한 감각을 인식하는 기능을 수행합니다. 그런데 어떤 감각의 수용기인지 아직 입증되지 않은 비피복성 신경종말로 총칭되는 신경조직이 있습니다. 바로 이 신경종말이 여러 층의 모세혈관 사이에 퍼져서 열의 전달을 감지하는 역할을 담당한다고 이 연구에서는 설명하고 있습니다.

이 신경의 구조는 아주 간단한데, 그도 그럴 것이 우리 영혼의 아주 단순한 작용이 일어나는 곳이기 때문입니다. 우리는 열감각에 관계하는 이 신경을 통하여 우리의 관심을 표현하고 외부 세계의 반응을 기다립니다. 따라서 이 신경조직을 〈관심전달신경〉이라고 부를 수도 있을 것입니

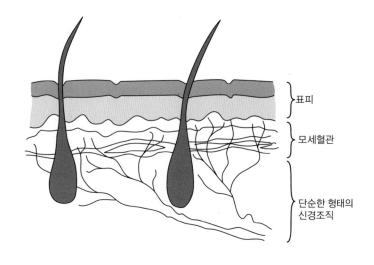

표피

모세혈관

단순한 형태의
신경조직

▲ 그림 19 **피부의 종단면도**

다. 외부의 반응이 호의적이면 우리는 따뜻한 온기를 느끼는 동시에 자신이 외부세계에 받아들여지는 것에 감동하고 고무됩니다. 이와 마찬가지로 우리 자신도 타인을 배려하고 격려할 수 있습니다. 이러한 행동은 외부 세계에 관심을 가질 때 자연히 우러나오는 것입니다.

열감각은 다른 감각기관들이 작용하기 위해서 기본적으로 필요한 모든 감각기관의 근원이 되는 힘입니다. 인간에게 있어서 최초의 눈은 외형적으로는 퇴화했지만(송과체), 모든 감각작용에 근원적인 힘으로 영향을 미치고 있습니다. 따라서 모든 감각기관의 기능은 열감각의 본질인 주변세계에 대한 관심에서 출발하는 것입니다. 인간은 12개의 감각기관을 통하여 12가지 형태의 다양한 열에너지, 즉 세상을 향한 12가지 형태의 관심과 감동을 체험하는 것이라고 볼 수 있습니다.

인간은 육체적으로 열을 발산하며 활동하기를 원하는 존재입니다. 할 일이 없다는 것은 세상에서 고립되고 소외되는 것을 의미합니다. 따라서 인간은 자신의 관심에 부합하는 경험을 쌓기 위해 부단히 노력하는데, 묘하게도 이러한 경험의 장에서 인간은 끊임없이 변화를 추구합니다. 자연은 인간 욕구의 충족을 위한 다양한 원천을 제공하지만, 환경에 변화를 일으키는 것은 인간의 몫입니다. 그런데 인간이 환경을 변화시킬 수 있는 것은 인간의 몸이 하나의 열조직으로서 자유롭게 움직일 수 있기 때문에 가능한 것이지요.

인간은 또한 내면적인 경험을 추구하는 존재입니다. 우리는 육체적인 편안함이나 불편함을 생명감각을 통하여 느낍니다. 하지만 정신적인 만족이나 불만족은 바로 열감각을 통해서 인식하게 되는 것입니다. 설혹 적극적으로 활동하여 얻어진 대가가 아닌, 예를 들어서 선물을 받거나 또는 좋은 날씨를 선사 받았을 때도 우리는 그에 대해 적극적인 관심을 표시하게 됩니다. 반대의 경우로 마음에 들지 않는 일이나 운이 나빠서 일이 제대로 성사되지 않을 때에도 감정을 가진 존재인 인간은 필연적으로 내적 체험을 하게 됩니다. 동물은 생존을 위하여 먹이를 찾아 움직이지만 인간은 육체의 양분과 더불어 정신적인 양분을 위해서도 부단히 움직이는 존재입니다. 그렇다면 열감각의 기능이 지금처럼 진화된 의미를 생각해 봅시다.

인간이 소유했던 최초의 열감각기관인 〈제 3의 눈〉은 단지 인간의 생존본능을 위한 〈이기적인〉 기관에 불과했습니다. 하지만 오늘날 인간이 소유한 열감각은 외부의 추위나 더위에 대응하여 신체의 열을 발산하는 것은 물론 내적인 에너지, 즉 내적인 관심도 함께 발산하여 주위 환경을 변화시키는 기관으로 진화 발달한 것입니다.(앞에서도 언급했듯이 적정 실내온도와 체온 간에 생기는 17°의 온도차가 주는 의미를 생각해 보십시오)

지금부터 잘 알려진, 그렇다고 해서 결코 그 의미가 적다고 할 수 없는 몇 가지 몸의 현상에 대해서 알아보겠습니다.

우선 재채기로 나타나는 반사작용에 대해 살펴보기로 합시다. 우리는 열에 조심스럽게 대처하는 법을 살아가면서 배우게 됩니다. 예를 들면 뜨거운 불에 데지 않도록 주의를 기울이고, 감기에 걸리지 않기 위해서 따뜻한 옷을 챙겨 입기도 합니다. 이와 더불어 우리의 몸은 급격히 반응하는 방어반사 기능을 가지고 있습니다. 몸을 위협하는 물질이 후각으로 침입하면 생명감각의 작동으로 기도 내의 이물질을 제거하기 위해 거의 발작적으로 강제적인 반사반응을 일으키게 됩니다. 아주 극적이고 우습기도 한 장면을 연출하다, 곧이어 빅뱅과 같은 폭발음을 터뜨립니다. 재채기는 고춧가루나 후추와 같은 매운 향의 자극에 노출될 때만 일어나는 반사작용이 아닙니다. 맞바람이 심하게 부는 장소에 오래 머물 때도 생기는 현상이지요. 재채기를 하려고 할 때 어떤 광경이 벌어집니까? 숨은 거칠어지며 울음이 터질 것처럼 얼굴이 찡그려지고 신체 상부의 근육은 수축됩니다. 이러한 상태의 절정에서 드디어 재채기가 터지면 폭발음과 함께 배와 사지로 진동이 퍼지며 근육이 떨립니다. 처음에 울 것처럼 찡그렸던 얼굴엔 잔잔한 미소가 번집니다.

재채기는 이렇게 침입한 이물질을 한순간에 물리치거나 몸의 깨어진 균형을 바로 잡는 역할을 합니다. 맞바람이 심한 곳에서 생기는 재채기의 현상은, 생명감각이 몸의 열조직에 부조화가 생겼음을 경고하는 것입니다. 인간의 몸은 깨어진 열조직의 균형을 바로 잡기 위해서 반사적인 재채기를 일으킴으로써, 마치 비에 젖은 새가 뒤엉긴 깃털을 바로 세우기 위해 온 몸을 심하게 떠는 것처럼 온 몸을 흔들어 구겨진 열 깃털의 주름을 바로잡는다고 할 수 있습니다. 재채기는 생명감각이 연출한 후각과 열감각의 환상적인 협력에 의한 결과이며, 감각기관들의 조화로운 상호작용을 보여주는 대표적인 예라고 할 수 있습니다. 특히 〈울음에서 미소〉로 이행하는 과정에서 발생하는 〈에~취〉 소리는 전 세계적으로 보편합니다. 보통 연달아 세 번 공간을 울리는 재채기로 나타나는 반사작용은 감기의 위협에서 우리를 지켜주는 가장 효과적인 예방책입니다.

열감각이 작용하는 대표적인 경우로 추위에 몸을 떠는 현상을 들 수 있습니다. 온 몸을 떠는 현상은 코의 점막이라는 작은 부분에서 일어나는 재채기와는 큰 대조를 이룹니다. 추워서 몸을 떨 때는(정확히 표현하자면 몸이 떨린다고 해야 옳을 것입니다) 몸의 일부분이 아닌 전체가 떨리게 되고, 폭발음처럼 순간적이지 않고 지속적으로 나타납니다. 추위에 노출되면 온 몸이 굳어버릴 것 같은 위기감을 느끼게 되어, 우리의 몸은 상황에 적극적으로 대처하려는 방어기제가 발동하여 떨리게 되는 것입니다. 이때 손을 문지르거나 발을 구르고 팔을 감싸 안기도 하면서 스스로 열을 내기 위해 노력하게 됩니다. 인간이 환경의 온도 변화에 적극적인 자세로 반응하는 좋은 예라고 할 수 있습니다. 열감각과 후각의 대조적인 성격을 우리는 몸을 떠는 현상과 재채기에서 분명하게 나타남을 볼 수 있습니다.

불안과 수치감을 느낄 때 나타나는 현상도 아주 대조적인 양상을 보입니다. 인간이 불안을 느끼면 피부의 말초 혈관이 수축하여 얼굴이 창백해집니다. 위급한 상황에 대처하기 위하여 자신을 가능한 작게 축소하려고 하는 인간의 본능이 작용하기 때문이지요. 그러나 인간이 수치심을 느낄 때는 얼굴이 창백해지는 것이 아니라 오히려 붉어지며, 때로는 배꼽까지 붉어질 수도 있습니다. 일반적으로 인간은 경험을 타인과 공유하고자 하는 욕구를 가지고 있지만, 수치심을 느낄 때는 이와 반대로 어디론가 숨고 싶어집니다. 관심을 표현하기 보다는 관심을 전달하는 열을 뺏기지 않으려고 무장하고 싶어지는 것이지요. 그러나 이런 노력은 헛수고에 불과합니다. 점점 더 붉어지는 얼굴은 더욱 더 남의 눈에 뜨일 뿐이기 때문입니다. 이렇게 잘못된 점을 감출 수 없게 만드는 수치심은 인간의 위대한 도덕적인 힘입니다. 같은 인간으로서 도덕적인 사람은 비도덕적인 사람의 행위로 인해서 부끄러움을 느낍니다.

오늘날 인류의 문명이 수치스러운 일을 없애기 위해 최선을 다하고 있다고 장담할 수 있을까요? 악덕의 상징인 바빌론은 점점 더 힘을 얻고 있습니다. 교회는 개인이 부도덕한 행위를 숨기지 못하도록 고해성사란 장치를 만들었는데, 죄인과 성직자의 은밀한 만남에서 다루어져야 할 온갖 부도덕한 내용들이, 이제는 고해성사의 의자에서 벗어나 텔레비전이란 대중매체로 옮겨가 버렸습니다. 온갖 낯 뜨겁고 부도덕한 일들이 한 치의 부끄러움도 없이 오로지 시청률의 상승에 열을 올리며 사람들의 양심을 마비시키고 있는 것입니다.

열감각은 인간이 환경에 무관심하지 않도록 끊임없이 자극을 주는 역할을 합니다. 좀 더 구체적으로 설명하자면, 인간은 열감각을 통하여 외부 환경과의 온도차를 인식하게 되고, 이러한 인식은 곧 주변에 대한 관심으로 발전합니다. 만약 이러한 관심(열감각)이 존재하지 않는다면 인간다움의 고귀함도 사라질 것입니다. 인간다운 고귀함이 사라진 미온적인 영혼의 소유자는 신도 어쩔 수 없나 봅니다. 천국에 속할 만큼 선하지도, 그렇다고 지옥에 속할 만큼 악하지도 않은 영혼들을 위해 단테Dante Alighieri는 지옥의 앞마당에 따로 자리를 마련합니다. 벌과 파리 떼가 우글거리는 곳에서 이들은 발가벗은 채로 내버려지는데[22], 우유부단하고 미온적 상태의 영혼을 소유한 자들은 외부의 따끔한 자극이 필요하기 때문이지요.

열감각과 관계된 별자리는 사자자리(♌)입니다. 사자의 위엄에 찬 갈기와 강력한 힘을 과시하는 모습은 그 자체로 감동입니다. 고양이와 호랑이 또는 사자와 같은 고양잇과의 동물에게서 볼 수 있는 동작의 유연함(소리 없이 살금살금 기어가다가 재빨리 달리고, 부드럽게 선회하면서 급히 뛰어내리고, 또는 먹이를 낚아채는 날렵한 동작에서 느껴지는 강한 힘과 탄력성의 조화)을 관찰하노라면 오래 축적된 경험에서 우러나는 열정을 느끼게 되고, 마치 오이리트미의 동작을 보는 듯합니다. 온 몸을 뻗어 기지개를 켜는 모습과 웅크리고 잠을 자는 모습까지 이 동물들의 그 어느 동작에서도 경직성이란 찾아 볼 수가 없습니다. 이 동물들은 발톱조차도 움직입니다.(여러분도 발톱을 움직일 수 있는지 실험해 보시기 바랍니다) 집에서 기르는 고양이들이 서로 장난치며 노는 모습과 이리저리 구르는 모습을 한번 살펴보십시오. 고양이가 깃털이나 유리공 또는 종이공을 굴리고, 날아가는 곤충을 잡거나 혹은 아주 얇은 막대 위에서 균형을 잡는 모습은 유연함과 우아함의 극치라 아니 할 수 없습니다. 고양이는 왕성하게 움직이기도 하지만, 따뜻한 햇볕을 즐기며 마냥 늘어져 있기도 합니다. 고양잇과의 동물처럼 얼굴 표정이나 몸 전체의 움직임에서 드러나는 표현이 다양하고 풍부한 동물은 없습니다. 고양이는 감동할 정도로 사람을 따르는가 하면, 몸을 잔뜩 웅크리고 털을 바짝 곤두세우는 모습은 섬뜩함을 느끼게도 합니다. 또 전속력을 다해 거칠게 먹이를 낚아채기도 하고 부드럽게 안기기도 합니다. 힘들이지 않고 나무를 타고 오르는가 하면, 우아하게 꼬리를 늘어뜨리고 창가에 앉아 있기도 합니다. 저는 이 동물들의 유연한 움직임에서 신의 창조가 완성된 경지를 느끼게 됩니다. 이와 더불어 사자는 엄청난 힘으로 다른 동물을 잡아먹는 맹수라는 사실도 잊어서는 안 될 것입니다. 사자는 밤에 활동을 하는 야행성 동물입니다. 반대로 인간은 주로 낮에 활동을 하지만, 태양이 지는 밤과 같이 기온이 떨어지면 작용하는 열감각은 〈야행성〉이라고 할 수 있겠습니다.

　　열감각이 작용하는 독특한 과정을 좀 다른 차원에서 살펴보겠습니다. 인간이 소유했던 최초의 열감각은 외형적으로는 퇴화했지만, 다른 모든 감각기관이 기능할 수 있는 근원적인 힘으로 작용하며, 다양한 형태의 관심으로 발전했습니다. 또한 몸의 한 중심에 위치하던 열감각기관은 몸의 전체로 퍼져 나갔습니다. 말하자면 인간의 열감각은 중앙에서 주변으로 진화 발달한 것입니다. 인류 역사에도 이와 같은 신비한 과정의 본보기가 되는 사건이 있습니다. 『성서』에는 인간의 몸을 빌려 이 세상에 온 신의 아들 예수가 만 30세에 요르단 강에서 세례를 받는 의식으로 시작하는 기록이 있습니다. 신의 존재가 인간의 형상을 빌려 이 세상에 와서 지금까지 인간들 사이에서 초월적인 힘을 발휘하고 있습니다.

　　예수는 복음을 전한 지 2년 반이 되던 해, 제자의 배신으로 십자가에 못 박히고, 저승으로 내려간 뒤(그리스도의 지옥순례) 다시 부활합니다.(부활절) 부활한 예수는 초월적인 존재로서 40일간 사도들과 함께 지내며 심오하고 은밀한 가르침을 전합니다. 그 뒤 예수는 승천하고(예수 승천일, 성 목요일), 남겨진 제자들은 외로움과 영혼의 황량함을 느낍니다. 열흘 후(예수 부활 후 50일째 되는 날) 성령의 강림으로 상처 받은 영혼들은 위로를 받게 됩니다.(오순절 성령 강림의 어원은 50번째를 의미하는 그리스어의 pentecoste에서 유래합니다) 성령이 강림하는 모습을 성서는 불길처럼 갈라지는 혀로 묘사하고 있는데, 불길처럼 갈라지는 혀는 열정의 상징입니다. 성령의 불길이 제자들의 머리 위에 내려앉자 사도들은 각기 자신의 모국어로 말을 하기 시작하지만, 놀랍게도 서로를 완벽하게 이해할 수 있습니다. 이제 사도들은 전 세계에 성령의 불꽃을 전하고 기독교의 복음을 알려야 할 소명을 부여 받은 것입니다. 성령의 불을 받은 사도들은 명실상부한 예수의 참된 제자가 된 것이지요.

인간의 감각기관이 진화한 과정도 이와 유사하게 중심에서 주변으로 퍼져 나가는 발전 단계를 보입니다. 인간의 감각기관은 인류의 위대한 스승입니다. 각자 자신의 모국어로 말을 하지만 의사소통에 전혀 문제가 없는 그리스도의 12사도와 같이, 인간의 12감각기관도 각기 고유한 기능을 수행하지만 전체가 하나의 원을 그리는 조화로운 관계를 형성하고 있습니다.

마지막으로 두 편의 시를 소개하며 이 장을 마치기로 하겠습니다. 이 두 편의 시를 통해서 우리는 열감각으로 얼마나 다른 정신의 세계가 탄생할 수 있는지 느낄 수 있습니다. 첫 번째 시는 니체Fridrich Nietzsche의 『즐거운 학문』(1882)에서 발췌한 것입니다. 이 시의 제목은 「에크 호모」인데, 그 뜻은 〈보라, 이 사람이다〉입니다. 빌라도가 몰려온 군중들을 향하여 예수를 가리키며 한 말입니다.(요한의 복음서 19장 5절) 빌라도는 예수 그리스도의 참된 존재를 인식했던 것입니다.(마태오의 복음서 27장 18절 이하 참고) 두 번째 시는 루돌프 슈타이너가 사망하기 직전에 쓴 「식사式辭」입니다.[23]

에크 호모

그렇다! 나는 알고 있다. 내가 어디로부터 왔는지!
끝없이 타오르는 불꽃처럼
나는 열망한다.
내게 닿는 모든 것은 빛이 되고,
내가 놓는 모든 것은 재가 되니:
나는 타오르는 불꽃임이 분명하다!

식사

우주의 정신으로 불을 지펴
모든 이를 불꽃이 되게 하고 싶다.
열정으로 타올라
존재의 이상을 실현할 수 있도록.

우주의 물을 길어
불꽃을 끄려 하는 사람도 있다.
모든 존재는 차갑게 식어버리고,
내면은 경직되리라.
열정의 불꽃이, 모든 것이 멈춰버린 곳에서까지도
활활 타 오를 수 있다면 얼마나 기쁜 일인가!
열정의 불꽃이
타오르지 못하고
속박된다면 얼마나 슬픈 일인가.

다섯째 날

9_청각

소리는 진동에 의해서 생기지만 우리가 듣는 것은
〈파동이 아닌〉음향입니다.

그런데 이 음향을 듣기 위해, 즉 물질의 본질을 파악
하기 위해 우리는 음파를 의식에서 지우게 됩니다.

(본문 278쪽)

먼저 지금까지 설명한 감각기관에 대해서 다시 한 번 간단히 요약해 보기로 하겠습니다.

제일 먼저 우리는 육체와 관련된 감각인 촉각, 생명감각, 고유운동감각 그리고 균형감각 이렇게 4개의 기관에 대해서 살펴보았습니다. 우리는 촉각을 통해서 대우주와 분리된 존재임을 깨닫게 되고, 생체활동에 관계하는 생명감각을 통해서 몸의 체질이나 건강상태를 파악하게 됩니다. 또의지에 따라서 마음대로 몸을 움직일 수 있는 역동적인 힘은 고유운동감각을 통하여 느낄 수 있고, 균형감각을 통하여 우리는 직립의 자세로 중심을 잡고 살아가는 존재이기도 합니다. 우리는 촉각을 통하여 외부세계와 단절되었음을 인식하게 되지만, 균형감각을 통하여 다시 외부세계와 관계를 맺습니다. 왜냐하면 몸의 균형을 유지하기 위해서는 항상 외부 세계로부터 중심을 함께 잡아야 하기 때문입니다.

4개의 육체감각기관에 이어서 우리는 다시 4개의 영혼감각기관인 후각, 미각, 시각 그리고 열감각에 대해서 상세히 살펴보았습니다.

사람의 몸에 작용하는 방식에서 보면 영혼감각은 육체감각의 반복이라고 볼 수 있습니다. 후각을 자극하는 물질은 건조한 성분으로서(콧물감기에 걸리면 기체의 전달이 차단되어 냄새를 맡지 못하는 것과 같이) 어떤 물체에서 단절되어 이미 죽은 것과 같은 어두운 성격을 띱니다. 우리가 맡는 식물의 향기는 비록 생명체에서 나는 냄새이기는 하지만, 냄새 자체는 언제나 그 물질에서 분리된 휘발성 기체에 불과하기 때문입니다. 바싹 말린 약초 잎에서 향기가 강하게 풍기는 것도 이를 잘 증명해 주고 있습니다. 이렇게 후각을 자극하는 화학 성분은 촉각과 마찬가지로 원래는 물질에서 분리된 것입니다. 호흡과 직결된 후각은 강한 자극에 쉽게 압도당할 수 있으며, 또 향기와 같은 냄새의 자극은 인간의 본능적인 충동을 자극하는 성격을 가지고 있습니다. 후각은 또한 선악에 대한 판단력의 기초가되며 도덕적 차원에서 인간 의지와 관계하는 감각기관입니다.

외부의 물질이 몸의 구성 요소로 변화되는 경계에서 작용하는 미각은 인간이 가장 잘못 사용하는 감각기관이라고 했습니다. 건강을 기준으로 하는 판단이 미각의 핵심적 본질임에도 불구하고 우리는 항상 맛의 유혹에 시달리기 때문입니다. 이렇게 건강을 중요하게 고려해야 하는 미각의 기능은 육체감각의 생명감각에 비교될 수 있습니다. 미각의 진정한 기능을 발달시키느냐 혹은 맛의 유혹을 따르느냐는 결국 각 개인의 자유에 달린 문제입니다.

　만약 인간이 시각을 갖지 못하고 후각과 미각의 두 가지 감각기관만을 소유한 존재라면, 인간은 마치 꿈을 꾸는 듯한 상태의 몽롱한 의식을 가질 수밖에 없을 것입니다. 눈을 통하여 외부 세계는 비로소 인간에게 그 모습을 드러내며, 시각의 도움으로 인간은 외부에 존재하는 모든 것을 종합적으로 인식할 수 있습니다. 또 인간이 눈으로 지각하는 다양한 색상은 물체들의 고유한 본질이 드러난 것입니다. 이렇게 색상을 통하여 세계혼은 그 실체를 드러내며, 인간은 색상을 통하여 대자연의 혼을 만납니다.

　인간이 빛과 어두움의 세계에서 살아가듯이, 즉 낮에는 밖으로 나가 왕성하게 활동하고 어두워지면 자신의 세계로 조용히 물러나듯이, 대자연의 혼을 드러내는 색상도 빛과 어둠의 양극적인 세계에 존재합니다. 예를 들면 노란색은 우리에게 밝은 느낌을 주고, 파란색은 어두움을 연상하게 합니다. 이러한 빛과 어둠의 상호작용에서 생성되는 색의 세계를 우리는 괴테의 『색채론』을 통하여 살펴본 바 있습니다. 색상이 인간의 영혼에 미치는 영향을 일상의 언어습관 속에서 찾아볼 수 있는데, 예를 들어 우리는 명랑한 느낌을 주는 색이라든가 우울한 느낌 혹은 차분한 느낌의 색으로 칠해진 공간이라는 표현을 사용합니다. 하지만 밝은 느낌의 맛을 내는 채소 뿌리라든가 혹은 우울한 느낌을 주는 양파와 같이 미각과 관련하여 이런 표현을 쓰지는 않습니다. 이렇게 색상은 인간의 영혼을 자극하는 힘을 가지고 있습니다.

인지학에서는 외부의 인상에 의해서 인간의 영혼에 생겨나는 감정이나 느낌과 관계되는 영역을 〈감각혼〉이라고 합니다. 후각은 인간의 의지와 관계하고, 미각은 그 은밀한 성격으로 인해 인간의 내적 감정과 연관됩니다. 시각은 인간의 사고 작용에 중요한 역할을 하는데, 인간은 눈으로 물체를 인식하면서 동시에 〈사고〉를 하기 때문입니다. 만약 인간이 눈이라는 감각기관을 소유하지 못했다면 사고하는 존재로 진화하기는 어려웠을 것입니다. 바로 이러한 사고 작용과 연관된 시각의 특성으로 인하여 인간의 눈은 착시현상을 일으키기도 합니다. 그렇다고 해서 시각에 장애가 있는 사람이 사고 능력이 없다는 말을 하는 것이 아닙니다. 단지 시각에 장애가 있는 사람은 배움의 과정에서 두 눈으로 사물을 인지할 수 있는 정상인의 도움이 필요하다는 것입니다. 여기서 강조하고자 하는 점은 시각의 기능이 (물론 원칙적으로 모든 감각기관에 적용되는 말이지만) 인간 의식의 발달에 지대한 영향을 미쳤다는 것이며, 시각을 통하여 인간은 사고하는 존재로 진화할 수 있었다는 점입니다. 실제로 인간이 사고를 하는 많은 부분은 시각적으로 인지한 인상들과 깊은 연관이 있습니다. 냄새나 맛이라는 말을 언급하는 순간에도 우리는 거의 무의식적으로 코나 입을 연상하며 눈으로 본 것을 설명하게 됩니다.

인간은 끊임없이 사고를 하는 존재이므로, 사고와 직접적으로 연관되는 인간의 눈 역시 항상 깨어 있는 감각기관입니다. 이런 맥락에서 볼 때, 자연현상을 관찰하고 연구하는 자연과학의 세계는 〈시각의 세계〉라고 할 수 있습니다. 인간의 사고가 또 다른 인간의 사고를 검증할 수 있듯이, 사고와 결부된 인간의 눈도 눈으로 관찰하거나 진단할 수 있습니다. 따라서 〈인간 사고의 산물인 지식 = 통찰〉이라는 등식의 관계가 성립한다고 할 수 있을 것입니다.

지금까지 살펴본 감각기관 중에서 열감각을 마지막으로 다루었지만, 순서와 달리 열감각은 인간에게 가장 먼저 발달한 감각기관입니다. 우리는 열감각을 통하여 움직일 수 있고 외부 세계를 경험할 수 있습니다. 동물에게도 있는 이 감각기관으로 인간은 주변 환경을 인지할 수 있지만, 식물에게는 이러한 인지 능력이 없습니다. 이렇게 인간과 동물이 움직일 수 있는 원동력을 인지학에서는 아스트랄체라고 부릅니다. 감정체라고도 하는 이 아스트랄체는 바로 열감각과 관계되는 것입니다. 그런데 동물이 움직이며 환경을 인지하는 것은 단지 본능적인 체계에 따른 반응일 뿐이며, 인지한 외부 세계를 의식하지는 못합니다. 인간만이 유일하게 경험한 외부 세계를 의식할 수 있으며, 또한 의식적으로 외부 세계에 참여할 수 있는 것입니다. 이러한 외부 세계에 대한 관심, 즉 얼마나 열의를 가지고 외부 세계에 참여하느냐에 따라 우리의 체온은 변합니다. 따라서 열기는 소속감이나 동참(우리의 관심이 받아들여질 때 우리가 따뜻한 온기를 느끼고, 상대방의 냉랭한 무관심에 마음이 얼어붙는 것과 같이)을, 냉기는 고립과 단절을 의미한다고 볼 수 있습니다. 함께 살아가는 주변에 대한 관심으로 표출되는 열감각은 인간 영혼의 가장 본질적이고 근원적인 감정의 통로입니다.

인간은 본질적으로 언제나 주변에 관심을 표명하고, 또한 상대방의 반응을 기대하며 상호간의 관심 속에서 살아가는 존재입니다. 냉기는 태양이 사라진 지구라고 할 수 있으며, 열기는 인간을 비롯한 지상의 만물이 우주와 합일하기를 바라는 요구라고 할 수 있습니다. 지구는 다시 태양이 되어야 합니다. 언젠가 지구는 태양을 떠나왔습니다. 그 흔적은 지구의 심층과 우리 영혼의 내면에 열기로 남아 있습니다. 화산 작용과 같은 지각 현상에 대해 생각해 보십시오. 지구가 다시 태양과 합일할 수 있도록 열정을 다 바쳐 노력하는 것이 인류의 과제입니다. 이러한 바람을 크리스티안 모르겐슈테른은 그의 시에서 호소합니다.[25]

'…언젠가 지구가 다시 태양이 되기를'

9

청각

일반적으로 청각도 영혼감각의 범주에 속한다고 생각하기 쉬우나, 청각은 원칙적으로 영혼감각과는 성격이 다릅니다.

인간은 모두 자신의 고유한 체취를 가지고 있습니다. 또한 피부색도 (비록 제한적이기는 하지만) 미묘하게 구분되고, 미미하나마 체온도 사람마다 약간씩 다른 차이를 보입니다. 그런데 개인차가 있는 이런 기본적인 조건들은 임의로 조절하거나 변화시킬 수 있는 성질의 것이 아닙니다. 이에 반해 태어나는 순간부터 낼 수 있는 소리는 변화시킬 수 있는 그 영역이 상당히 넓습니다. 인간은 물건이나 악기로 다양한 소리를 내고 연주를 하기도 하지만, 인간 자체가 연주할 수 있는 하나의 악기이기도 합니다. 이를테면 휘파람을 불고 흥얼거리며 노래를 하거나 말을 하면서 혼자 또는 함께 소리를 만들어 낼 수 있는 소리의 원천인 셈이지요.

우리 주변에는 언제나 시각적인 자극이 넘쳐흐릅니다. 태양이 발산하는 열에너지도 도처에 존재합니다. 하지만 소리가 차지하는 비중은 상대적으로 빈약합니다. 물론 바람결에 스치는 나뭇잎 소리, 폭포 소리, 파도가 부서지는 소리, 빗방울 떨어지는 소리, 천둥소리, 산사태로 인해 눈이 쏟아져 내리는 소리나 동물들의 울음소리를 비롯하여 자연이 생성하는 다양한 소리들이 있습니다만, 이 지구상에는 고요와 정적이 흐르는 영역이 훨씬 더 지배적이라고 할 수 있습니다. 우리는 그런 곳을 일부러 찾아가기도 합니다. 예를 들면 아무도 없는 조용한 방이나 고요한 숲 속 또는 들판으로 나가서 거닐고 싶을 때가 있습니다. 물론 숲 속에는 새소리가 들리기도 하지만 새들이 끊임없이 지저귀는 것은 아닙니다. 그런데 예외적으로 종달새만은 유독 쉴 새 없이 지저귀는 새로, 때로 고요한 정적을 깨고 울리는 종달새 한 마리의 소리가 합창단의 노랫소리만큼이나 크게 들리기도 합니다. 눈은 안개가 짙게 끼는 예외적인 경우를 제외한다면 항상 다채로운 색의 세계에 머물게 됩니다. 반면에 자연 환경에서 고음의 청명한 소리를 접하기란 쉽지 않습니다. 새의 지저귀는 소리가 거의 예외적이라고 할 수 있는데, 그래서 인간은 유난히 새의 맑은 소리에 매력을 느끼는지도 모릅니다. 수 천 가지 종의 새 중에서도 고음의 맑은 소리를 내는 새는 또 손가락으로 꼽을 정도입니다. 일반적으로 육지에 사는 동물들은 새처럼 지저귀는 소리를 내지 못합니다. 몇몇 원숭잇과에 속하는 동물들이 저녁이 되면 〈노래〉를 부른다지만, 이 소리는 노래라기보다 차라리 울음소리에 가깝다고 보는 것이 옳을 것입니다.

공중을 날아다니는 새는 공기의 속성을 지닙니다. 영국 사람들은 예로부터 〈birds and animals〉라고 표현하여 새를 언제나 동물의 범주에서 구분하여 분류했습니다. 또 지상을 초월하는 초감각적인 존재인 천사나 용을 상징적으로 묘사할 때 우리는 보통 날개를 그려 넣습니다. 그리고 조류에 속하지만 더 이상 날지 못하는 펭귄이나 타조와 같은 동물은 지저귀지도 못합니다. 이런 현상들에는 의외로 깊은 의미가 숨겨져 있을 수 있습니다. 위의 상황과는 정반대로, 다양한 색은 거의 찾아보기 힘들고 대부분 흑백으로 뒤덮여 있는 지구를 한번 상상해 봅시다. 암울한 분위기 속에서 우리는 답답함을 느끼며 때로 공포감마저 엄습하여 색의 세계로 돌아가고 싶은 마음이 간절해질 것입니다. 또 지구의 어디를 가나 항상 여러 소리가 뒤섞여 시끄럽게 울린다고 가정해 보십시오. 음악회가 시작되기 전 연주자들이 각기 자신의 악기를 조율하는 장면을 이에 비교해 볼 수 있겠지요. 제각기 자신의 악기에만 몰두하여 서로 다른 음을 내며 빚어내는 불협화음은 그 자체로 하나의 고문일 것입니다. 더욱이 이런 불협화음을 하루 종일 듣는다고 한번 상상해 보십시오. 여기에서 우리는 지금과 같은 구도로 세상을 창조한 신의 뜻에 대한 근원적인 물음을 한번 던져봄직하지 않습니까?

지구상의 대부분이 고요와 정적으로 덮여 있는 것은 인간이 바로 그 빈 공간을 채우라는 창조주의 심오한 의도가 담겨 있는 것은 아닐까요? 『성서』는 태초에 〈말씀이 계시니라〉고 기록하며 말씀이 창조의 근원임을 밝히고 있습니다. 그렇다면 모든 것은 다시 창조의 근원인 〈말씀〉으로 돌아가야 하는 것은 아닐까요? 이 질문의 해답에 대한 생각을 바탕에 깔고, 이제 우리는 소리의 세계에 좀 더 가까이 접근해 보기로 하겠습니다.

그렇다면 소리는 어떻게 생성되는 것일까요?
여러분이 태어나서 청동으로 만들어진 아름다운 종을 비롯하여 수많은 물건을 보기는 했지만 한 번도 소리의 세계를 경험하지 못한 채 성장했다고 가정을 해 봅시다. 따라서 여러분은 청동으로 만들어진 종이 보기에 훌륭할 뿐 아니라 아름다운 소리도 낼 수 있다는 사실은 꿈에도 상상하지 못합니다. 그러던 어느 날 아름다운 청동 종에서 울려 퍼지는 맑고 신비한 소리를 듣게 된다면, 여러분은 어떤 반응을 보이게 될까요? 아름답게 보이기만 했던 청동 종에서 신비한 소리까지 울려 퍼지는 경이로운 체험에 감탄을 금치 못하는 것은 물론이고, 소리의 정체가 몹시 궁금해질 것입니다. 그런데 이 소리의 정체가 단지 정확하게 수치로 표시되고 그래프로 그려지는 단순한 음파의 진동에 불과하다면, 여러분은 이와 같은 사실을 쉽게 믿을 수 있을까요? 음파의 진동과 우리가 인식하는 소리는 어떤 관계가 있으며, 또 우리는 이 관계에서 어떤 의미를 찾을 수 있을까요?
자, 그러면 물체에서 소리가 울리기 위해서는 어떤 조건을 충족해야 할까요? 물에 갠 젖은 점토 덩어리를 두드리면 소리는 울리지 않을 것입니다. 물체에서 소리가 울리기 위해서는 〈지상의〉 물질이 아주 단단하게 굳은 상태라야 가능합니다. 하지만 이것이 소리가 울리기 위한 유일한 조건은 아닙니다. 예를 들어서 바닥에 놓여 있는 상태의 청동은 아무리 두드려도 울리지 않습니다. 어떤 물체라도 바닥에 맞닿아 있는 동안은 소리가 울릴 수 없습니다. 그러니까 물체에서 소리가 울리기 위해서는 아주 단단한 지상의 물질이 지상에서 분리되어야 합니다. 지상에서 분리되어 공중으로 들어 올려지고 지상의 구속으로부터 완전히 해방되었을 때 물체는 비로소 아름다운 소리를 낼 수 있는 것입니다. 가장 좋은 예로 금속을 들수 있습니다. 고도로 경화되고 고온의 정제과정을 통해 지상의 불순물이 완전히 제거된 뒤 공중에 뜬 상태의 금속 물질은 아마도 세상에서 가장 아름다운 소리를 낼 수 있을 것입니다. 그런데 마지막 조건은 현실적으로 충족되기 어렵겠지요. 물체를 공중에 띄우려면 어느 한 곳에는 반드시 매달아야 하기 때문입니다. 경화되고 정제된 금속을 지상에서 완전히 자유롭게 띄울 수만 있다면, 그러한 상태의 물체를 두드릴 때 우리는 천상의 신비한 소리를 들을 수 있을 것입니다. 그러니까 소리가 울리는 것은 단단한 고체의 물질에서 진동이, 즉 움직임이 생성되는 것입니다. 그렇다면 소리의 원천인 진동에는 어떤 특성이 있을까요?

우리는 모두 지구가 자전한다는 사실을 알고 있습니다. 그리고 지구의 자전은 19세기 중반에 파리의 한 사원에서 유명한 〈푸코의 진자원리〉로 증명되었습니다. 진자는 일정하게 움직이지 않습니다. 매 순간마다 진자의 속도는 변하게 되는데, 진자는 진폭의 최정점에서 아래로 내려갈수록 속도가 점점 빨라지고 반대 방향으로 올라가면서 속도가 점점 줄다가 최정점에서 순간적으로 정지한 후 다시 속도가 빨라지며 내려오는 운동을 반복합니다. 진자의 운동은 이렇게 일정하지가 않고 진폭 안에서, 즉 〈자신 안에서 스스로〉 변화하며 움직입니다. 또 자기 안에서 스스로 변화하는 진자의 운동은 천체를 향하고 있습니다. 천체를 향한 진자의 수직면은 일정하지만 지구가 자전을 하는 관계로 지구에서 관찰하는 진자의 진동면은 지구의 자전 방향과 역방향으로 이동하는 것처럼 보입니다. 하지만 실제로 변하는 것은 지구인 것입니다.

음파의 진동도 이와 마찬가지입니다. 파동도 〈지상에서 분리된〉 진자와 같이 우주를 향하여 스스로 움직이는 진동입니다. 물론 자연 과학에서는 고체의 물질에서 울리는 진동과 진자의 진동을 〈종파〉와 〈횡파〉로 구별하지만, 이러한 구별로 인해 진동의 본질적인 특성이 달라지는 것은 아닙니다. 이렇게 지상의 물질에서 〈초물질적인〉 것이 생성된다는, 즉 우주를 향한 움직임인 진동이 생성된다는 인식이 소리의 본질을 이해하기 위한 출발점입니다. 우리가 듣는 소리는 현세적인 물질이 초현세적인 어떤 상태로 변화된 것을 말합니다. 바로 이 점이 소리의 세계가 가진 기적입니다. 이 기적으로 인해 자체로는 움직일 수 없는 단단한 지상의 물체가 지상으로부터 해방되어 분리될 때, 무한한 우주를 향해 웅대하게 움직이는 진동을 생성하며 아름다운 소리를 창출하는 것입니다.

소리의 본질에 대한 인식을 바탕으로 이제 우리는 이러한 소리를 지각하는 〈도구〉인 인간의 귀가 어떻게 작용하는지에 대해서 살펴볼 차례입니다.

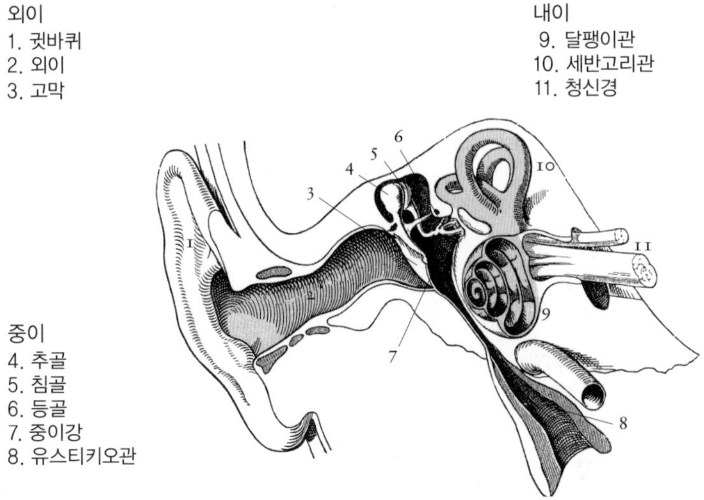

외이
1. 귓바퀴
2. 외이
3. 고막

내이
 9. 달팽이관
10. 세반고리관
11. 청신경

중이
4. 추골
5. 침골
6. 등골
7. 중이강
8. 유스티키오관

▲ 그림 20 **청각기관의 단면도**

　　인간의 귀는 외이와 중이 그리고 내이의 세 부분으로 이루어져 있습니다. 외이는 다시 귓바퀴와 외이도 그리고 고막으로 구성되며, 중이는 이소골(추골, 침골, 등골)이라고 불리는 작은 세 개의 뼈로 연결되어 있습니다. 중이에서 가느다란 관이 입으로 이어지는데, 우리가 감기에 걸렸을 때 답답함을 느끼게 되는 것은 바로 이 관이 막히기 때문입니다. 이 관은 발견한 사람의 이름을 따라서 유스타키오관이라고 부릅니다. 내이는 다시 소리를 감지하는 달팽이관과 평형감각을 유지하는 세반고리관으로 구성되는데, 이 세반고리관을 우리는 삼반규관이라고도 부릅니다. 청각기관도 우리 신체의 다른 감각기관과 마찬가지로 피부의 한 표면이 분화하여 생성되었습니다. 〈아감구멍〉이라고 불리는 칼로 벤 자국과 같은 형태가 피부의 한 표면에 생기게 되는데, 이곳에서 인간의 호흡, 그리고 소화와 관계된 기관도 함께 발생하여 분화합니다. 이러한 과정은 태아의 발생 초기 단계에서 관찰이 가능한데, 태아의 뇌에서 눈의 흔적이 점차 피부 바깥을 향하여 〈밀려나갈 때〉, 귀로 변화하여 발달하게 될 피부 표면의 〈아감구멍〉은 점차 안으로 밀려들어갑니다.

그러니까 귀도 원래 발생한 위치에서 다른 곳으로 이동하여 생성된 것입니다. 〈아감구멍〉에서 분화되어 안으로 점점 밀려들어간 부분에서 기포가 형성되고, 이 기포는 다시 액체로 채워집니다. 이렇게 형성된 기포는 더욱 깊이 밀려들어가 마침내 달팽이관과 세반고리관으로 분화됩니다. 말하자면 인체의 바깥에 있던 피부의 한 부분이 두개저의 깊은 측두골 안으로 이동하여 내이로 변화 발달한 것이지요. 포유동물 중에 인간처럼 내이가 깊이 들어가 자리하고 있는 경우는 없습니다. 대부분의 포유동물은 내이가 두개저 바로 밑에 위치하고 있는 반면에, 인간의 내이는 아주 깊은 곳에서 가장 단단한 뼈에 의해 보호받고 있습니다. 내이는 이렇게 인체의 바깥 부분이 분화하여 내부로 이동하며 형성된 기관입니다. 그렇다면 중이의 이소골은 어떻게 생성되었을까요?

이소골은 턱의 일부분이 뒤로 밀려나며 변화하여 발달한 것인데, 이때 설골도 함께 형성됩니다. 그리고 외이는 피부 바깥에 생긴 여섯 개 정도의 작은 혹의 형태가 점차 귓바퀴로 변형된 것입니다. 청각기관에서 무엇보다 중요한 부분은 외부로부터 인식한 음파를 뇌로 전달하는 내이라

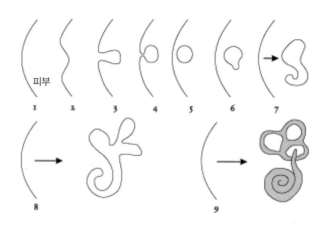

▲ 그림 21 **공동空洞:** 내이가 생성되는 과정에 대한 그림 설명

고 하겠습니다.

눈과 마찬가지로 귀도 매우 독특한 발생과정을 거치는데, 귀는 눈의 진화과정과 그 진행 방향이 상반됨을 알 수 있습니다. 눈은 고요하고 움직임이 없는 뇌에서 출발하여 점차 피부의 바깥쪽을 향해 밀려나오며 마치 개화하듯 세상을 향해 활짝 열립니다. 이와 반대로 생존본능과 결부된 소화기관과 발생의 근원을 같이 하는 귀는, 말하자면 동요하는 인간의 원초적인 욕구에서 출발하여 진화 발달한 기관이라고 볼 수 있습니다.

제가 다니던 대학의 한 교수님은 고등동물의 진화를 주제로 한 강의시간에 늘 다음과 같은 말씀을 하셨습니다. "현재 우리 인간이 경청하는 신체의 기관으로 우리의 선조들은 식사를 하셨다." 물론 이 교수님은 농

담으로 하신 말씀이지만, 발생학적인 관점에서만 본다면 사실에 근거한 이야기이기도 합니다. 동물에 가까운 근원적 욕구에서 출발하여 높은 차원의 기능으로 진화한 청각의 발달정도를 더욱 강조하기 위하여 저는 오히려 '우리가 현재 듣는 신체의 기관으로 우리의 조상들은 동물처럼 먹었다.'라고 표현하고 싶습니다. 의식의 진화라는 측면에서 볼 때, 인간의 감각기관 중에서 먹는 행위와 경청하는 행위에 관계된 기관만큼 극명한 차이를 보이는 것도 없습니다.

여기에 인간 정신의 내면화에 관한 비밀이 숨겨져 있습니다. 뇌출혈로 인하여 발생하는 〈뇌졸중〉 환자의 경우, 병이 악화되는 과정에서 맨 마지막 단계로 먹고 호흡하는 기능에 장애가 생깁니다. 이를테면 먹고 숨을 쉬는 기능은 인간이 생명을 유지하기 위한 가장 기본적인 근원이므로, 이 기관들은 특별히 보호받는 구조를 하고 있는 것이지요.

인간의 청각기관은 이렇게 가장 원초적 기능의 영역에서 출발하여, 그 영역에서 점차 멀어지며 아주 상반된 정신적 차원의 기능을 수행하는 기관으로 진화하고 발달한 것입니다. 실제로 두 기관의 차이는 엄청난 대조를 보입니다. 인간의 아래 턱뼈는 신체에서 가장 강한 근육에 의해서 움직이는데, 무엇인가를 한번 세게 입으로 물 때 사용하는 힘은 거의 한 사람을 들어 올리는 힘에 버금간다고 합니다. 그러니까 음식을 씹는 힘은 인간을 들어 올리는 힘을 계속 반복하여 사용하는 것이나 마찬가지인 셈입니다. 실제로 우리는 서커스에서 차력사가 양쪽 끝에 아름다운 여인들이 매달린 막대를 입에 물고 괴력을 과시하는 광경을 종종 보지 않습니까.

이제 여러분에게 아주 새로운 개념의 움직임에 대한 설명을 드리려고 합니다. 아마도 여러분은 이런 개념의 움직임에 대해 여태껏 한 번도 들어본 적이 없을 것입니다. 지금 달리기를 하고 있다고 가정해 봅시다. 우리는 달리면서 점점 더 빨리 달릴 수도 있고, 또는 속도를 줄이면서 천천히 달리다가 조용히 멈추는 상태에 이를 수도 있습니다. 그런데 혹 여러분은 조용히 멈춘 상태보다 더 고요한 상태의 움직임을 상상해 보실 수 있는지요? 예를 들어서 아래턱이 점점 빨리 움직이다가 다시 천천히 움직이면서 정지하는 상태를 상상해 봅시다. 그런데 아래턱이 정지한 상태에서 계속 진행한다면, 이제는 움직임의 반대 방향, 즉 움직임의 수동적인 상태인 〈움직여지는〉 영역으로 진입한다고 생각할 수 있을 것입니다. 달리 표현해 본다면 고요한 상태보다 더 고요한 상태는, 움직임이 멈추고 다시 움직여지는 상태로 돌입하는 것을 의미한다고 말할 수 있습니다. 이를 금전적인 상황에 비교해 본다면, 가지고 있는 돈을 다 써 버린 상황에서 계속 지출을 할 때 빚을 지는 경우와 같다고 볼 수 있을 것입니다.

그런데 물질적인 차원에서 손익을 따진다면 빚을 지는 상황은 분명 손실이지만, 정신적인 차원에서 볼 때 이는 결코 손실이 아닙니다. 귀에서 이소골은 고요한 멈춤의 상태보다 더 고요한 상태의 움직임, 즉 움직여지는 흔들림의 상태에 있습니다. 왜냐하면 이 영역은 물질적 본능과 결부되어 엄청난 힘으로 움직이는 아래턱으로부터 점점 멀어지면서 내면으로 깊숙이 들어가 가장 튼튼한 뼈에 의해 둘러싸여 상반된 정신적 차원의 기능에 연관되기 때문입니다. 이소골에 달려있는 작은 근육들은 이소골이 때로 심하게 흔들리는 것을 제어하는 역할을 하고 있습니다.

계속해서 외이에 관해 살펴보기로 하겠습니다. 외이는 피부에 생긴 혹과 같은 것들이 귓바퀴로 변형되어 발달한 것입니다. 그런데 인간 귓바퀴의 형태에서 특이한 점은(원숭이나 유인원의 귓바퀴 형태도 마찬가지입니다만) 납작하게 머리에 딱 붙어있다는 것입니다. 예를 들어서 말의 귓바퀴는 깔때기의 형태로 머리 위에 우뚝 서 있습니다. 이렇게 인간과 말의 귓바퀴 형태가 다른 이유는 무엇일까요?

대화를 할 때 상대방의 소리를 잘 듣기 위해서 때로 우리는 손으로 작은 깔때기를 만들어 귀에 대기도 합니다. 그렇다면 깔때기의 형태가 인간에게 더 유용할 수도 있지 않을까요? 그런데 인간이 만약 말처럼 깔때기 형태의 귓바퀴를 하고 있다면, 인간이 귀로 소리를 더욱 잘 감지할 수는 있겠지만 결코 경청하지는 못할 것입니다. 말은 귀로 경청을 하는 것이 아니라, 〈본다〉는 사실에 유의하시기 바랍니다. 그렇기 때문에 말은 귓바퀴를 자유자재로 움직일 수 있습니다. 인간의 귓바퀴도 근육으로 구성되어 있기는 하지만 인간에게 있어서 이 능력은 퇴화하여 더 이상 움직일수 없습니다. 여기에서 우리는 기능과 무관하게 형태만 갖춘 인간의 신체 기관을 보게 됩니다. 귓바퀴가 없다고 해도 실제로 인간이 듣는 기능에는 특별한 지장이 없기 때문입니다. 깔때기의 형태를 하는 동물들의 귓바퀴는 둘레의 끝이 날렵한 모양을 하지만, 인간의 귓바퀴는 둘레가 뒤로 부드럽게 말려 들어간 형태를 합니다. 이 형태의 미학에는 뒤로 물러서는 자제의 의미가 상징적으로 담겨 있습니다. 역설적으로 들릴 수도 있겠으나,

인간의 귓바퀴는 청력의 기능과 무관하기 때문에 우리의 몸에서 가장 아름다운 기관이라고 말할 수 있습니다. 특정한 용도에 따라서 생산되는 공산품과는 달리, 미적 아름다움이 그 자체로서 존재의 가치를 결정하는 예술작품은 그 어떤 기능도 가지지 않기 때문입니다.

지금까지 설명한 것을 바탕으로 여러분은 이제 어렴풋이나마 청각과 인간정신의 연관성을 이해할 수 있을 것입니다. 인간의 정신은 영혼보다 높은 차원에 속합니다. 인간의 영혼은 외부의 세계에 대해 반응하고, 그 세계 안에서 무엇을 〈하는 것〉과 관련이 있지만, 인간의 정신은 인간 스스로에게 그 무엇인가를 〈하는 것〉과 관련이 있습니다. 청각에서 가장 인상적인 점은 본능적인 자기보존과 연관된 영역에서 출발하여 그 영역으로부터 점점 멀어지며 거리를 두고 형성된다는 점입니다. 청각의 발생과정과 마찬가지로 인간은 충동적인 욕구나 감정을 극복하는 과정을 통해서 비로소 정신적인 내면화가 이루어집니다. 내면화라는 것은 하나의 과정이며, 인간의 귀는 외면에서 발생하여 내면화의 과정을 거치게 됩니다.
귀가 애초부터 내면에서 발생했다면 내면화란 과정은 이루어 질 수 없을 것입니다. 이러한 과정을 관찰해 볼 수 있는 발생학이란 학문은 참으로 매력적입니다. 이 학문의 도움으로 우리는 개별적인 감각기관의 발달과정을 상세히 살펴볼 수 있는 것입니다. 인간의 눈은 정신의 영역인 내면의 뇌에서 출발하여 바깥 세계로 나아가 물질의 드러난 현상을 지각하게 하지만, 인간의 귀는 바깥에서 출발하여 점점 더 깊은 정신적인 차원으로 내면화하는 것입니다.

　내면적인 것에 관한 이야기를 이어가 보도록 하겠습니다. 모든 뼈에는 골수가 있으며 골수는 인간 생명의 원천인 혈액을 생산하는 곳입니다. 그런데 인간의 귀가 위치하는 측두골에서 기이한 현상을 관찰할 수 있습니다. 태아가 성장 발육하는 과정에서 일정한 시기에 이르면 세포들이 측두골로 이동하여 인간의 생명샘인 골수를 〈잡아먹기〉 시작합니다. 말하자면 생명의 원천인 〈신성한 장소〉를 파괴하고, 죽음과도 같은 텅 빈 동굴을 생성하는 것이지요.(249쪽 그림 21, 맨 오른쪽 참조) 여기에서도 우리는 변화의 과정을 보게 되는데, 측두골도 애초에는 생명으로 충만했다가 다시 생명은 사라지고 동굴과 같은 빈 공간이 생긴다는 것이지요. 귀에서 공명을 위한 빈 공간이 생기는 것은 지극히 당연한 일이 아니냐고 생각할 지도 모릅니다. 물론 맞는 말입니다. 하지만 제가 주목하는 점은 생명의 원천인 골수가 생겼다가 없어지는 과정이 아무런 의미가 없다면, 굳이 이런 단계를 거치지 않고 공명을 위한 공간이 바로 생겼을 거란 것입니다. 또한 세 개의 뼈로 구성된 이소골이 골수를 가지지 않는 것도 태아의 발생을 통해 그 이면에 숨겨진 깊은 의미를 발견할 수 있을 것입니다.

　지금까지 태아의 발생을 통해서 인간의 청각기관이 본능과 연관된 영역에서 분리되어 형성되는 과정을 살펴보았습니다.

　그렇다면 본능이란 무엇입니까? 본능이란 이 지상에 묶여있는 삶과 관련되는 것입니다. 금속이 아름다운 소리를 울리기 위해서 공중에 높이 올려져야, 즉 지상의 구속에서 완전히 벗어나야 가능하듯이, 공중에서 울리는 소리를 지각하기 위한 인간의 청각기관 역시 대지와 연관된 보존 본능의 영역에서 자유로워져야 하는 것입니다. 이렇게 지상의 물질세계로부터 자유로운 청각의 기능으로 우리는 드러난 현상만을 지각할 수 있는 시각에 비해 사물의 본질에 훨씬 더 가깝게 근접할 수 있습니다.

열감각 역시 시각보다는 물체의 본질에 더 깊이 도달합니다. 눈을 가림으로써 빛은 차단할 수 있지만, 열의 흐름을 막기란 쉽지 않습니다. 우리는 열감각을 통하여 물체의 표면을 감지할 수 있을 뿐 아니라 열이 물체를 통과하여 서서히 전달되는 사실도 인식할 수 있습니다. 하지만 열감각은 환경의 지배를 받습니다. 예를 들면 같은 물체라도 추운 주위 환경에 따라 우리의 느낌은 달라지기 때문입니다.

귀로 지각하는 소리는 물체의 본성입니다. 예를 들어서 와인 잔이 부딪히는 소리만 들어도 우리는 그 와인 잔이 크리스탈로 제조된 것인지 아니면 유리로 제조된 것인지 그 재질을 쉽게 가려낼 수 있습니다. 이탈리아의 버스 운전기사는 요금을 받는 계산대에 대리석으로 만든 작은 접시를 놓고 사용한다고 합니다. 접시에 동전이 떨어지는 소리를 듣고 동전의 진위를 식별하기 위한 것이지요. 청각으로 지각하는 소리는 물체의 가장 깊은 곳에서 울려 나오는 물체의 고유한 성질입니다. 따라서 은은 은의 소리를 내고, 다른 금속은 또 그 금속만의 고유한 소리를 냅니다. 크리스탈은 밝고 명쾌한 소리를 내는가 하면, 유리가 울리는 소리는 또 이와 다릅니다. 이렇게 우리는 청각을 통하여 물질의 본질을 파악할 수 있습니다.

인간의 몸에 음파처럼 기계적으로 작용하는 것도 없습니다. 청각은 외부의 자극이 몸 안으로 가장 깊숙이 들어오는 곳이며, 이소골은 몸에서 유일하게 진동을 일으키는 기관입니다. 그런데 우리가 귀로 인식하는 것은 이런 진동하는 음파가 아닌 음향, 즉 소리입니다. 이는 마치 수수께끼와도 같은 신기한 현상이 아닐 수 없습니다. 청각기관에서 일어나는 일련의 과정은 분명 기계적인 작용에 불과하며, 음향은 기계로 측정 가능하고 모든 소리는 음파의 진동수로 정확하게 나타낼 수 있습니다. 지상의 물리적인 자극이 우리 몸의 깊은 곳까지 침투하지만 우리가 궁극적으로 인식하는 것은 현세적인 차원을 넘어선 세계인 것입니다. 여기에 청각의 신비한 비밀이 숨겨져 있습니다.

인간이 귀로 인식하는 것은 1초에 87번 내지 493번 진동하는 음파가 아니라 구체적인 소리입니다. 청각장애인에게 진동하는 음파를 피상적으로 느끼게 할 수는 있어도 영혼의 내면을 울리는 소리는 결코 들려줄 수가 없습니다. 청각의 내면화와 관련한 기능을 이해하기 위해서 지금부터 새로운 용어를 사용하려고 합니다. 〈지우다〉가 바로 그것입니다. 그렇다면 도대체 내면화란 무엇을 의미하는 것일까요? 내면화란 우리의 의식에서 그 어떤 것을 지우는 현상이라고 할 수 있습니다. 다음과 같은 예를 통해서 한번 설명해 보겠습니다.

책을 읽는다는 것은 무엇을 한다는 것입니까? 개별적인 단어의 철자를 파악하는 것일까요? 책을 읽는다는 것은, 읽기를 막 배우기 시작한 아이가 뜻은 모르면서 그냥 읽어 내려가는 것과는 차원이 다릅니다. 책의 내용을 이해하기 위해서는 개별적인 단어의 철자를 의식에서 〈지우게〉 됩니다. 책을 읽을 때 나타나는 또 하나의 특이한 현상은 귀도 함께 작용한다는 사실입니다. 아무리 소리를 내지 않고 조용히 책을 읽는다고 해도 우리는 책을 눈으로만 읽는 것이 아니라, 귀로도 함께 〈듣게〉 된다는 것이지요. 예전에는 사람들이 주로 소리를 내어 책을 읽었습니다. 오늘날에도 읽기를 배우기 시작하는 아이들은 입으로 소리를 내어 읽습니다. 말하자면 아이들은 여전히 본능과 연관된 기관을 함께 사용한다고 볼 수 있겠지요.

책의 내용을 이해하기 위해서 개별적인 철자를 의식에서 지우게 되듯이, 청각도 소리를 인식하기 위해서 음파를 의식에서 지우는 과정을 거친다고 할 수 있습니다. 귀에 일차적으로 전달되는 것은 음파의 진동이지만, 우리가 궁극적으로 인식하는 것은 음향이기 때문입니다. 이렇게 인간이 귀로 지각한 지상의 물리적인 자극을 의식에서 지울 수 있는 것은, 인간의 청각 기관이 지상의 본능과 연관된 영역에서 해방되어 심오한 차원으로 〈내면화〉되었기 때문에 가능한 것입니다. 일차적으로 지각한 자극을 의식에서 지우고 더 높은 차원의 음향을 인식하는 일련의 과정에 대한 이해를 통하여 우리는 청각의 본질을 더욱 깊이 이해할 수 있습니다.

그런데 소리를 인식하기 위해 의식에서 지우는 것은 단지 음파만이 아니며(음파는 거의 무의식적으로 지웁니다), 음계도 지우게 됩니다. 예를 들어서 피아노 건반에서 C음을 치고 나서 다시 5음계의 차이가 나는 G음을 친다고 합시다. 이 때 우리가 듣는 것은 각 개별 음이 아닌 두 음 간의 음정을 듣게 되는 것입니다. 여기에서도 우리는 개별 음은 지우고 두 음간의 소리를 인식하는 의식의 과정을 파악할 수 있습니다. 음악에서 멜로디를 들을 때도 이와 마찬가지입니다. 우리가 멜로디를 들을 때도 차례로 이어지는 개별적인 음계를 인식하는 것이 아니고, 음계 사이에서 생성되는 음정을 듣게 됩니다. 그러니까 멜로디를 듣기 위해서 우리는 개별적인 음은 무의식적으로 지우게 되는 것이지요.

이제 여러분은 청각이 인간의 영혼보다 왜 정신의 영역에 더 가까운 감각기관인지에 대한 이유를 깨달을 수 있을 것입니다. 그렇기 때문에 음악은 사고를 바탕으로 하는 수학의 영역에 훨씬 더 가깝고, 또 우리는 리듬을 비롯한 음악의 모든 구성 요소들을 수학의 법칙으로 나타낼 수 있는 것입니다. 이와 달리 색의 세계를 수학적인 공식이나 숫자로 구성해 내기는 어려울 것입니다. 모든 음향은 음파의 진동수로 측정될 수 있고, 음정의 관계도 정확하게 숫자로 계산될 수 있습니다. 이렇게 수치의 관계로 표현되는 수학은 인간이 내면으로 듣고 이해하는 정신세계와 관련이 있습니다.

청각의 특성을 상징하는 황도 12궁의 별자리는 무엇에 해당할까요? 청각과 관련된 별자리의 상징인 게자리(♋)를 그림으로 표현해 보면 청각과의 연관성을 한층 쉽게 이해할 수 있습니다. 게자리의 형상은 하나의 세계가 끝나는 곳에서 또 하나의 새로운 세계가 시작하는 나선 모양을 하고 있습니다. 그렇다면 게자리가 상징하는 이 두 세계는 과연 어떤 관계에 있을까요?

이에 대한 답을 얻기 위해서, 우리는 먼저 나선형에 관한 일반적인 현상에 대해서 살펴볼 필요가 있습니다. 무한한 천체를 바라보면 수천 개의 별로 이루어진 거대한 나선형의 성운을 볼 수 있습니다. 그런데 나선형의 성운을 비롯하여 우리가 육안으로 관찰할 수 있는 우주의 수많은 별들은 어떻게 생성된 것일까요? 우주 창조의 대원리에 따르면 모든 가시적인 것은 비가시적인 세계에 그 근원이 있다고 합니다. 그러니까 창조된 만물은 그것이 눈으로 볼 수 있는 별이든 성운이든 혹은 나선형 성운이든 모두 보이지 않는 세계에서 비롯한다는 것입니다. 시각으로 인지하는 모든 가시적인 세계는 비가시적인 실체에서 떨어져 나온 나머지 반이라고 할 수 있습니다.

따라서 우주창조의 근원 법칙을 축약하면 다음과 같습니다. 모든 피조물은 근원적인 실체에서 분리된 것이며, 근원적인 실체의 본질적 특성은 피조물에 그대로 옮겨간다. 이와 같은 우주창조의 대원리는 소우주인 인간의 육체에도 그 형태를 드러내는데, 바로 인간의 장기, 특히 장이 나선의 형태를 하고 있습니다. 태아의 발육 과정을 관찰해 보면, 인간의 장이 생성되는 초기에는 단순한 관의 형태를 띠다가 일정한 시점에 이르면 갑자기 선회하기 시작하면서 나선형으로 변합니다. 몸의 크기에 비해서 엄청나게 긴 장의 길이로 인해 차지하는 면적을 최소화하려는 자연의 이치는 쉽게 납득할 수 있습니다. 그러나 그렇다고 해서 굳이 나선의 형태를 가져야 할 필연성이 있는 것일까요? 우주의 성운처럼 인간의 장이 나선의 모양을 하는 것에 그 어떤 의미와 상징이 내포되어 있는 것은 아닐까요?

자, 그러면 우리 몸에서 장은 어떤 작용이 일어나는 곳입니까? 미각 편에서 음식물을 섭취하는 것은 대우주의 한 조각을 소우주인 우리 몸의 구성체로 받아들이는 과정이라고 했습니다. 이러한 과정에서 음식물은 본래의 형태와 구조를 완전히 버리고 새로운 물질로 거듭나야 합니다. 외부 세계에 존재하던 형태로는 몸에 흡수될 수 없기 때문입니다. 그러니까 섭취된 물질이 장벽을 통해 흡수되고 몸의 일부로 동화되기 위해서는 외부 세계에 속하는 이질적 구조나 특성은 모두 소멸되어야 하는 것입니다.

이렇게 대우주의 일부가 원래의 속성을 완전히 지우고 우리 몸의 일부분으로 전환되는 곳인 장은, 대우주의 속성을 따라서 나선의 형태를 띠고 있습니다. 그리고 나선 형태를 띠고 있는 우리 몸 속 장은, 하나의 세계가 끝나고 새로운 또 하나의 세계가 열리는 곳입니다. 이제 우리는 내이의 달팽이관이 지그재그나, 직선이나 혹은 원의 그 어떤 다른 형태도 아닌 나선형을 하고 있는 이유를 이해하게 될 것입니다. 달팽이관이 나선형을 이루고 있는 것은 바로 이곳에서 생명력이 없는 기계적인 물질세계가 사라지고, 물질세계에서 해방되면서 정신세계가 새롭게 열리기 때문입니다. 이러한 움직임, 즉 하나의 세계가 끝나고 그곳에서 다시 완전히 상반된 새로운 세계가 시작되는 특성을 상징하는 것이 바로 게자리입니다.

그렇다면 별자리에서 게를 상징하는 표식인 나선형(안으로 말려 들어가거나 바깥으로 말려 나가는 형태)과 게는 어떤 상관관계가 있는 것일까요? 상상력을 동원하여 다음과 같은 상황을 한번 가정해 보십시오.

여러분은 수십 년 동안 종종 이웃집에서 들려오는 아름다운 음악 소리를 듣고 즐기지만, 연주를 하는 광경이나 악기 자체는 한 번도 본 적이 없습니다. 그러던 어느 날 갑자기 이 소리의 정체가 몹시 궁금해져서 마침내 이웃을 방문합니다. 그 이웃은 기꺼이 악기를 보여줍니다. 그래도 여러분은 별반 대수롭지 않아 보이는 물건에서 그렇게 아름다운 소리가 난다는 사실을 도저히 믿을 수가 없습니다. 실제로 이웃이 그 악기로 연주를 해 보이자 그제야 탄성을 지르며 이웃에게 아낌없는 찬사를 보냅니다. "당신은 정말 위대한 마술사군요." 외견상 전혀 음악과 무관해 보이는 한갓 단단한 무생물의 물체에서 심금을 울리는 신비한 소리가 날 수 있다는 사실을 여러분은 비로소 믿게 되는 것입니다. 이제 게의 형상을 한번 살펴봅시다.

어떻게 보면 혐오감을 주는 괴물 같기도 합니다. 음흉한 형태의 촉각과 고문에나 사용할 법한 도구 같은 것으로 둘러싸인 머리와 징그러운 집게다리를 비롯해서 몸의 전체가 딱딱한 갑각으로 덮여 있는 형태 자체는 흉물스럽기까지 합니다. 모든 생명은 작고 여린 상태에서 성장하면서 점점 크고 단단하게 변하는 것이 자연의 법칙입니다. 그렇다면 어린 시기부터 딱딱하여 자라기 힘든 게의 갑각이 성장하는 문제를 자연은 어떻게 해결할까요?

게는 어느 정도 성장하면 당분간 먹는 것을 중단합니다. 이 시기에 외골격의 딱딱함이 풀리게 되는데, 특히 외골격의 석회질은 위胃로 흘러 들어가 콩 모양의 위석胃石에 저장됩니다. 이때 부드러워진 갑각을 벗어버리고 성장합니다. 탈피를 마치면 위에 저장된 석회가 다시 게의 주변부로 흘러 들어가 원래의 상태대로 딱딱해집니다. 게는 이러한 물질화와 탈물질화의 과정을 반복하면서 성장하는 마력을 지니고 있습니다. 자연에 신비한 현상들이 많지만, 마치 죽은 생명이 부활하듯이 경직된 조직에 다시 생명이 흐르며 성장하는 게의 탈피현상은 실로 감동적입니다.

악기가 천상의 아름다운 소리를 내기 위해서는 지상의 단단한 물질로 만들어지고, 다시 이 지상의 단단한 물질로부터 해방되어야 합니다. 단단한 게의 갑각이 성장하기 위해 딱딱한 물질을 탈피하여 새로운 생명으로 거듭나는 반복적인 과정이 필요한 것처럼 말입니다. 다시 말해서 악기에서 나는 아름다운 소리도 딱딱한 물질로부터의 탈피라고 할 수 있는 것입니다. 여담이지만 이렇게 석회질을 흡수하여 저장하는 게의 위석은 조직 경화증과 같은 성인병에 놀라운 치료효과를 보인다고 합니다.

선천적으로 심한 청각장애를 가지고 태어난 아이는 유감스럽게도 예술가의 길을 걸을 수 없습니다. 비단 음악 분야뿐 아니라 조각가나 화가 또는 건축가의 직업을 선택하는 데에도 제약을 받습니다. 그러니까 예술에 종사하기 위해서는 〈청각에 이상이 없어야〉 가능한 것입니다. 인간은 누구나 음악을 즐기고 따라 흥얼거리기도 합니다. 이런 맥락에서 볼 때 청각을 예술감각이라고도 할 수 있을 것입니다.

지금까지 설명한 것을 바탕으로 다음과 같은 질문을 던져보겠습니다. 몸의 중심을 유지하는 균형감각과 소리를 지각하는 청각이 같은 뿌리에서 발생하여, 귀라는 신체의 같은 기관 내에 위치하고 있는 까닭은 무엇일까요? 이에 대한 해답을 찾는 것은 마치 하나의 수수께끼를 푸는 것과 같습니다.

자연과학의 도움으로(개체발생은 인류의 계통발생을 반복하므로 태아의 발달과정을 통하여) 문제에 대한 실마리를 찾을 수는 있지만, 이 현상을 자연과학의 지식 체계만으로는 결코 설명할 수 없습니다. 앞에서 살펴보았듯이, 청각과 균형감각은 외피에서 분화하여 생긴 기포에서 발생합니다. 그런데 청각과 균형감각이 같은 근원에서 출발하여 발생하는 것은 두 기관이 대조적인 성격을 가지는 상반된 관계에 있기 때문이라는 것을 알 수 있습니다.

우리가 지상에서 중심을 잡기 위해서는 균형감각이 필요합니다. 지상의 물질적인 차원을 극복하고 더 높은 세계로 올라서기 위해서는, 먼저 균형감각을 이용하여 지상에서 똑바로 설 수 있는 것이 전제되어야 할 것입니다. 그리고 이런 현세적인 삶의 기반에서 더 높은 차원의 세계, 즉 우주를 향한 정신세계로 도약하는 것은 청각을 통해 소리를 경청함으로써 가능합니다. 왜냐하면 청각은 지상의 물질적인 것이 지상으로부터 해방되어 정신적 차원으로 고양되는 곳이기 때문입니다.

두 기관의 상반된 성격을 통해 우리가 내적인 균형을 유지하기 위해서는 외적인 균형을 차단해야 함을 알 수 있습니다. 음악을 감상하는 것은 우리가 마음의 〈산책〉을 즐기듯이 끊임없이 고음과 저음, 빠른 음과 느린 음 혹은 강한 음과 약한 음 사이에서 내적 균형을 유지하는 것입니다. 우리는 이런 균형이 깨어진 곡에서는 감동을 느끼지 못합니다.

일반적으로 음악 감상을 하면서 머리를 끄덕이거나 박자를 맞추는 사람이 음악에 훨씬 더 심취해 있다고 생각하기 쉽습니다. 하지만 우리가 음악에 몰입하기 위해서는 손가락 하나 까딱하지 않고 완전히 몸을 이완한 상태라야 합니다. 그러니까 몸의 긴장이 풀리면 풀릴수록, 몸의 균형이 깨지면 깨질수록, 즉 육체를 의식하지 않으면 않을수록, 우리는 더욱더 음악에 깊이 빠져들 수 있는 것입니다. 다시 말해서 현세적인 것과 밀착된 감각이 차단될수록, 초현세적인 속성을 지닌 감각의 기능이 촉진되는 것입니다. 이를테면 사용되지 않은 균형감각의 공간이 공명을 위한 공간으로 제공되어 청각의 기능이 향상되는 것처럼 말입니다. 하지만 이것이 가능하기 위해서는 먼저 균형감각기관의 존재가 전제되어야 합니다.

　　그렇다면 음악의 본질적인 특성은 무엇입니까?

　　음악은 음의 고저, 음의 장단 그리고 음의 세기와 같은 기본적인 요소들로 구성됩니다. 이 세 가지 요소에 익숙해진다면 그 어떤 음악이라도 쉽게 연주할 수 있을 것입니다. 여러분과 함께 다음과 같은 실험을 한번 해보기로 하겠습니다. 처음에는 아주 저음에서 출발하여 점점 고음으로 올라가는 소리를 들려드릴 것입니다. 손을 자연스럽게 음의 고저에 따라 움직이는 시도를 한번 해 보십시오. 일반적으로 저음에서 손을 낮게 내리고, 음이 높아짐에 따라서 손도 점점 높이 올리는 것을 볼 수 있습니다. 이와 마찬가지로 우리의 몸도 저음은 몸의 밑부분에서, 고음은 몸의 윗부분으로 올라가면서 울리고, 가장 높은 음은 머리에서 울리는 것을 느낄 수 있습니다. 이렇게 음의 고저에 따라서 밑에서 위로 올라가는 움직임으로 생기는 하나의 선은 일차원의 세계입니다. 이 간단한 실험을 토대로 이제 좀 더 깊이 있는 내용에 대해서 살펴보기로 하겠습니다.

현대 생리학은 신경을 두 가지로 분류합니다. 우리가 듣고 보고 냄새를 맡는 등의 감각적인 자극을 인식하는 감각신경과 근육을 움직이게 하는 운동신경이 그것입니다. 후자는 쉽게 검증할 수 있습니다. 근육과 연결된 신경에 충격전파를 가하면 근육은 수축합니다. 이러한 실험이 알려진 후, 사람들은 〈생명〉 현상을 단순한 전기 자극의 신호 체계로 파악하려는 경향이 강해졌습니다. 루돌프 슈타이너는 이 견해를 강력하게 반박했습니다.

루돌프 슈타이너에 의하면 신경은 자극을 수용하고 인식할 수 있을 뿐, 결코 자극을 불러일으킬 수는 없다는 것입니다. 신경은 과정의 마지막 단계에 작용하는 것이며, 자극을 불러일으키는 의지는 그 과정의 처음 단계에서 작용하는 것입니다. 이 과정은 끊임없이 되풀이되는 신진대사의 과정을 말합니다. 우리의 신체는 소모한 에너지나 배출한 물질을 보충하기 위해서 지속적으로 수분과 양분을 섭취하고 호흡을 합니다. 또 우리는 의지에 따라서 근육을 움직입니다. 보통 자연 과학에서는 인간의 뇌와 영혼을 일방적으로 묶어서 이해합니다. 하지만 인지학에서는 인간의 감정생활(기쁨, 걱정, 공포 등)을 뇌와 연관시키지 않고, 호흡이나 혈액 순환을 일으키는 심장박동과 같은 신체의 반복적인 리듬체계와 관련이 있다고 설명합니다.

우리는 매일 이것을 느끼고 체험하며 살아가고 있습니다. 이러한 새로운 인식을 바탕으로 최소한 왜 인간이 음악을 들으면 가만히 있지 못하고, 움직이거나 춤을 추고 싶은 충동을 일으키게 되는지 이해하게 되었습니다. 소리 역시 자극을 불러일으키는 의지와 마찬가지로 항상 새로이 형성되며, 이런 의미에서 음악과 의지는 서로 유사한 성격을 가지고 있습니다. 이제 우리는 왜 청각과 균형감각이 같은 근원에서 유래하는지, 그리고 왜 균형을 유지하는 것이 움직임에 속하는지 이해하게 됩니다.[26]

시각 편에서 우리는 균형감각과 시각이 긴밀하게 협력하며 작용하는 것을 보았습니다. 눈을 감은 채 똑바로 움직이지 않고 서는 것은 쉽지 않습니다. 특히 약간 경사가 진 곳에서는 더욱 어렵습니다. 이러한 사실에서 우리가 균형을 제대로 잡기 위해서는 시각의 도움이 절대적으로 필요하다는 것을 알 수 있습니다. 이와 마찬가지로 우리가 움직이거나 뛰고 춤을 출 때는 균형감각의 조력이 필요한 것이지요.

또 다른 실험을 해보기로 합시다. 제가 동일한 음의 크기를 변화시키지 않고 계속 울릴 것입니다. 만약 이때 여러분이 음과 결합하려는 시도를 하게 되면 여러분은 저절로 팔을 벌리게 됩니다. 여러분은 음이 확산되며 면을 채우는 이차원의 세계를 경험하게 되는 것입니다. 이제 동일한 음의 크기를 점점 더 세게 하여 힘을 실어 보겠습니다. 이때 여러분은 두 팔을 벌린 채 앞으로 나아가려는 충동을 느낄 것입니다. 소리가 점점 더 커지며 힘을 얻게 된 음이 여러분을 공간으로 이끌며 움직이게 합니다. 음이 형성하는 삼차원의 세계가 열리는 것이지요. 이 얼마나 놀라운 체험입니까? 공간을 지각하는 균형감각을 통해 우리는 중력이 존재하는 외부세계

266

에서 중심을 잡고 똑바로 설 수 있습니다.

균형감각 편에서 균형을 유지하는 세반고리관은 근육의 긴장도를 뇌로 전달하는 운동신경과 연결되어 있다고 했습니다. 음악도 균형감각과 마찬가지로 우리를 공간으로 이끕니다. 하지만 음악이 이끄는 세계는 육체를 통해 경험하는 차원과는 다른 내면적 삼차원의 공간입니다. 그러니까 음악을 듣는다는 것은 지상의 중력계에서 벗어나, 내면의 공간을 거니는 것을 말합니다. 중력계를 초월한 세계라고 해서 아무런 중심 없이 떠다니는 것을 의미하는 것이 아니고 언제나 정신적인 차원의 균형을 유지하는 것을 말합니다. 박자가 느린 음과 빠른 음, 고음과 저음이 적절히 균형을 이루는 아름다운 조화의 세계를 추구하는 것을 말합니다.

이번에는 좀 특이한 실험을 한번 해보기로 하겠습니다. 날카로운 물건으로 칠판을 긁으면 소름이 끼치는 듯한 묘한 소리가 납니다. 물론 이 소리를 진정한 의미에서 소리라고 할 수는 없을 것입니다. 왜냐하면 이 소리는 우리가 귀로 듣는 것이 아니라, 피부로 〈듣기〉 때문입니다. 실제로 이런 소리를 듣게 되면 마치 소리가 살갗을 스치는 듯한 오싹함을 느끼게 됩니다. 이와 같이 극단적으로 거부감을 일으키는 소리는 인간의 내면으로 침투하지 못하고 피상적인 상태에 머무는 것을 알 수 있습니다. 그런데 바이올린의 아름다운 선율은 다릅니다. 불협화음이 없는 깨끗한 바이올린의 소리는 피부의 표면에만 머물지 않고 마치 손으로 부드럽게 쓰다듬듯이 우리의 피부에 와 닿으며 감동을 줍니다. 하지만 바이올린에서 나는 소리라 할지라도 틀린 음이나 찢어지는 듯한 소리는 칠판에 물체가 긁히는 소리와 마찬가지로 거부감을 일으킵니다.

바이올린의 선율과 같이 다양한 악기에서 나는 소리의 떨림을 우리는 몸의 각기 다른 부분에서 감지합니다. 예를 들면 실로폰(그리스어로 ksylon은 나무막대라는 뜻입니다)에서 나는 소리를 유의해서 들어보면, 바이올린의 소리보다 인체의 훨씬 더 깊은 곳까지 자극이 전달되는 것을 알 수 있습니다. 구체적으로 말해서 실로폰의 소리는 인간의 몸을 구성하는 뼈대를 울리는데, 따라서 해골 댄스Skeleton dance를 공연할 때는 주로 실로폰 음악을 반주로 사용합니다. 또 비브라폰과 같은 금속 타악기에서 나는 소리는 나무로 만든 실로폰에서 나는 소리와 근본적인 차이가 있습니다. 실로폰 소리의 진동은 뼈대로 느끼는 반면, 금속(종)이나 유리에서 나는 소리의 진동은 근육으로 〈듣게〉 됩니다. 목재로 제작된 악기에서 나는 소리는 인체의 가장 단단한 뼈대를 울리는 반면, 금속성의 소리는 마치 전신의 근육을 마사지하는 듯한 느낌을 줍니다. 음의 진동을 온 몸으로 느끼게 하는 금속성의 물질이 〈소리〉의 세계에 가장 가깝다고 할 수 있습니다.

플루트 소리 역시 인체의 깊은 곳까지 와 닿지만, 목재나 금속 타악기와는 미치는 영역이 또 다릅니다. 플루트 소리의 떨림을 우리는 주로 신체의 호흡기 계통으로 받아들이는데, 저음은 뱃속까지 이르고, 고음은 머리의 작은 빈 공간을 울립니다. 바이올린 소리는 피부를 쓰다듬는 느낌을 주고, 플루트 소리는 호흡기에 와 닿는 느낌이 들게 합니다. 그런데 우리는 플루트라는 악기를 연주하기도 하지만, 우리 몸을 플루트라고 느끼며 소리 내기도 합니다. 말하자면 호흡을 하는 존재인 인간은 입술로 〈우〉 또는 〈위〉라는 모음의 형태를 만들어 스스로 하나의 악기처럼 소리를 낼 수 있기 때문이지요.

또 다른 관악기의 예로 호른과 트럼펫을 들 수 있습니다. 그런데 대부분의 사람은 이들 악기에서 나는 소리가 몸에 와 닿는 부분을 느끼기가 쉽지 않습니다. 이 악기들이 미치는 영역도 호흡기 계통과 관계가 있기는 합니다만 좀 더 깊은 단계로 들어가기 때문입니다. 말하자면 이들 악기에서 나는 소리는 호흡기로 들이마신 산소를 전신으로 운반하는 혈액을 생산하는 심장에 영향을 미칩니다. 어쩌면 나팔을 부는 천사의 모습에서 이러한 관계를 좀 더 명확하게 인식할 수 있을지도 모릅니다. 나팔을 부는 천사의 심장은 인간을 향하여 말하는 듯합니다. 깨어나라고!

마지막으로 하프나 칠현금과 같은 악기는 몸의 어떤 부분에 영향을 미치게 될까요? 하프나 칠현금처럼 부드럽고 섬세한 소리를 내며 마음에 평온함을 주고 영혼을 치유하는 듯한 소리를 여러분은 일찍이 들어본 적이 있는지요? 하프나 칠현금의 소리를 들으며 이런 느낌을 받는 것은, 이 소리를 우리가 신경으로 감지하기 때문입니다. 피로에 지친 쇠약한 신경을 위한 음악 치료로 칠현금보다 더 적합한 악기는 없을 것입니다. 칠현금의 소리는 스트레스로 지친 인간의 신경을 치유하고 회복시키는 힘이 있습니다.

어떻게 보면 우리 몸의 신경조직은 그 자체가 하나의 하프라고 할 수 있을 정도입니다. 또한 하프의 고음은 높은 부분에서, 저음은 낮은 부분에서 울리는데, 악기에서 소리가 나는 위치와 인간이 몸으로 느끼는 음의 고저가 이렇게 정확히 일치하는 경우는 드뭅니다. 예를 들어서 피아노의 낮은 음은 건반의 왼쪽에서, 높은 음은 건반의 오른쪽에서 울리며, 첼로의 고음은 악기의 아래에서, 저음은 악기의 위에서 울립니다. 반면에 두 손으로 연주하는 하프의 경우는 고음은 악기의 위쪽에서, 저음은 거의 발에 닿을 정도로 아래쪽에서 나게 되어 있습니다. 또한 하프처럼 심장에 가까이 대고 연주하는 악기도 없으며, 일반적으로 활을 현에 대고 연주하는 현악기와는 달리 하프는 열손가락을 직접 현에 대고 연주합니다.

햇빛이 물 위에 반사되어 부서지는 은빛 물결이 형성하는 빛의 파동은 눈으로 지각하고, 잔잔한 수면 위에 떨어지는 빗방울 소리가 형성하는 소리의 파동은 귀로 감지합니다. 그런데 앞에서 설명한 실험을 통하여 이제 소리의 진동을 듣기 위해서는 우리 몸 전체가 동반한다는 사실을 경험할 수 있게 되었습니다. 악기의 소리가 신체의 어떤 부분에 영향을 미치는지 느껴보고 배우는 것이 이 실험의 목적은 아닙니다. 실제로 음악에 깊이 몰입하게 되면 사실 이런 것은 의식하지 못합니다. 다만 이 실험을 통해서, 우리가 귀를 기울이게 되면 평소에는 의식하지 못하는 또 다른 차원의 세계가 존재한다는 것을 경험하는 것이 중요합니다. 이렇게 우리는 일차적으로 인지한 소리의 떨림은 지워버리고(다시 한 번 강조하지만 이러한 과정은 무의식적으로 일어납니다) 정신적 차원으로 〈고양〉된 음향을 인식하게 되는 것입니다.

청각을 통하여 인류 사회에 비로소 사회적인 요소가 작용하게 됩니다. 앞에서 살펴보았듯이, 우리는 먼저 음파의 진동을 몸으로 받아들이지만, 소리를 인식하기 위해서는 육체로 인식한 음파의 진동은 무의식적으로 지워버리게 됩니다. 그러니까 남의 말에 귀를 기울인다는 것은 자신의 육체적인 것을 넘어서서 정신적 차원에서 타인에게 몰입하는 것을 의미합니다. 이렇게 청각을 통하여 인간은 서로의 소리를 들으며 관계를 형성해 나갑니다.

그렇다면 청각의 정신적인 기능을 가능하게 하는 힘의 원천은 무엇일까요? 인간이 소유한 정신적 차원의 능력은 앞에서 살펴본 감각기관들과 모두 연관되어 있습니다. 더 이상 남아 있는 영역이 없습니다. 하위감각 기관인 생명감각, 고유운동감각과 균형감각은 인간으로 하여금 육체적으로 활동하는 것을 가능하게 합니다. 그리고 인간의 정신적인 힘의 영역은 4개의 영혼감각기관에 나누어져 있습니다. 우리가 지금까지 살펴보았듯이 후각은 의식혼과 인간의 의지가 작용하고, 미각은 감성혼과 인간의 감정이 작용하며, 시각은 감각혼과 인간의 사고력이 작용하고, 열감각은 아스트랄체와 인간의 직접적인 관심이 작용합니다. 보시다시피 청각과 연관될 만한 인간의 정신적인 영역은 남아 있지 않습니다.

루돌프 슈타이너는 인간은 자신의 힘으로는 들을 수 없으며 어떤 다른 존재의 도움이 필요하다고 했습니다. 여기에서 루돌프 슈타이너가 말하는 다른 존재란 바로 천사의 영혼입니다. 남의 말에 귀를 기울이기에는 너무나 이기적인 인간은 자신의 영혼만으로는 들을 수가 없으며, 천사의 영혼이 함께 도와줄 때에만 비로소 남의 말을 경청할 수 있습니다. 진정한 의미의 사회적인 공동체, 즉 아무런 욕심 없이 서로에 대한 사랑으로 이루어진 이상적인 인간 사회는 인류사에서 아직 찾을 수가 없습니다. 그러한 공동체가 도래하기까지는 아직도 많은 시간이 필요하다고 합니다. 물론 우리는 사회적인 존재로 행동하고 이웃을 사랑하려는 노력을 하며 살아갑니다. 하지만 이러한 노력도 단지 천사의 도움이 수반할 때에야 가능하다는 것입니다. 순결한 존재인 천사는 인간의 수호자로서 인간이 정신적으로 거듭나는 육화의 순간마다 함께 하며 지켜 줍니다. 정신적인 차원에서 사회적인 성격을 띠는 청각의 기능에 영향을 미치는 힘은 바로 천사인 것입니다.

　　루돌프 슈타이너는 인간의 청각과 관련하여 흥미로운 언급을 했습니다. 인간에게 있어서 최초로 발달한 감각기관은 열감각이지만 청각은 이미 그 이전에 존재했다는 것입니다.27 고유운동감각 편에서 계획은 이전에 존재하지만, 그 계획의 실행은 언제나 이후에 이루어진다고 했습니다. 루돌프 슈타이너에 의하면, 청각은 여전히 창조 이전의 단계에 머무는, 말하자면 원칙적으로 존재하지 않는 감각기관입니다. 〈창조 이전〉이라는 말은 아직도 창조의 과정이 진행·중이며 완성되지 않았다는 의미이기 때문입니다.

　　이러한 인식을 통해서 우리는 인간을 움직이게 하며 감동시키는 음악의 속성을 더욱 깊이 이해할 수 있습니다. 말하자면 음악은 완성된 것이 아닌 언제나 새롭게 형성되는 세계입니다. 그러므로 아이들을 교육하는데 있어서도 녹음된 음악을 들려주는 것보다는 아이들과 함께 노래를 창작하고 불러보는 것이 중요합니다. 청각은 지극히 현세적인 물질에서 생성되는 음파를 지각하는 곳이지만 지극히 높은 차원의 음향으로 변형되고, 초월적인 힘인 천사의 도움에 의해서 기능하는 역설적인 감각기관입니다.

드러난 사물의 현상만을 지각할 수 있는 시각과는 달리, 청각은 인간으로 하여금 사물의 본질을 인식하게 하는 힘을 지니고 있습니다. 우리가 한 점의 그림을 감상하며 받은 감동으로 인해서 몸을 움직이는 경우는 없어도 신 나는 음악을 들으며 가만히 앉아 있기란 쉬운 일이 아닙니다. 음악을 통하여 대규모의 병력을 통솔하여 지휘할 수도 있고, 일보 전진이 힘들만큼 기진맥진한 군인들의 사기를 진작하고 투지를 일깨워 계속 행군하게 할 수도 있습니다. 또 우리는 음악을 이용하여 누군가를 깨우고 잠들게 할 수도 있으며, 음악을 들으며 눈물이 날 정도로 감동을 받거나 활력을 얻기도 합니다. 음악은 인간 사이의 장벽을 허물거나, 젖소의 우유 생산량마저도 높일 수 있는 엄청난 힘을 발휘합니다. 이렇게 음악은 역동적이고도 창조적인 힘의 원천인 것입니다.

그런데 신적인 차원의 힘에서 비롯하는 음악은 천사의 속성 못지않게 악마의 속성을 지닐 수도 있습니다. 인간의 약점을 가장 잘 알고 있는 악마는 음악을 통해 인간을 지배하려는 노력을 합니다. 음악처럼 악마적인 속성이 강하게 드러나는 영역도 없는데, 이는 인간의 능력을 초월한 신적 차원의 힘이 음악 속에 함께 작용하기 때문이며, 나약한 인간은 이러한 힘의 작용을 쉽게 의식할 수 없어서 거부하지 못하기 때문입니다. 음악은 마력입니다. 귀를 기울여 무엇인가를 듣기 위해서는 조용한 환경이 절대적인 조건입니다. 그런데 음악 자체는 인간을 움직이게 하는 힘을 가지고 있습니다. 따라서 우리가 조용히 음악을 감상할 때는 이런 육체적인 움직임을 내면적으로 승화시키게 됩니다. 이 점이 청각의 사회적인 특성입니다.

무엇인가를 경청한다는 것은 루돌프 슈타이너의 언급처럼 아직 창조가 완성되지 않은 그 무엇, 즉 완전히 지상으로 내려오지 않고 여전히 천상의 존재인 그 무엇과 우리의 정신이 교류하는 것입니다. 무엇을 듣는다는 것은 언제나 자신과 거리를 두고 어떤 사물이나 어떤 다른 존재에 몰입하는 것을 의미합니다. 하지만 인간은 아직 혼자의 힘으로 이런 청각의 사회적인 기능을 완벽하게 수행할 수 없습니다. 그 어떤 공동체나 인간관계에도 이를 도와주는 수호천사의 도움이 필요합니다. 지금까지 설명드린 소리의 세계와 청각의 기능을 통해서 우리는 오늘날 음향과 관련된 세계가 경제의 논리 속에서 얼마나 피폐하게 변질되어 가는지 느끼실 수 있을 것입니다. 이와 관련한 또 다른 관점을 살펴보기로 하겠습니다.

현대 사회는 모든 것을 보존하려는 노력에 지나치게 집착하는 경향이 있습니다. 우리는 필름이나 카세트테이프 등의 매체를 이용하여 모든 것을 〈기억〉 속에 영원히 저장하여 〈미이라화〉하려는 노력을 합니다. 정신과학적인 견지에서 영상과 음향 사이에 존재하는 엄청난 차이를 현대인들은 전혀 의식하지 못합니다. 이미 말씀 드렸듯이, 우리가 눈으로 보는 것은 사물의 드러난 현상에 불과하지만, 귀로 듣는 것은 사물의 본질입니다. 이런 관점에서 볼 때 생전의 모습을 담은 영상은 망자의 영혼에 특별한 영향을 미치지 않지만, 녹음된 음성은 이와 다릅니다. 음악이나 인간의 대화는 시간의 흐름과 함께 항상 새로워져야 합니다. 녹음테이프에 저장한다는 것은 이미 지나간 것을 억지로 붙드는 것입니다. 정신적인 차원에서 볼 때, 사랑하는 사람의 생전 음성을 테이프나 영상에 녹음하고 〈재생하는〉 것은 문제가 있습니다. 이러한 행위는 이미 영의 세계에 거하는 망자의 지속적인 영적 발전을 저해하기 때문입니다.

기억이 비록 불완전할지라도 스스로 죽은 사람을 추억하며 기억을 불러내는 것은 또 다른 차원의 문제입니다. 아무리 어눌한 말투나 음정이 맞지 않는 노래라 할지라도 실제로 듣는 소리는 유명한 오케스트라의 완벽한 연주를 녹음한 소리보다 백배의 소중한 가치를 지닙니다. 오케스트라의 연주는 비록 완벽할지는 몰라도 이미 존재하지 않는 것의 재현일 뿐입니다. 음향의 세계에서 절대적으로 중요한 것은 창조적이고 현존하는 본질에 대한 가치입니다.

마지막으로 청각의 놀랍도록 섬세한 기능에 대해서 잠깐 언급하고자 합니다. 우리는 소리가 나는 방향을 감지할 수 있습니다. 소리가 나는 쪽을 향하여 항상 고개를 돌리게 되고, 고개를 돌림으로써 우리는 소리가 나는 곳을 인식하는 것입니다. 머리에서 가장 바깥 부분에 위치한 귀에 아마도 조금 더 빨리 소리가 도달할 수 있을 것입니다. 물론 이 〈조금 더〉의 차이는 지극히 미미한 정도이지만 이 미미한 차이로 인해 우리는 정확하게 방향을 잡을 수 있는 것입니다.

여섯째 날

대화를 하는 것은 여러 개의 음악회가 잇달아 열리는 대형음악회에 비유할 수 있습니다. 누군가의 말을 경청한다는 것, 즉 자신의 자아감각을 통하여 타인의 자아를 만난다는 것은 바로 이 대형연주회를 총체적으로 인도하는 지휘자와의 만남을 뜻하는 것입니다.

(본문 311쪽)

오늘 강연을 마치게 되면 이제 12감각의 전체적인 구성체가 그 완성된 모습을 드러내게 됩니다. 강연을 시작하면서 루돌프 슈타이너의 감각론이 인지학의 첫 번째 장에 해당한다고 했습니다. 그리고 첫 번째 장이라고 하지만 그 내용의 범위나 난이도가 결코 만만치 않다는 사실도 함께 시사한 바 있습니다. 이제 여러분은 인지학의 〈첫 번째 장〉의 무게를 가히 실감하셨을 것입니다. 강연을 마치는 시점에서 결론적으로 말씀을 드리자면, 인지학은 그 어떤 주제를 택한다고 하더라도 내용이 광범위할 수밖에 없다는 것입니다. 이것이 바로 인지학이라는 학문이 가지는 특성이기도 합니다.

인지학은 상위 단계의 현상을 하위 단계의 법칙과 개념으로 치환할 수 있다는 환원주의적인 논리로는 결코 접근할 수 없습니다. 인지학은 어느 한 부분에 대한 이해를 통해서 전체를 파악할 수 없을뿐더러, 또 세세한 부분을 이해하기 위해서는 언제나 전체적인 맥락 속에서 접근해야 하기 때문입니다. 한때 인간은 헛되게도 물질의 가장 기본 단위인 원자를 분석함으로써 물질 전체에 대한 이해가 가능하다고 믿었던 적이 있습니다. 그러나 기본적인 원자나 한 구성 요소를(개별적인 감각기관처럼) 이해하기 위해서도 이것을 바라보는 시각을 결정하는 세계관이 필요한 법입니다. 현미경을 발명한 이후로 사람들은 인체에서 가장 〈기본적인 구성 요소〉가 세포라는 인식을 하게 되었고, 세포에 관한 연구가 곧 인간에 대한 이해로 이어질 것이라는 생각이 지배적이었습니다. 하지만 이러한 연구로 인하여 단순한 세포가 오히려 인간의 육체보다 더 복잡하다는 사실만이 밝혀졌을 뿐입니다.

지난 시간에 사회적인 성격을 띠는 청각은 정신감각의 범주에 속하는 감각기관임을 살펴보았습니다. 또 소리가 생성되는 과정과 인간이 소리를 지각하는 과정에 대해서도 살펴보았습니다. 발생학적인 관점에서 보면 청각기관은 피부의 한 표면, 즉 인간이 호흡하고 양분을 섭취하는 영역과 동일한 곳에서 분화하여 형성됩니다. 그리고 실험을 통하여 개별적인 악기에서 나는 소리의 진동이 인체의 각기 다른 부분에 와 닿는 것을 느낄 수 있었고, 음악에 몰입하기 위해서 우리는 가능한 한 육체를 의식하지 않아야 한다는 사실도 알게 되었습니다.

원래 소리는 진동에 의해서 생기지만 우리가 듣는 것은 〈파동이 아닌〉 음향입니다. 그런데 이 음향을 듣기 위해, 즉 물질의 본질을 파악하기 위해 우리는 음파를 의식에서 지우게 됩니다. 따라서 아무리 미세한 부분까지 볼 수 있다고 하더라도 드러난 현상만을 관찰할 수 있는 현미경보다 우리는 소리를 경청함으로써 물질의 본질에 더 가까이 다가갈 수 있습니다.

조금 다른 관점이기는 하지만 자연과학도 물질의 본질과 음악의 유사성을 발견해 냈습니다. 모든 물질은 최소 단위의 원자로 체계화할 수 있는데, 이러한 다양한 원소들의 기저에 음계와 같이 리듬으로 배열되는 음악적 통일성이 존재한다는 것입니다. 그러니까 원자량의 크기에 따라서 원소들을 배열하면 여덟 번째마다 비슷한 성질들이 반복되는(피아노 옥타브의 배열과 유사하게) 주기적인 연관성을 찾을 수 있다는 것입니다.[28] 이

것을 〈멘델레예프의 주기율표〉라고 부릅니다. 우리는 청각과 균형감각이 같은 뿌리에서 발생하여 신체의 동일한 기관 내에 위치하는 이유에 대해서도 살펴보았습니다. 끝으로 인간의 청각이 먼 미래에는 완벽하게 사회적인 성격을 띠는 감각기관으로 진화 발달할 것이지만, 아직까지는 인간이 사회적인 존재로 행동하기 위해서는 수호자인 천사의 도움과 〈보살핌〉이 필요하다는 이야기를 했습니다.

10

언어감각

오늘은 12개의 감각기관 중에서 마지막으로 언어감각, 사고감각 및 자아감각에 대해 설명하려고 합니다. 이 세 가지 감각기관이야말로 진정 루돌프 슈타이너의 독창적 사고의 결실이라고 볼 수 있습니다. 그 뒤 학계에서도 이 감각기관들에 대한 연구가 이루어졌는데, 예를 들면 뷰텐딕 Buytendijk 교수는 인간 현상학을 다루면서 자아감각에 대한 상세한 연구 논문을 발표하기도 했습니다. 하지만 학술 차원에서 최초로 이 세 개의 감각기관을 언급하고 논한 사람은 루돌프 슈타이너입니다. 널리 알려지지 않은 새로운 분야인 만큼 명칭도 생소한 이 감각기관들을 정확히 이해하기 위해서는 각별히 집중해야 할 것입니다. 또 새로운 영역이 늘 그렇듯이, 아직 통용하는 적절한 용어가 부족하기 때문에 때로 행간을 함께 읽으려는 여러분의 지혜도 필요할 것입니다.

단어감각 또는 언어감각이란 언어를 듣는 것, 즉 다른 사람이 사용하는 언어를 우리가 인지하는 것을 의미합니다. 이 감각은 인간 상호간의 의사소통에 관계하므로 의사소통감각 혹은 사람과 사람 사이의 관계를 맺는 매개의 역할을 하므로 교제감각이라고도 할 수 있습니다. 언어를 듣는 것과 관계하는 감각이므로 원래 듣는 기능을 수행하는 청각과의 차이에 의문이 생길 수 있습니다. 루돌프 슈타이너는 우리가 음악을 듣는 것과 언어를 듣는 것은 완전히 다른 영역의 세계라고 합니다. 언어는 음악과 같이 복잡한 방식으로 〈체계화된 약속〉이 아닙니다.

루돌프 슈타이너는 언어감각과 청각의 차이를 시각과 열감각 혹은 후각과 미각의 상이한 차이 정도로 비교합니다. 수학의 법칙과 같이 음계를 비롯한 다양한 구성 요소로 체계화된 음악을 듣는 것과 언어를 인식하는 것은 근본적으로 다르다는 것이지요. 다음과 같은 실험을 한번 해 보십시오.

단파 라디오를 앞에 놓고 먼저 음악이 나오는 방송을 찾아서 주파수를 맞춥니다. 그런데 이 음악은 여러분이 여태껏 한 번도 들어본 적이 없는 완전히 낯선 이국적인 음악이어야 합니다. 그리고 나서 다시 여러분이 전혀 이해할 수 없는 외국어로 진행되는 방송에 주파수를 맞추고 들어봅니다. 두 방송에서 흘러나오는 소리는 비록 여러분이 생전 처음 경험하는 세계이지만, 듣는 순간 여러분은 하나는 음악이며 다른 하나는 언어라는 사실을 단번에 구별할 수 있습니다. 그렇다면 여러분이 이렇게 쉽게 판단할 수 있는 근거는 무엇일까요? 물론 간단히 대답할 수 있는 성격의 물음은 아닙니다. 음악을 들을 때와 또 언어를 들을 때 여러분의 마음에는 어떤 다른 느낌이 전달되는 것일까요? 여러분은 방송에서 흘러나오는 소리를 듣자마자 그것이 음악인지 혹은 언어인지 판단할 수 있는 이유를 말로 설명할 수 있습니까?

엄청난 수의 어휘로 구성되는 언어가 더 어렵게 들린다는 점은 이에 대한 적절한 답이 될 수 없습니다. 왜냐하면 우리가 난생 처음 접하는 타 문화권의 음악이나, 특히 현대 음악은 외국어 못지않게 난해하게 들리기 때문입니다. 그러나 아무리 낯선 문화권의 음악이라고 하더라도 우리는 그것이 음악이라는 사실을 금방 알 수 있습니다. 그렇다면 언어는 어떨까요? 혹자는 언어도 음악적인 요소를 지니므로 넓은 의미로 보면 음악에 포함될 수 있다고 주장합니다. 결코 틀린 말이 아닙니다. 실제로 개별적인 언어가 가지는 고유한 음악적인 특성은 다양한 외국어를 구별하는 척도가 되기도 합니다. 하지만 음악적인 요소가 언어를 규정하는 결정적인 기준은 될 수 없습니다. 모든 언어가 나름의 음악적인 개성을 지니고는 있지만, 그렇다고 해서 언어를 음악으로 이해하지는 않습니다. 그러니까 우리가 언어를 언어로 인식할 수 있는 중요한 열쇠는 다른 곳에 있는 것이지요.

누구나 음악을 창작할 수 있습니다. 그러나 한 사회에서 통용되는 언어를 대체할 수 있는 새로운 언어를 개인이 임의로 창조해 내는 것은 불가능합니다. 그러나 역사적으로 이러한 시도는 있었고, 에스페란토어가 바로 그런 노력의 일환으로 고안되었지만 이는 어디까지나 인위적인 언어일 뿐입니다. 물론 에스페란토어의 〈창안자〉들은 통용되는 그 어떤 언어보다도 그들이 고안해 낸 언어의 구조가 간단하고 논리적이며 실용적이라고 역설합니다. 하지만 에스페란토어는 결코 살아 숨 쉬는 언어의 자격을 취득할 수 없습니다. 그 누구도 에스페란토어를 진정한 언어로 느끼지는 못할 것이며 에스페란토어야말로 〈언어가 아닌 언어〉의 전형적인 본보기라고 할 수 있습니다.

에스페란토어는 언어라기보다는 오히려 음악의 범주에 더 가까운 하나의 거대한 약속 덩어리입니다. 이렇게 에스페란토어가 우리 사회에서 살아 움직이는 언어로 통용될 수 없는 것은, 언어가 복잡한 부호의 체계로 구성된 음악과는 분명 다르다는 것을 반증하는 좋은 예이기도 합니다. 음악적으로 천부적인 재능을 가진 사람이라고 해서 반드시 언어 영역에서도 특출한 능력을 발휘할 수 있는 것은 아니라는 말입니다. 그러니까 음악적 재능이 뛰어난 사람이라고 해서 외국어를 쉽게 습득하지는 못한다는 것이지요. 일상 언어생활 속에서 우리가 〈어학의 천재〉와 〈음악의 천재〉를 구분하여 지칭하듯이 이 두 세계는 엄연히 다른 영역에 속하는 것입니다.

일반적으로 음악적 재능을 가진 사람은 오히려 수학 분야에서 탁월한 능력을 발휘하는 경우가 많습니다. 언어를 이해하기 위해서 우리는 언어가 가진 음악적인 요소를 배제해야, 즉 우리의 의식에서 지워야 합니다. 실제로 대화를 나누면서 우리는 언어의 음악적인 요소에 주의를 기울이지는 않습니다. 청각 편에서 실험을 통해 개별적 악기 소리의 미세한 진동이 인체의 각기 다른 부분에서 감지되는 경험을 해 보았듯이, 언어의 음악적인 요소에만 집중하여 각 언어가 가진 고유한 특성을 비교해 보는 것도 물론 흥미로울 수는 있을 것입니다. 그러나 언어를 음악적인 요소에만 몰두하여 듣게 되면, 그 언어가 어떻게 들리는지는 파악할 수는 있어도 무엇을 말하는지는 이해할 수 없습니다. 보통 대화를 할 때 우리는 언어의 음악적 요소를 함께 듣게 되지만 그 요소를 우리가 의식으로 받아들이지는 않는다는 것이지요. 상대방이 하는 말의 내용을 듣기 위해서는 언어의 음악적인 요소를 우리의 의식에서 지워버려야 합니다: 언어는 언어일 뿐입니다.

개인이 임의로 언어를 창안하는 것도 불가능한 일이지만, 한 사회에서 새로운 단어가 탄생하는 것 역시 쉬운 일은 아닙니다. 여러분이 신조어를 만들어 유포한다고 가정해 보십시오. 개인이 만든 새로운 단어가 한 사회에서 받아들여지고 통용될 가능성은 과연 얼마나 된다고 생각하십니까? 한 사회에서 신조어는 어느 날 갑자기 〈창조〉됩니다. 새로운 단어가 어디에서 유래하는지조차 모른 채 무심히 사용하는 경우가 많습니다.

네덜란드어로 자전거를 뜻하는 〈fiets〉를 예로 들어봅시다. 이 단어의 어원은 무엇일까요? 혹자는 프랑스어의 〈vélocipède〉에서 파생했다고 주장하지만 아직 검증되지 않은 가설일 뿐입니다. 설사 사실이라고 하더라도 그렇다면 누구에 의해 이런 단어가 도입된 것일까요? 그리고 왜 어원과 유사한 〈velos〉나 그와 비슷한 형태가 아니고 하필 〈fiets〉라고 표기한 것일까요?

신조어는 어느 날 갑자기 생성되어 한 사회에 〈정착하는〉 것입니다. 그런데 어느 사회에서나 신조어를 창출하고 언어를 개혁하며 자국어의 발달에 지대한 영향을 미친 역사적인 인물들이 존재합니다. 예를 들면 독일의 종교개혁가인 루터는 성서를 독일어로 번역하여 완성함으로써 현 독일어의 발달에 혁혁한 공헌을 했고, 라틴어에서 파생되어 오랫동안 소수 민족의 언어로 취급받던 이탈리아어는 단테로 인해 그 문학성을 인정받았습니다. 비록 개인적인 차원이라 하더라도 이렇게 위대한 예술가나 사상가는 언어를 형성하고 변화시킬 수 있는 능력을 가지고 있습니다. 누구나 창작할 수 있는 음악과는 달리 개인이 임의로 변화시키기 어려운 언어의 지혜로운 세계는 분명 음악적 요소를 넘어서는 그 어떤 독자적인 영역을 구축하고 있는 것입니다.

그렇다면 음악적인 요소를 배제한 언어만의 고유한 세계는 구체적으로 어떤 모습일까요? 언어는 모음과 자음으로 구성됩니다. 여러분은 이러한 언어의 구조가 〈단성과 혼성으로 구성되는〉 음악의 구조와 무슨 차이가 있는지에 대한 의문을 제기할 수 있습니다. 이에 대한 답을 여러분이 스스로 찾기를 바라면서 다음과 같은 설명으로 대신하려고 합니다.

피아노의 음계로는 절대 실행할 수 없는 것을 언어의 구성 요소로는 가능한 영역이 있습니다. 예를 들어 피아노 건반에서 A라는 음은 일정한 파동의 주파수를 가진 확정된 소리입니다. 이 특정한 높이의 음을 우리가 A음이라고 규정한 것이지요. 이렇게 음을 구성하는 요소인 음계는 각기 확고하게 정해진 위치에서 일정한 높이의 소리를 내게 됩니다. 이와 달리 언어의 구성 요소인 모음 A를 통하여 우리는 특이한 경험을 해볼 수 있습니다. 모음 A를 규정하는 음의 높이는 고정되어 있지 않습니다. 따라서 아주 낮은 베이스음에서부터 아주 높은 고음에 이르기까지 어떤 음으로 A를 발성하더라도 A는 동일한 의미를 지닙니다. 또 우리는 모음 하나로 노래 한 곡의 전체 멜로디를 따라 부를 수도 있습니다.

모음보다는 조금 어려울 수도 있겠으나 자음도 이와 마찬가지입니다. 지금 당장 저는 여러분에게 N이라는 자음 하나만 가지고도 멋진 노래 한 곡조를 들려드릴 수 있습니다. 이처럼 언어의 개별적인 구성 요소로는 다양한 멜로디를 생산해 낼 수 있지만, 음악의 구성 요소로는 단지 일정하게 고정된 하나의 소리만을 낼 수 있을 뿐입니다.

언어의 구성 요소가 가지는 이러한 기능을 우리는 다양한 멜로디를 연주해 낼 수 있는 바이올린이나 플루트 그리고 피아노 같은 악기에 대비시켜 볼 수 있습니다. 따라서 언어의 구성 요소인 개별적인 모음과 자음이 지닌 가치는 악기 각각이 지닌 가치에 상응한다고 할 수 있겠지요. 말하자면 바이올린이라는 악기로 연주되는 곡을 우리는 모음이나 혹은 자음 하나로 똑같이 따라 할 수 있는 것입니다.

언어가 가지는 이러한 기능은 음악이 가지는 기능에 비해 한층 더 높은 차원이라고 볼 수 있습니다. 예를 들면 〈식물〉이라는 단어의 뜻을 이해하기 위해서 우리는 이 단어의 음악적인 요소는 무시하게 됩니다. 식물이란 단어를 자모로 한번 분해하여 보십시오.(ㅅ, ㅣ, ㄱ, ㅁ, ㅜ, ㄹ) 그리고 나서 이 단어를 한 번은 저음으로 또 한 번은 고음으로 소리 내어 읽어 보십시오. 우리는 여기에서 묘한 현상을 발견하게 됩니다. 식물이란 단어를 구성하는 자모는 각각 개별적인 하나의 악기에 해당하므로 우리가 이 단어를 듣는다는 것은 악기들이 순서대로 하는 연주를 듣는 것과 같습니다. 이를테면 기타 소리가 나고 연이어 플루트가 연주되고 곧바로 바이올린 소리가 이어지면서 트럼펫이 뒤를 잇는 식으로 계속 다양한 악기가 릴레이를 하며 소리를 내는 것이지요.

우리가 언어를 듣는 것은 바로 이렇게 일련의 악기들이 순차적으로 연주를 하며 내는 소리를 듣는 것과 같습니다. 그런데 이 단어의 의미를 이해하기 위해서는 음악적인 요소를 우리의 의식에서 끊임없이 지우면서 음악적인 차원을 넘어서야 합니다. 저는 지금까지 유일하게 한 사람에게서 위에서 제가 설명한 것과 똑같이 묘사한 것을 본 적이 있습니다.

영국의 작가인 하우드A. C. Harwood는 자신의 경험을 다음과 같이 기술합니다. 여행 중이던 하우드는 어느 날 몹시 피곤한 상태로 호텔 방에 들어가 잠을 청합니다. 잠들기 바로 직전, 옆 객실로 다른 투숙객들이 들어오는 소리가 들립니다. 옆방에서 나는 소음으로 인해 하우드는 깊은 잠에 빠지지 못하고 반수면 상태에서 어쩔 수 없이 들려오는 소리를 듣게 됩니다. 그런데 옆방에 투숙한 손님들은 외국인이고 그들이 사용하는 언어를 하우드는 이해하지 못합니다. 이때 하우드가 경험하는 언어의 세계는 뜻이 전혀 전달되지 않으므로 언어의 순수한 현상 자체이며, 몸이 극도로 지친 그의 사고력은 차단된 상태입니다. 이런 상황에서 하우드는 어떤 체험을 하였을까요? 하우드는 자신의 느낌을 다음과 같이 표현하고 있습니다.

"마치 다양한 악기가 교체되며 순차적으로 연주되는 멜로디를 듣는 것 같았는데, 악기가 교체되는 순간의 연결음은 끊어짐 없이 아주 부드럽고 조화롭게 이어졌다."[29]

여러분의 이해를 돕기 위해 제가 지금까지 장황하게 설명한 내용을 하우드는 단 하나의 문장으로 간결하게 압축해 내고 있습니다. 이 일화는 인간의 의식이 반쯤 깬 상태에서 지각한 언어의 음악적인 특성에 관한 실제의 경험담입니다. 이를 통해 우리는 언어를 이해하기 위해서 단순한 음향이나 음악을 듣는 것보다 더 많은 의식의 과정을 거치게 됨을 알 수 있습니다.

소리를 듣기 위해서 우리는 맨 먼저 음파를 지우고, 다시 언어의 멜로디를 지각하기 위해서 음계를 지우고, 그 다음 단계에서 멜로디를 비롯한 언어의 모든 음악적인 요소를 지울 때 비로소 언어의 내용을 인식하게 됩니다. 이와 같은 과정에 대한 이해를 통해서 언어의 구성 요소가 음악의 구성 요소에 비해 더 높은 차원의 의식에 속한다는 것을 알 수 있습니다. 그러니까 모음과 자음은 지상의 물질로 만들어진 악기와는 차원이 다른 우주를 향한 인간 정신의 악기이며, 인간은 이 초감각적 차원의 악기들을 자유롭게 결합시켜 아름다운 정신적 차원의 멜로디를 연주할 수 있는 위대한 능력의 소유자들입니다. 그런데 인간이 자모의 철자라는 악기를 이용하여 단어를 구성하는 방식은 결코 임의로 이루어지는 것이 아닙니다.

그렇다면 인간은 어떤 기준에 의해 사고나 감정 또는 상황을 표현하는 적절한 악기를 선택하는 것일까요? 선택된 다양한 악기들을 상호 비교해 봄으로써 그 기준을 한번 살펴보기로 하겠습니다.

네덜란드어로 달팽이를 의미하는 〈slak〉를 예로 들어봅시다. 독일어로는 〈Schnecke〉라고 합니다. 하지만 네덜란드어의 L 발음이 달팽이라는 동물의 끈적거리고 미끄러운 속성을 더 잘 표현하고 있습니다. 말하자면 네덜란드인들이 더 적합한 악기를 선택한 셈이지요. 또 다른 예를 들어 보겠습니다. 독일어로 장갑이란 의미의 단어는 〈Handschuh〉입니다. 영국인들은 〈glove〉라고 하지요. 그런데 영국인들이 선택한 알파벳의 악기들이 장갑 안으로 손이 부드럽게 쏙 미끄러져 들어가는 느낌을 더 멋지게 표현하고 있습니다. 계속해서 몇 개의 예를 더 들어보기로 하겠습니다. 둥근 것을 의미하는 네덜란드어는 〈bol〉인데, 독일어도 이와 유사한 느낌의 〈Ball〉, 〈ballen〉, 〈Beule〉라는 표현을 사용합니다. 자전거나 자동차의 바퀴를 의미하는 네덜란드어의 〈wiel〉은 소리 없이 잘 굴러가는 느낌을 주지만, 똑같은 의미의 독일어인 〈Rad〉는 덜커덕거리는 듯한 거친 느낌을 줍니다. 네덜란드인들은 비행기가 〈over het gebergte: 산 위로〉 날아간다고 말합니다. 독일인들은 〈über das Gebirge〉라고 표현합니다. 독일어의 ü(위)가 네덜란드어의 o(오)보다 〈더 높게〉 느껴집니다. 네덜란드어로 〈가라앉다〉라는 의미의 동사는 〈zinken – zonk – gezonken〉으로 변화합니다. 이에 상응하는 독일어의 동사 변화는 〈sinken – sank – gesunken〉인데, 독일어의 과거분사 gesunken의 u에서 더 깊이 가라앉는 느낌을 받습니다. 플루트를 의미하는 독일어는 Flöte이고 프랑스어로는 la flûte입니다. 그런데 프랑스의 플루트에서 나는 소리가 훨씬 더 아름답게 들리지 않습니까? 고유운동감각 편에서 인지학의 동작예술인 오이리트미에 대해서 살펴본 적이 있습니다. 개별적인 악기에 상응하는 자음과 모음에서 울리는 우주의 소리를 언어 오이리트미라는 창조적인 힘으로 형성해 내는 것입니다. 본래 인류는 하나의 언어를 공유했습니다. 그러나 지나친 오만과 불화의 대가로 인류는 언어의 혼란에 빠지고 말았으며, 『성서』는 이러한 인류의 역사를 바벨탑의 사건으로 기록하고 있습니다. 현 시대를 살아가는 인류가 풀어야 할 주요한 과제 중 하나는 각 민족으로 분열된 언어의 혼란을 다시 극복하고 이전의 단일 언어로 환원하는 것입니다.

다음과 같은 단순한 실험을 한번 해 보십시오. 자연에서 생성되는 기계적인 소음(예를 들면 천둥소리, 암석이 굴러 떨어지는 소리, 시냇물이 졸졸 흐르는 소리 혹은 악기소리 등)들과 사자가 포효하는 소리와 같은 짐승들이 내는 소리들을 서로 비교해 가며 유의해서 들어보시기 바랍니다. 동물의 울음소리에서 우리는 그 동물의 본질적인 특성을 느낄 수 있습니다. 원초적인 형태의 언어감각은 바로 이러한 동물들이 내는 소리에서부터 출발합니다. 단 본질을 드러내는 동물들의 이러한 소리를 일부 동물들이 기계적으로 내는 소리, 예를 들어 황새가 주둥이를 딱딱 부딪치는 소리, 반복적인 리듬으로 울어대는 귀뚜라미 소리나 딱따구리가 나무를 쪼는 소리 등과 혼동해서는 안 됩니다. 이를테면 플루트를 연주할 때 악기에서 나는 소리와 직접 휘파람을 불 때 인간 생명체의 내면에서 울리는 소리와의 섬세한 차이 정도라 할 수 있겠습니다.

　　루돌프 슈타이너가 명명한 단어감각이라고도 하는 이 언어감각은 12 감각 중에서 고유운동감각에 대비됩니다. 고유운동감각을 통하여 우리는 움직일 수 있고 또 움직이는 것을 느낍니다. 그렇다면 움직인다는 것은 구체적으로 무엇을 하는 것을 의미할까요?

　　인간의 움직임은 크게, 상황에 순응하기 위한 동작과 감정을 표현하는 동작, 두 가지로 나눌 수 있습니다. 도구나 공구를 사용하며 움직이는, 즉 수단을 사용하여 무엇을 하기 위한 모든 움직임을 일컬어 〈순응 동작〉이라고 할 수 있습니다. 예를 들면 목공일을 하거나 대패질을 하거나 옷을 입거나 운전을 하거나 차를 마시거나 하는 등의 움직임이 이에 속합니다. (무엇을 가리킬 때도 우리는 손가락을 도구로 사용하여 움직입니다) 이와 달리 감정의 상태를 표현하는 움직임을 우리는 〈표현 동작〉이라고 부를 수 있습니다. 예를 들면 깜짝 놀라거나 겁에 질리거나 공포에 떨거나 혹은 기쁨으로 얼굴이 환하게 펴지며 생기는 움직임 등이 그것입니다. 이런 표정에서 무엇보다 중요한 역할을 하는 것은 눈썹입니다. 참고로 짐승에게는 눈썹이 없으며, 유인원도 눈썹이 있는 자리가 민숭민숭할 뿐입니다. 삶의 연륜에 따라서 얼굴에 그대로 드러나는 가로 세로의 주름들은 우리가 살아가면서 표출한 감정들의 흔적입니다.

　　만약 우리가 공구를 손에 쥐고 무엇인가를 하기 위하여 움직인다면, 이 움직임을 자음을 사용하는 것에 비교해 볼 수 있습니다. 언어에서 자음은 인간이 사용하는 도구에 해당합니다. 그러니까 도구에 비교되는 자음은 언어의 구조를 형성하는 언어의 뼈대라고 할 수 있습니다. 그런데 한 가지 흥미로운 사실은 각 지방마다 상이한 방언에서 자음은 그다지 큰 차이를 보이지 않는 반면, 모음은 지역에 따라서 상당한 차이를 나타낸다는 것입니다. 이러한 현상은 국가 간의 언어체계에서도 관찰할 수 있습니다. 예를 들면 언어학적으로 같은 어족에 속하는 네덜란드어와 독일어의, boom – Baum(나무), hond – Hund(개), sterk – stark(강한)에서, 동일한 의미의 단어가 자음은 같고 모음만 다르게 표기됨을 볼 수 있습니다. 따라서 각 민족의 영혼을 표상하는 언어와 지역적으로 다른 인간의 정서가 표출되는 방언에서 차이를 나타내는 모음은 인간의 감정에 따라 움직이는 표현 동작에 비교될 수 있는 것입니다.

앞에서 인간은 언어를 스스로 형성해 낼 수 있는 능력이 없다고 했습니다. 인간을 통하여 언어를 형성하는 힘은 우주의 정신세계에 속하는 대천사의 존재에서 비롯합니다. 대천사는 개별적인 존재를 보호하고 지켜주는 천사와는 차원이 다릅니다. 인간에게는 누구나 자신을 보호해 주고 지켜주는 수호천사가 있습니다. 이렇게 개체와 관계하는 수호천사와 달리 대천사는 동일한 언어를 사용하는 하나의 인간 집단과 소통하며, 집단의 구성원들이 상호 동질감을 느끼고 또 교육을 받는 수단이 되는 언어 형성에 관계합니다. 그러니까 우리가 언어를 듣는다는 것은 원칙적으로 그 집단을 인도하는 대천사의 목소리를 듣는 것이나 다름없습니다. 대천사의 존재는 비록 각 개인을 인도하는 수호천사처럼 가깝고 친밀하게 경험할 수 있는 존재는 아니지만, 언어를 통하여 간접적으로 개체의 형성에 영향을 미칩니다. 왜냐하면 언어는 형성하는 힘을 가지고 있기 때문입니다. 예를 들면 체코어와 같이 유난히 자음이 많은 언어와 모음을 많이 사용하는 또 다른 언어 사이에서 우리는 단지 상이한 언어의 구조만 인식하는 것이 아니라, 사용하는 언어의 영향으로 형성된 각기 다른 고유한 민족성을 발견하게 됩니다. 어떤 언어권에서 태어나서 성장하느냐는 한 개체의 형성에 지대한 영향을 미칩니다. 한편 우리는 언어를 이해하기 위해 몰입할 때, 대천사의 세계에 도달할 수 있습니다. 이 때 자신의 존재나 감정을 완전히 배제하고, 개인적인 차원을 넘어 신적 차원에 속하는 대천사의 목소리에 귀를 기울여야 합니다. 한 인간 집단 전체를 이끄는 언어정신 또는 민족정신으로 발현되는 대천사의 존재는 개인을 수호하는 천사보다 높은 차원의 존재이기 때문입니다. 언어란 다양한 악기들이 이음새가 끊이지 않고 유기적이고도 유연하게 연결되어 내는 조화로운 소리입니다. 이러한 악기들 속에 내재된 언어정신인 대천사의 감정과 창조적인 힘은 인간이 사용하는 언어를 통하여 인간에게 끊임없이 영향을 미치고 있습니다.

11

사고감각

계속해서 사고감각에 대해서 살펴보기로 하겠습니다. 루돌프 슈타이너는 사고감각을 통하여 언어의 역할에는 인간이 언어를 듣고 이해하는 것 이외에 또 하나의 영역이 있다는 사실을 전달하고자 했습니다. 즉, 말로 표현한 것을 이해하고 그것을 인식하는 영역에 관한 것입니다. 한 언어를 자유롭게 구사할 수 있어야만(반드시 모국어일 필요는 없습니다), 그 언어로 표현되는 내용이 우리에게 투명하게 전달될 수 있습니다. 그리고 언어를 통하여 전달된 내용을 이해함으로써 언어의 이면에 또 다른 세계가 존재한다는 것을 인식하고 경험하게 되는 것입니다. 또 언어를 통하여 접한 내용은 우리의 의식에 개념으로 형성됩니다. 그런데 루돌프 슈타이너는 그의 저서 『자유의 철학』 4장에서 개념은 원칙적으로 언어로 표현될 수 없는 것이라고 말합니다. 여러분 스스로 개념이란 무엇이고 또 사고란 무엇인지 말로 설명하려는 시도를 한번 해 보십시오. 이러한 추상적인 개념의 세계를 말로 구체적으로 표현하기는 쉬운 일이 아닙니다. 우리가 사용하는 단어란 단지 개념의 세계가 존재한다는 사실을 입증해 줄 뿐입니다. 인간이 생각하는 것을 언어로 정확하게 표현해 내기가 어렵다는 것은 흥미로운 사실입니다.

그렇다면 왜 이러한 인간의 노력은 헛될 수 밖에 없는 것일까요? 그리고 인간이 사고하는 대상인 개념들이 언어와 다른 영역에 속한다면 개념들은 과연 어디에 존재하는 것일까요?

사고의 대상인 개념들은 언어보다 높은 차원의 의식에 존재합니다. 그런데 이러한 개념의 세계, 즉 자신의 생각을 타인에게 전달하기 위해서는 매개체로서 반드시 언어가 필요합니다. 우선 우리는 영어나 프랑스어 혹은 네덜란드어나 독일어 등의 다양한 언어 중에서 자신의 생각을 표현하기 위한 언어를 선택해야 할 것입니다. 경우에 따라서 한 언어로는 불충분하여 다른 언어에서 적절한 표현을 차용하기도 합니다. 예를 들면 네덜란드어에는 독일어의 〈überhaupt〉에 해당하는 단어가 없으며, 독일어에는 네덜란드어의〈het valt mee〉에 해당하는 문구가 없습니다. 네덜란드어의 이 관용구는 외국어로 번역할 수 없는 전형적인 예입니다. 또 학문적인 발달이나 연구의 수준이 아직 초보 단계에 머물러있어서 용어가 제대로 정착되지 못한 전문 분야는 어휘가 빈약할 수밖에 없으므로 사고를 정확하게 표현하거나 전달하기가 어려운 경우도 있습니다. 인지학에 종사하는 분들은 누구보다도 이러한 어려움을 잘 알고 계십니다.

　루돌프 슈타이너는 자신의 심오한 정신적 체험을 가능한 한 명확하게 설명하기 위해 최대한 노력을 기울였습니다. 하지만 그의 사고 체계를 담고 있는 언어는 독일어입니다. 이에 상응하는 네덜란드어의 어휘를 찾기가 경우에 따라서는 보통 어려운 일이 아닙니다. 여러분도 분명 이와 유사한 경험을 하신 적이 있을 것입니다. 무엇인가 생각 속에서는 선명하게 떠오르지만 그 생각에 옷을 입힐 적절한 어휘를 찾지 못해서 안타까웠던 경험을 종종 하셨을 것입니다. 이러한 순간에 우리는 언어로 표현할 수 없는 또 다른 차원의 세계가 존재함을 가장 확연히 느낄 수 있습니다. 이러한 어려움을 무릅쓰고 굳이 말로 표현하려고 애쓸 때, 갈등만 야기했던 바벨탑의 사건처럼 우리는 비록 열심히 떠들기는 하지만 서로 이해하지 못하는 언어의 혼란에 빠지고 마는 것입니다.

　개념이란 원래 말로 표현할 수 없는 것임에도 불구하고 우리는 한 언어를 선택하여 표현합니다. 예를 들어서 책상이란 의미의 단어를 〈table〉, 〈Tisch〉, 〈tafel〉 등 여러 가지 다양한 언어로 표현할 수 있습니다. 하지만 이것은 단지 영어로 표현된 책상이냐 혹은 독일어로 표현된 책상이냐의 차이일 뿐, 책상이란 개념 자체는 아닙니다. 그러면 도대체 〈책상〉이라는 단어의 개념은 무엇입니까?

　개념은 완벽하게 고요한 침묵의 세계에 존재합니다.

　자, 이제 우리는 개념의 세계에 도달하기 위해서는 의식에서 언어를 지워야한다는 사실을 직관적으로 느낄 수 있습니다. 인간의 생각은 결코 언어로 완벽하게 표현될 수 없습니다. 상대방이 하는 말을 의식에서 지울 때 비로소 상대방의 생각을 이해하게 됩니다. 그러니까 독일어의 〈Tisch〉나 프랑스어의 〈tafel〉 혹은 영어의 〈table〉이라는 단어를 우리의 의식에서 지움으로써 우리는 단지 언어의 차원에 머물지 않고, 이 모든 언어를 초월한 개념의 세계에 도달하는 것입니다. 사고감각이 작용하기 위해서는 우리의 의식에서 점점 더 많은 것이 지워져야 함을 알 수 있습니다. 가장 먼저 음의 진동이 지워져야 하는데, 그러기 위해서는 먼저 음파를 잘 감지할 수 있는 청각기관이 발달되어야 할 것입니다. 사회적인 성격을 띠는 청각의 기능을 도와주는 존재는 천사입니다. 다음 단계에서 언어를 듣고 이해하기 위해서 우리는 언어가 가진 음악적인 모든 요소를 의식에서 지우게 됩니다. 이러한 언어감각의 기능을 도와주는 존재는 천사보다 높은 차원의 존재인 대천사입니다. 언어를 이해하게 되면 투명해진 언어의 세계를 관통한 저 편에 또 다른 하나의 세계가 존재한다는 것을 인식하는 순간이 있습니다. 그러니까 이해한 언어를 의식에서 지울 때, 우리는 언어의 이면에 존재하는 더 높은 차원인 개념의 세계에 도달하게 되는 것입니다. 이러한 지움의 단계적인 과정을 통해서 우리는 만물을 지탱하는 존재인 초언어의 세계로 고양되는 것입니다. 인간은 이렇게 언어를 의식에서 지움으로써 함께 살아가는 타인의 생각을 이해할 수 있습니다.

사고감각은 생명감각과 대비되는 관계에 있습니다. 우리는 생명감각으로 아픈지 혹은 피곤한지를 판단하고 배고픔이나 생기 등을 느끼며 끊임없이 몸의 상태를 감지합니다. 그러니까 생명감각은 몸의 체질, 즉 몸의 생명과 관계되는 것입니다. 이와 달리 개념의 세계는 인간의 육체적인 상태와는 전혀 무관한 영역입니다. 이를테면 누군가가 설명하는 개념 세계의 참과 거짓이 그 설명을 듣는 사람의 몸 상태에 따라서 달라질 수는 없다는 것입니다. 예를 들어 몸의 컨디션이 좋지 않다고 해서 "오늘따라 편두통이 심해서인지 삼각형에서 세 각의 합은 도저히 180°가 아니다."라고 주장할 수는 없을 것입니다.

영원불변의 고요한 진리의 세계에 도달하기 위해서는 생명감각의 작용을 의식해서는 안됩니다. 말하자면 사고감각에 몰두하기 위해서 우리는 생명감각의 의식을 단념해야 한다고 할 수 있습니다. 이렇게 생명감각에 대한 의식을 단념하기 위해서는 먼저 생명감각이 잘 발달되어야 할 것입니다. 무엇인가를 희생하기 위해서는 먼저 희생할 그 무엇이 존재해야 하고, 또한 그것을 잘 알아야 하기 때문입니다.

생명감각을 통하여 무엇을 배웠습니까? 우리는 생명감각을 통하여 인간의 〈시련에 대한 도전〉을 깨달을 수 있었습니다. 인간은 때로 자발적으로 고통을 찾아 나서기도 합니다. 그리고 이러한 육체의 고통을 경험하지 못한다면 인간은 결코 정신적 차원인 진리의 세계에 도달하지 못할 것입니다. 따라서 아동기나 청소년기에 생명감각을 충분히 단련하는 것은 특별히 중요한 삶의 과제라고 할 수 있습니다. 아이를 고통으로부터 지키기 위해 지나친 과잉보호를 하게 되면, 그렇게 자란 아이는 진실에 대한 개념이 희박한 인격체로 성장할 수밖에 없습니다.

이는 한 사회의 문화에도 똑같이 적용됩니다. 이러한 사회에서는 아무런 거리낌 없이 다음과 같은 설명으로 아이들을 교육할 것입니다.(다음의 인용문은 실제로 아이들의 성교육에 관한 계몽서에서 발췌한 것입니다) "너희들이 이 세상에 어떻게 태어났는지 알고 싶겠지? 너희들은 알(난자)을 깨고 태어났단다. 모든 인간과 동물이 알(난자)에서 태어나듯이 너희들 역시 작은 알이었단다." 이런 내용을 만날 때마다 아이들의 미래가 걱정되어 마음이 아픕니다. 이 책은 아이들에게 인간은 알(난자)에서 태어나므로 원래 알에 불과하다는 설명을 하고 있습니다. 이 말은 곧 다음의 내용과 같은 논리입니다. "저기 봐! 아빠가 자동차에서 나오지? 그러니까 아빠는 원래 자동차였단다."라고 하는 것이나 다를 바가 없습니다. 이 책의 저자는 이런 터무니없는 내용을 초등학교 1학년 학생들에게 권장하고 있습니다. 물론 황새가 아이를 물어온다는 이야기도 사실은 아니지만, 아이들이 알에 불과하다는 말은 도가 지나칩니다.

참된 진리에 도달하기 위해서는 언제나 고통이 따르기 마련입니다. 우리는 이런 고통을 이겨낼 수 있는 강한 정신력을 기를 필요가 있습니다. 초등학교 시절에 산수숙제를 하며 골머리를 앓았던 기억을 한번 더듬어 보십시오. 또 제가 이 강연에서 사실은 여러분을 정신적으로 괴롭히고 있다고 말할 수 있습니다. 인간은 수많은 고통을 감내하고 극복함으로써 진리에 대한 의식의 싹이 트고 자라는 것입니다. 이런 의미에서 루돌프 슈타이너는 지혜를 고통의 결정체라고 했습니다. 따라서 힘들어 하더라도 가급적이면 스스로 하도록 장려하는 것이 진정 아이들을 위하는 자세입니다.

반대의 경우도 중요합니다. 즉 아이들이 하고 싶은 것을 포기하고 자제하는 고통과도 친해져야 하는 것입니다. 배가 고파도 참고 기다릴 줄 알며, 하고 싶은 마음을 억누를 줄도 알고, 하기 싫은 일도 인내심을 갖고 끝까지 해내는 노력들이 아이들의 정신적 성장을 위한 기름진 자양분이 되는 것입니다. 혼자의 힘으로 애써 성취하는 것이 아니라 언제나 즉각적인 답을 얻는 것은 아이들을 위해 전혀 유익하지 않습니다. 어려서부터 이런 정신적인 고통에 대한 훈련을 쌓지 않는다면 결코 참된 진리의 세계를 경험할 수 없을 것이며, 또 인내심을 갖고 타인의 설명을 이해하려는 노력을 통해 타인의 개념세계에 도달할 수도 없을 것입니다.

　　생명감각에 의한 육체적 고통의 경험을 통해서 인간은 정신의 통증에 대한 의식을 갖게 되고, 정신적인 고통의 극복을 통해서 인간은 마침내 진리의 세계에 도달할 수 있습니다. 육체의 고통이 우리의 의식에서 지워지는 과정을 통해, 즉 육체적인 고통의 체험이 정신적인 차원으로 고양될 때, 비로소 우리는 진실에 어긋난 타인의 말에 정신적인 통증을 느낄 수 있게 되는 것입니다. 여기에서 진실에 어긋난 말이란 비도덕적인 거짓을 의미하는 것이 아닙니다. 앞에서 언급한 계몽서의 저자는 거의 종교적인 믿음에 가까운 신념을 바탕으로 진정 아이들을 위하는 마음에서 그와 같은 설명을 하고 있습니다. 하지만 가장 단순한 논리에도 맞지 않는 이 책의 내용은 참된 진실이 아니므로 우리가 받아들이기 힘든 것입니다. 참된 진실에 어긋나는 상황에서 정신적 통증을 느끼는 것이 인간다운 삶의 핵심임에도 불구하고, 오늘날 우리 사회에서 이런 의식을 소유하는 사람의 수가 점점 적어지는 경향이 있습니다. 그렇다면 들을 수 있는 모든 것을 우리의 의식에서 지워버리고, 언어마저 초월하는 개념의 세계를 우리가 인식할 수 있는 힘의 원천은 무엇일까요? 물론 사고감각의 작용에서 언어가 매개의 역할을 하기는 하지만 언어정신(대천사)은 개념의 세계에서는 아무런 의미가 없습니다.

루돌프 슈타이너는 인간이 사고감각으로 개념의 세계를 인식할 수 있는 능력은 전 인류 역사를 통해 인간에게 영향을 미치며 도와주는, 언어정신보다 더 높은 차원의 존재에서 비롯한다고 했습니다. 우리가 소리를 감지하기 위해서는 천사의 도움이 필요하고, 언어를 듣고 이해하기 위해서는 대천사의 도움이 필요하듯이, 개념의 세계에 도달하기 위해서 우리는 보편적 〈인간정신〉의 도움을 필요로 합니다. 여기에서 우리는 인간의 사고감각이 그리스도의 존재와 직접적인 연관성이 있음을 알게 됩니다. 왜냐하면 〈단지 묵상하는 사고의 세계 속에서만 그리스도의 정신은 그 참된 모습을 드러내기〉 때문입니다.[30] 온전히 침묵으로 덮인 개념의 세계 속에서 보편한 인간정신을 통하여 인간은 서로 결합되어 있습니다. 개념의 세계 속에는 모든 인간을 합일시키는 그 어떤 힘이 존재하는데, 이 힘은 결코 언어로 표현할 수 없으며 언어를 매개로 한 자기 표현의 차원을 초월한, 모든 인간의 내면에 개념으로 그리고 상상으로만 존재하는 힘입니다. 우리는 사고의 세계 속에서 그리스도를 향한 첫 번째 다리를 건널 수 있습니다. 개념의 세계 속에서 우리는 모든 인간을 도와주는 그리스도를 우주의 실재자로, 진리의 정신으로 그리고 신의 창조적 이성인 로고스

(요한의 복음서 1장에서 예수를 지칭하는 말)로 경험하게 되는 것입니다.

사고감각은 우리가 생명감각을 의식하지 않고, 또 언어감각이 지각한 것을 지우면서 작용함을 살펴보았습니다. 이것을 간단히 다음과 같이 표현할 수 있습니다: 사고감각은 생명감각의 작용을 의식하지 않지만 반드시 필요로 한다.

개념의 세계와 정신적인 고통의 상관관계를 이해하게 될 때, 우리는 아동기 및 청소년기에 생명감각의 발달을 통해서, 즉 자신의 욕구를 희생할 줄 아는 고통스러운 훈련으로 길러진 희생정신은 장차 엄청난 힘으로 고양한다는 사실을 인식할 수 있습니다. 다시 말하면 정신적인 고통을 감내하며 타인의 생각을 경청하여 이해하려고 노력하면서 도달한 개념의 세계 속에서 인간은 모든 인간을 하나로 결합시키는 존재를 만나는 엄청난 경험을 하게 된다는 것입니다. 여기에서 인류 문화사의 긍정적인 한 측면을 들 수 있습니다. 인간은 혼자 연구하여 진리를 터득하려는 지적 호기심뿐만 아니라, 그룹을 형성하여 서로의 생각을 교환하고 토론하며 인식을 공유하려는 욕구를 함께 가지고 있는 점입니다. 이런 노력을 통하여 우리는 모든 인간을 결합하는 보편한 진리에 도달할 수 있습니다. 이 보편한 진리는 우주 만물의 창조적 근원을 이루는 대우주의 원리입니다.

사고감각의 특성을 반영하는 별자리는 황도 12궁의 황소자리(♉)입니다. 미루어 짐작할 수 있듯이, 소는 고기와 가죽, 털과 뿔에 이르기까지 인간에게 유용하지 않은 것이 하나도 없습니다. 젖소에서 생산되는 우유를 비롯하여 비료로 쓰이는 배설물에 이르기까지 소가 인류의 문화에 기여하는 바는 실로 막대합니다. 인류사에 공헌한 소의 업적으로 무엇보다 중요한 것은 쟁기나 수레를 끄는 엄청난 힘일 것입니다. 농경 사회에서 소는 중요한 노동력의 원천이었고 긴요한 운반의 수단이기도 했습니다. 동양의 암소 숭배 사상은 바로 농경에서 필수적 존재인 소를 보호하려는 농경 사회의 세계관과도 맞물려 있는 것입니다. 또 동양의 전통사상인 불교를 창시한 부처의 이름에서조차 이러한 사상이 엿보입니다. 고타마 혹은 가우타마 붓다라는 이름을 말 그대로 직역하면 〈가장 큰 젖소가 깨어나다〉라는 뜻입니다. 독일어로 젖소를 의미하는 〈Kuh〉나 영어의 〈cow〉는 부처의 이름 첫 자인 〈go〉와 그 어원이 같습니다. 간단히 말해서 황소나 젖소는 희생하는 동물의 대명사입니다. 이러한 희생이라는 상징성이 사고감각의 특성을 그대로 반영하고 있는 것입니다. 사고감각은 실제로 인간이 가진 모든 것을 희생하는 것과 관련이 있습니다. 오로지 자신의 육체적인 상태나 체질에 주의를 기울이며 자기 안에 갇힌 세계에서 작용하는 생명감각과는 반대로 사고감각은 자신과 관계하는 모든 것을 버리고 자기를 떠나 오로지 남의 생각을 이해하기 위해 타인에게 온전히 몰두하는 감각기관이기 때문입니다. 바로 이런 희생의 과정을 상징하는 것이 황소자리가 갖는 속성이며, 또한 사고감각의 특성입니다. 사고감각이 작용하기 위한 원동력인 희생정신은 본질적으로 사고를 하는 존재인 모든 인간을 합일하게 하는 원천의 힘인 것입니다.

다시 언어감각으로 돌아가 이와 관련되는 별자리를 살펴보기로 하겠습니다. 언어감각은 황도 12궁에서 쌍둥이자리(Ⅱ)와 관계가 있습니다. 타인의 말을 경청한다는 것은 무엇을 의미합니까? 남의 말에 귀를 기울이는 것은 상대방이 말로 표현하는 그 사람의 생각을 이해하려고 노력하는 것입니다. 대화를 하는 중에 우리는 때로 상대방의 생각을 먼저 알아차리고, 자신의 생각을 표현할 적절한 어휘를 찾지 못해 애쓰는 상대방을 도와줄 때가 있습니다. 그때 상대방은 "그래, 내가 하려던 말이 바로 그거야!"라며 반색을 합니다. 말로 무엇을 표현하려고 애쓰는 것은 초감각적인 그 무엇을 감각기관을 통하여 형상화해 내려고 고심하는 창조적인 행위입니다. 그러니까 대화를 한다는 것은 고차원에 존재하고 시간을 초월하는 불변의 진리를 덧없는 속세의 언어로 구체화하려는 독창적인 활동을 의미하는 것입니다. 이런 모습은 일상에서 어린아이들이(또는 바로 아이들이기 때문에) 자신의 의사를 전달하기 위해 안간힘을 쓰는 모습에서 가장 잘 관찰할 수 있습니다. 이렇게 인간은 언어의 도움으로 물리적 신체기관인 귀로 들을 수 없는 초감각적인 영역의 조화로운 세계를 이 지상으로 끌어오려는 노력을 합니다. 이것은 하나의 창조적인 활동입니다.

인간은 고유운동감각을 통하여 두 다리로 걸어서 직장으로 향하고 두 손으로 직무를 수행하며 사회적인 활동을 합니다. 이와 마찬가지로 대화를 나누는 것도 일종의 활동입니다. 언어감각과 연관되는 별자리의 표식은 두 아이가 활발하게 어울려 노는 모습을 표현하는데, 이 모습은 언어감각의 속성인 창조적으로 활동하는 인간의 모습을 잘 나타내 줍니다.

모든 아이들은 창조적이며, 이러한 아이들의 모습에서 우리는 지상을 천국으로 만들어야 할 인류의 과제를 상기하게 되고 또 아이와 같은 순수함만이 창조적 활동의 원동력이 될 수 있음을 알 수 있습니다. 언어를 매개로 하여 철학적 사고를 남에게 전달하는 행위도 하나의 창의적인 놀이라고 할 수 있습니다. 물론 추상적인 관념을 정확하게 표현하기 위해 적절한 단어를 찾아야 하는 아주 어렵고도 수준 높은 차원의 게임이긴 합니다만. 이런 맥락에서 볼 때 철학과 시 창작은 아주 유사한 관계에 있습니다. 단지 철학자는 철학을, 시인은 시를 사고의 매개로 하는 형식의 차이만 있을 뿐입니다. 시인도 자신의 상상력에 날개를 달 적절한 표현을 찾기 위해 고심합니다. 이렇게 언어를 통하여 지상에 모습을 드러내는 언어보다 높은 차원의 정신세계는 분명 존재합니다. 때로 우리는 아이들이나 청소년들에게서 성인보다 깊은 철학적 사고의 면모를 발견하기도 합니다. 그런데 인간의 사고를 압축적으로 담는 시가 언제나 특정한 언어를 통해 표현되어야 하는 점은 참으로 유감스러운 일입니다. 미래에 언젠가 우리가 오이리트미를 〈무언의 언어〉로 경험하게 될 날이 올 지도 모릅니다. 그 언젠가는 언어와 언어의 이면에 존재하는 인간의 사고가 동작예술인 오이리트미를 통하여 표현될 수 있기를 바라며, 우리가 오이리트미를 진정 〈침묵의 언어〉로 체험할 수 있기를 희망해 봅니다.

일상생활에서 대화를 하는 것은 우리의 사고를 언어로 표출하는 이상의 의미가 있습니다. 말을 하기 위한 수단도 단지 후두나 입에 제한되지 않고, 쌍둥이 별자리의 상징이 나타내듯이 팔과 다리의 동작도 함께 수반합니다. 두 손을 주머니에 넣고 대화에 참여하는 자세는 본인의 의사를 제대로 표현하지 못하고 우물쭈물 거리는 사람처럼 타인에게 소극적인 인상을 주기 쉽습니다. 팔과 손동작을 함께 사용하며 대화에 적극적으로 참여할 때 우리는 〈자신을 열고〉 타인에게 다가가는 진정한 사회적인 존재가 되는 것입니다. 참다운 대화의 장에서는 동작언어의 역할도 매우 중요합니다.

12

자아감각

언어감각과 사고감각에 이어서 이제 끝으로 자아감각에 대해서 살펴보기로 하겠습니다. 루돌프 슈타이너가 말하는 자아감각이란 인간이 자기 자신을 〈나〉라고 표현하고, 스스로를 독립된 개체로 인식하는 것을 의미하는 것이 아닙니다. 그와 반대로 〈나〉와 관계하는 타인도 바로 〈나〉와 똑같은 〈자아〉를 소유한 존재이며, 〈나〉와 교제하며 대화를 나누는 타인도 독립된 개체임을 인식하는 것을 말합니다. 만약 누군가 말을 하는 것을 들을 때 우리는 그 소리만 듣는 것이 아니고, 그것이 언어라는 것만 인식하는 것도 아니며, 그 사람이 하는 말을 이해할 뿐만 아니라, 그 말의 주체가 누구인지도 알 수 있습니다. 물론 타인의 자아를 인식하기 위해서는 타인과 구별되는 자신의 자아에 대한 의식이 기본적인 전제가 되어야 할 것입니다.

자신의 고유한 생각을 언어로 표현하는 것과 남의 생각을 표절하는 것은 엄연한 차이가 있습니다. 이런 차이를 구별해 내는 능력을 기르는 것은 소중한 배움의 하나임에도 불구하고 오늘날 많은 사람이 말한 사람이 누구인지 그 중요성을 쉽게 간과하는 경향이 있습니다. 단지 누군가 진실을 말한다는 사실에만 주목할 뿐이고, 누가 그 진실을 말하는지에 대해서는 비중을 두지 않습니다. 무엇보다도 중요한 것이 한 인간이 가진 자신만의 고유한 독창적 사고인데도 말입니다.

오늘날 사람들은 남의 생각을 마치 자신의 생각인 양 떠들고, 때로는 남의 생각마저도 왜곡하여 떠벌리는 경우가 허다합니다. 그렇기 때문에 누가 무엇을 말하는지, 즉 확고한 신념을 바탕으로 하는 독창적인 사고의 주체가 누구인지를 판단하는 것은 중요합니다. 만약 깊은 사고를 통한 확신을 토대로 하는 말이라면, 그 말이 비록 예전부터 존속해 온 진리라 할지라도 그 말은 상대방에게 새롭게 인식될 수 있습니다. 그러나 앵무새처럼 타인의 생각을 그대로 옮겨서 떠드는 것은 결코 진실한 힘을 발휘하지 못하며 남에게 감화를 줄 수도 없습니다.

〈나〉와 구별해서 타인의 독립된 개체를 인식할 수 있는 자아감각의 발달을 통해서 우리는 주체적인 존재가 될 수 있으며, 이렇게 주체적인 존재는 누구와 함께 〈어떤 일을 도모〉할지에 대한 결정에 망설임이 없습니다. 군인에게 요구하는 가장 중요한 덕목은 충성심과 용맹성입니다. 군인의 이러한 자질은 어떤 테스트를 통해 판단할 수 있는 성질의 것이 아닙니다. 단지 군의 지휘관이 훈련병들과 장기간의 합숙훈련을 통하여 자신의 자아감각을 바탕으로 자질을 갖춘 군인들을 선별해 낼 수 있을 뿐이지요. 우리가 자아감각을 통하여 경험하는 것은 표현된 말이나 사고의 주체가 진정 누구인지를 판단하는 것입니다. 때로 우리는 사회 지도자의 발언이 단지 정치적 의도가 담긴 노회한 화술에 불과한 지, 진정한 신념에서 우러나온 말인지 판단하기 어려울 때가 있습니다. 그의 말을 신뢰할 수 있는가에 대한 판단은 각자 자신의 자아감각을 통해서 하게 되는 것입니다.

대중매체를 통해서 쏟아지는 정략적인 흑색선전이나 광고, 또는 선정적인 머리기사나 신문매체의 일방적인 보도에 휩쓸리지 않고 자아감각을 통한 주체적인 판단을 하기 위해서 우리는 항상 의식이 깨어 있어야 합니다. 타인의 자아를 정확하게 판단할 수 있는 깨어 있는 의식을 통해서 인간은 자신의 고유한 삶의 과제도 인식할 수 있습니다. 타고난 삶의 과제를 〈수행하기〉 위해 인간은 언어를 사용하고 끊임없이 사고를 합니다. 동시에 수많은 만남에서 자신에게 영향을 주는 타인의 자아를 꿰뚫어보며, 상대방이 자신의 삶의 과제를 성공적으로 수행하기 위한 모범의 대상인지 아닌지를 판단할 수 있는 지혜를 갖추는 것도 건강한 자아감각의 발달을 통해서 비로소 가능하게 됩니다.

누군가와 대화를 나눌 때 우리는 상대방도 〈나〉와 똑같이 〈자아〉의 주체이며 독립된 개체라는 사실을 인식하게 됩니다. 동물이나 생명체가 없는 인형과 대화를 나누지는 않습니다. 인간의 만남은 이렇게 자아와 또 다른 자아가 직접 맞대면하는 것입니다. 여러분은 '비록 단편적이기는 하지만 우리가 애완동물과는 대화를 나눈다.'고 생각하실지 모릅니다. 하지만 이런 대화는 사고를 하는 존재인 인간의 대화와는 그 차원이 다릅니다. 예를 들어서 여러분이 아이와 개를 데리고 산책을 간다고 가정해 봅시다. 여러분은 함께 가는 아이에게는 "데이지 꽃이 참 예쁘게 피었지? 하늘에 떠가는 구름을 한번 보렴! 저 뒤에 보이는 교회도 정말 아름답구나!"라며 대화를 나눌 수 있습니다. 집에 돌아온 후에도 아이와 산책길에서 보고 느꼈던 것을 화제로 대화를 이어갈 수 있지만, 우리의 견공은 아마도 산책에서 얻어 온 피로를 풀기 위해 벌써 꿈속을 헤매고 있을 것입니다.

만약 어떤 사람이 여러분에게 모욕감을 주는 언사를 사용하거나 훈계를 한다면 여러분은 기분이 나빠지겠지만 동물인 개에게서 이런 느낌을 받지는 않습니다. 타인이 하는 말이나 행동에서 심리적인 영향을 받는 것은, 다른 사람도 〈나〉와 동등한 자아체라는 것을 우리가 인식하고 있기 때문입니다. 그런데 우리는 서로 논쟁을 하거나 이견이 있을 때 타인의 자아를 가장 강하게 인식하게 됩니다. 상대방과 의견이 일치하는 동안은 주로 자신의 세계에 몰두하지만, 생각이 다르거나 언쟁을 하는 순간 우리는 즉각 상대방 역시 자아의 주체라는 사실을 절감하기 때문입니다. 인간은 자아를 소유한 또 다른 인간에 의해서만 감정적인 자극을 받을 수 있습니다. 이렇게 부정적인 상황에서 그 존재감이 가장 강하게 드러나는 점이 자아감각의 고유한 특성이자 또한 우리에게 주는 교훈이기도 합니다.

한 단어는 모음과 자음으로 구성되고 개별적인 자모는 각기 다른 악기에 해당한다고 했습니다. 따라서 〈식물〉이라는 단어를 듣는 것은, 다양한 악기가 유기적으로 연결되어 순차적으로 내는 소리를 듣는 것이나 마찬가지입니다. 그렇다면 〈식물〉이라는 단어의 이면에 존재하는 개념을 인식한다는 것은 무엇에 비유할 수 있을까요? 그것은 예를 들어 〈소나타〉 같은 음악작품을 듣는 것이라고 할 수 있습니다. 〈식물〉이라는 개념의 세계는 엄청나게 넓고 풍부하기 때문입니다. 어쩌면 도서관의 자료를 통틀어도 개념 하나를 완벽하게 설명하기에는 불충분할지도 모릅니다.

그렇다면 한 문장을 듣는다는 것은 또 무엇을 의미할까요? 한 문장은 여러 개의 악곡이 상호 유기적으로 구성되어 전체로 통합되는 음악회의 연주를 듣는 것이나 다름없습니다. 문장을 형성하는 단어들은 의미 없는 개념들의 단순한 나열이 아니고 사고를 전달하기 위해 논리적으로 구성되기 때문입니다. 그러니까 한 문장은 여러 개의 악곡이 엄청나게 빠른 속도로(여기에서 시간은 아무런 의미가 없습니다) 연주되는 소리가 압축된 것입니다. 대화를 하는 것은 이렇게 여러 개의 음악회가 잇달아 열리는 대형음악회에 비유할 수 있습니다. 이러한 설명으로 이제 여러분이 눈앞에 구체적인 형상을 그릴 수 있기를 바랍니다. 누군가의 말을 경청한다는 것은, 즉 자신의 자아감각을 통하여 타인의 자아를 만난다는 것은 바로 이 대형연주회를 총체적으로 인도하는 지휘자와의 만남을 뜻하는 것입니다.

그렇다면 자아감각은 어떻게 작용하며, 우리의 의식은 또 어떤 과정을 거쳐 타인의 자아를 인식하게 되는 것일까요? 타인의 자아를 인식하기 위해서 우리는 먼저 상대방 목소리의 높낮이를 우리의 의식에서 지우고, 그 다음 단계로 타인이 사용하는 언어를 지우며, 그리고 한 단계 더 나아가 언어를 통해 표현된 사고의 주체가 진정 그 사람 자신인지를 판단하는 것에 몰두해야 합니다. 색상의 세계에도 아름다운 색과 추한 색이 공존하듯이 자아감각이 작용하는 영역에도 악마적인 요소가 존재합니다. 말을 하는 사람이 진실을 왜곡하거나 진실을 은폐하는 경우에 그렇습니다. 사고감각에 집중하기 위해서 생명감각을 희생해야 하는 것처럼 더 높은 차원의 자아감각에 몰두하기 위해서 우리는 더 많은 것을 희생해야 합니다.

자아감각의 발달을 위해서는 우선 자아감각과 대비 관계에 있는 촉각의 발달을 전제해야 합니다. 인간은 촉각을 통하여 외계와 단절되었음을 인식하게 됩니다. 촉각을 통하여 인간은 결코 외부세계에 도달할 수 없으며, 외계와 맞닿은 육체의 경계만을 의식할 수 있습니다. 이러한 촉각을 통한 경험은 자아감각의 발달을 위한 중요한 기초가 됩니다. 왜냐하면 타인의 자아를 꿰뚫어 보기 위해서는 강건한 자신의 자아의식이 형성되어 있어야 가능하기 때문입니다. 인간은 태어나서 먼저 촉각이란 갑옷으로 자신을 철저히 무장하고, 다시 자아감각의 발달을 통하여 이러한 자기무장을 해제하는 것입니다. 물론 이 과정이 의식적으로 일어나지는 않습니다.

우리는 육체 안에 존재하는 자신을 〈나〉라고 하고, 또 육체와 결부된 자신을 자아로 인식하지만, 실제로 자아는 물리적인 육체 안에 존재하는 것이 아닙니다. 자아가 육체 안에 존재한다고 생각하는 것은 단지 촉각을 통하여 그렇게 느끼기 때문입니다. 자아란 닫히고 제한된 공간인 육체 안에 머무는 것이 아니며, 다만 촉각의 작용이 마치 우리의 자아와 육체가 함께 묶여 있는 것처럼 느끼게 할 뿐입니다. 그러므로 타인의 자아를 온전히 인식하기 위해서 우리는 바로 육체와 자아의 결합을 느끼게 하는 촉각에 대한 의식에서 벗어나야 합니다.

이러한 과정은 의식적으로 되는 것이 아니고 저절로 이루어지며, 또한 나이와도 아무런 상관이 없는 것입니다. 어린 아기들은 눈을 통하여 직접 주변 사람들의 자아와 만납니다. 잊을 수 없는 엄마의 첫 미소에서 아기들은 벌써 엄마의 자아를 알아봅니다. 아기들의 이러한 능력이 잘 발달되어야 건강한 자아체로 성장할 수 있습니다. 촉각의 중요성이 바로 여기에 있습니다. 강연을 시작하면서 제일 먼저 다루었던 촉각 편에서 갓난아기가 엄마의 젖가슴을 더듬으며 모유를 먹고 자라느냐 혹은 분유가 담긴 젖병을 만지며 자라느냐는 커다란 차이가 있다고 했습니다.

인간은 촉각을 통하여 대우주와 분리되며 다시 그것과 마주 서고, 끊임없이 더듬으며 그 세계로 다시 돌아가고자 하는 원초적인 욕구를 갖게 됩니다. 이런 친밀한 기능을 갖는 촉각은 섬세하고 부드럽게 작용하는 감각기관입니다. 촉각은 이렇게 끊임없이 더듬으며 초감각적인 세계에 대한 끝없는 동경으로 표출되는 종교적인 속성을 가지고 있습니다.

이러한 촉각을 통하여 경험하는 세계는 아이의 존재를 결정하는 중요한 기반이 됩니다. 예를 들어서 합성 섬유를 소재로 짠 스웨터를 입느냐 혹은 부드러운 양모로 짠 스웨터를 입느냐의 차이가 아이의 정서 발달에 미치는 영향은 무시할 수 없습니다. 할머니가 한 올 한 올 정성스럽게 뜬 옷과 기계로 대량 생산된 제품의 차이도 이와 마찬가지입니다. 물론 기계로 짠 스웨터가 겉으로 보기에는 훨씬 더 깔끔하겠지만 올올이 따뜻한 사랑의 온기가 스며든 수제품에 비할 바가 아닐 것입니다. 아이가 촉각을 통해 경험하는 모든 세계는 아이의 자아감각 발달에 중요한 초석이 됩니다. 장난감 역시 인공적인 플라스틱으로 제조한 것과 나무와 같이 살아 숨쉬는 소재로 만든 것의 차이는 클 것입니다. 여기에서 여러분은 정신과학인 인지학이 의외로 물질을 강조하는 측면이 있음을 발견하게 됩니다. 그렇습니다. 인지학에 관심을 가진 사람은 물질의 진정한 가치를 판단하는 능력을 가져야 한다는 의미에서 그 누구나 물질주의자가 되어야 합니다.

정신과학의 창시자인 루돌프 슈타이너가 안내하는 세계에는 단지 초감각적인 차원의 천사나 대천사만 존재하는 것이 아닙니다. 루돌프 슈타이너는 지상의 물질을 구성하는 요소에 가장 심오한 비밀이 감추어져 있다고 했습니다. 인간에 대한 이해를 바탕으로 하는 인지학에서는 정신과 물질을 분리할 수 없으며, 궁극적인 인식의 목표도 결국 물질과 맞닿아 있다. 우주의 근원적인 힘인 대지의 모성(mother)은 물질(matter)에 그 어원을 두고 있습니다. 아이들의 성장에 소중한 의미를 지니는 물질의 중요성을 교육자가 제대로 인식하고 그것에 역점을 둘 때, 아이들은 타인의 생각을 이해하며 자신 이외의 또 다른 자아와 건강한 관계를 맺고 살아가는 자아체로 성장할 수 있습니다.

개념의 세계보다 높은 차원에 존재하는 타인의 자아를 경험하기 위한 자아감각의 발달을 위해서는 건강한 촉각의 발달이 무엇보다 중요한 전제가 됩니다. 먼저 우리는 촉각의 발달을 통해서 자신의 육체적인 경계를 의식하고 이 경험을 다시 의식에서 지울 때, 비로소 타인의 자아를 경험할 수 있는 것입니다. 다시 말하면 타인의 자아를 경험하기 위해서는 촉각으로 인해 우리가 육체 안에 갇힌 존재임을 더 이상 의식하지 않아야 합니다. 그리고 타인의 자아를 만나는 순간 우리는 타인의 육체도 더 이상 의식하지 않습니다. 이러한 자아와 자아의 만남은 반드시 상대방의 말을 경청하는 청각을 통해야만 이루어지는 것이 아니라, 한 순간의 눈빛이나 동작을 통해서도 이루어질 수 있습니다. 자아와 자아의 만남은 인종이나 민족 그리고 남녀노소를 초월하는 심오한 비밀의 체험입니다.

이제 여러분은 감각기관을 개별적으로 다루거나 임의적인 순서에 따라 살펴 볼 수 없고, 하나의 전체적인 구성체라는 관점에서 고찰해야 하는 이유를 이해하실 것입니다. 피아노에서 각 음계에 따른 건반의 위치를 모른다면 연주를 할 수 없을 것입니다. 이와 마찬가지로 인간의 감각기관도 놀라울 정도로 상호 유기적인 관계 속에서 작용하기 때문에 전체적으로 고찰해야 하는 것입니다.

루돌프 슈타이너는 감각론을 주제로 한 강연에서 매우 흥미로운 관점 하나를 소개하고 있습니다. 이 강연에서 루돌프 슈타이너는 인간이 타인과 대화를 나누거나 혹은 타인의 말을 경청하면서, 종종 내적으로 화가 나기도 하고 타인에 맞서 자신을 방어하려는 심리기제가 발동하는 이유에 대해서 설명합니다. 인간이 이런 감정을 가지게 되는 것은 대화의 상대방이(그도 나와 동등한 하나의 자아체, 즉 나와 똑같은 인간 존재임을 강하게 느끼는 순간에) 자신을 공격한다고 느끼기 때문이라고 합니다.

슈투트가르트에 최초로 설립된 발도르프학교 교사들을 위하여 1919년 『인간에 대한 보편적인 앎』(2002, 밝은누리)이란 주제로 개최한 강연에서, 루돌프 슈타이너는 이와 관련하여 아주 구체적이고도 극적인 묘사를 하고 있습니다.

"여러분이 누구와 마주서게 되면 여러분의 내면에는 다음과 같은 심리 과정이 일어납니다: 맨 먼저 여러분은 잠시 상대방을 의식하게 되고, 그 순간 상대방은 여러분에게 어떤 인상을 남깁니다. 그런데 여러분은 상대방이 주는 인상에 거부감을 느끼게 됩니다. 왜냐하면 자신과 똑같은 다른 존재가 주는 인상을 심리적으로 일종의 공격으로 인식하기 때문입니다. 그 결과 여러분의 마음속에는 이 공격에 대항하려는 경계심이 발동하고 여러분의 마음은 공격적인 상태로 무장을 합니다. 긴장감으로 인해 여러분의 마음은 일순간 경직되지만, 이 긴장감은 금방 완화됩니다. 이 때 상대방은 다시 여러분에게 어떤 인상을 남깁니다. 여러분의 경계심은 더욱 상승하며 공격적인 태세로 변지만, 곧 다시 긴장은 풀리고 상대방으로부터 또 새로운 인상을 받게 됩니다. ⟨나⟩와 동등한 또 다른 자아체를 만난다는 것은 이러한 심리 상태가 지속되는 것을 의미합니다. 즉, 한 인간에게 몰두 → 내적 거부감, 호감 → 반감, 호감 → 반감의 과정이 반복됨을 뜻하는 것입니다. 저는 지금 인간의 일반적인 감정생활에 대해서 이야기하는 것이 아니고, 두 자아체의 만남에 대해서 설명하고 있습니다. 이렇게 두 영혼의 만남에는 호감 – 반감, 호감 – 반감, 호감 – 반감의 미세한 진동이 일어나는 것입니다."[31]

여기에서 우리는 자아감각과 촉각의 커다란 차이를 발견할 수 있습니다. 호감과 반감을 반복하는 자아감각과 달리, 내심 누군가에 대해 반감을 느낀다면 결코 우리는 신체적인 접촉을 하지 않을 것입니다. 자아감각이 작용하는 과정에 대한 루돌프 슈타이너의 설명을 통하여 우리는 자아와 자아의 만남에서 깨어 있는 의식이 얼마나 중요한 지 알 수 있습니다. 이 점을 사이비 종교의 교주들은 그 누구보다도 잘 알고 있으며 또 실천합니다. 그들은 사람들의 자아가 약해진 시점을 정확히 파악하고 공격합니다. 따라서 사이비 종교의 교주들은 추종자들이 타인과 접촉하는 것을 엄격하게 제한합니다. 추종자들의 약해진 자아가 타 집단 사람들과의 교류로 회복되는 것을 두려워하기 때문입니다. 건강한 자아는 타인에게 완전히 지배당하는 것을 견디지 못합니다. 어떤 형식의 대화나 만남이든지 항상 내적인 긴장감이 유지되는 것이 건강한 인간관계입니다. 이렇게 타인과의 대화나 관계에서 자신의 자아를 항상 의식하며 깨어 있는 것은 중요합니다. 정신적으로 깨어 있기 위해서는 먼저 촉각을 통한 육체적인 자아에 대한 의식을 기르고 육체적 자아에 대한 경험을 우리의 의식에서 지움으로써, 즉 촉각을 통한 육체적인 자아의식이 정신적인 자아의식으로 고양되어야 합니다.

자아감각의 특성을 반영하는 별자리는 양자리(♈)입니다. 양자리의 상징은 두 개체의 만남에서 발생하는 인간의 심리적인 대립관계를 그대로 그려내고 있기 때문입니다. 대화를 하면서 우리는 끊임없이 상대방을 의식하며, 상대방을 받아들이기도 하고 다시 밀어내기도 하는 과정을 반복합니다. 밀어내는 과정을 통해서 우리는 자신을 재무장하고 강화할 수 있으며, 또 상대방을 새롭게 받아들일 수 있는 내면의 공간을 형성하게 됩니다. 대화나 만남은 언제나 이렇게 진행되어야 합니다. 자아를 망각할 정도로 상대방의 말에 지나치게 열광하는 것은 건강하지 못한 의식입니다. 반대로 자신의 생각을 지나치게 상대방에게 강요하는 것도 그릇된 태도입니다. 자신의 자아가 존중받기를 바라는 마음과 마찬가지로 상대방의 자아도 존중하는 것이 정당하기 때문입니다. 두 마리의 양이 뿔을 부딪치며 대립하다가 다시 물러서는 별자리의 상징은 루돌프 슈타이너가 앞에서 묘사한 자아감각의 작용을 매우 잘 표현해 주고 있습니다.

우리는 살아가면서 끊임없이 두 가지 커다란 실수를 반복합니다. 그 첫 번째는 선정적인 머리기사나 광고에 지나치게 휩쓸리고 쉽게 유혹을 받는 것이고, 두 번째는 자신의 생각이나 확신을 지나치게 남에게 강요하거나 관철하려고 하는 것입니다. 이 두 가지는 존중되어야 할 인간의 자아에 대한 용납할 수 없는 실수입니다. 첫 번째 실수는 자신의 자아에 대한 공격이며, 두 번째 실수는 타인의 자아에 대한 공격인 것입니다.

첫 번째 실수는 우리가 쉽게 남의 생각에 현혹되고 타인의 자아에 완전히 몰입하는 경우입니다. 이 때 우리는 양자리의 속성을 내면적으로 강화할 필요가 있습니다. 먼저 우리는 자신을 지배하는 상대방을 밀어내고 자신의 세계로 물러나야 합니다. 상대방을 밀어낸 자리에 다시 자아가 주체가 되는 내면적 공간을 형성하기 위해서 입니다.

인간의 정신 영역과 관계하는 상위감각에 속하는 감각기관들을 발달시키기 위해서는 많은 과정을 거쳐야 한다는 사실을 인식하셨을 것입니다. 자폐증을 앓고 있는 아동들의 경우는 바로 자아감각의 기능에 장애가 생긴 경우입니다. 때문에 자폐아의 치료에서 무엇보다 중요한 것은 먼저 육체적인 자아를 의식하게 하는 촉각의 발달입니다.

두 번째로 종종 타인의 의사를 존중하지 않고 타인이 스스로 어떤 판단을 할 수 있는 기회를 박탈하며 독단적으로 행동하는 경우가 있습니다. 사회생활을 하면서 경험하는 현상으로, 회의에서 결정한 사항들이 제대로 지켜지지 않는 경우가 허다함을 볼 수 있습니다. 서로 다른 자아의 주체들이 만나서 하나의 결정이나 판단에 이른다는 것은 결코 쉬운 일이 아닙니다. 그러므로 인간 사회에서 이러한 현상은 오히려 자연스럽고 또 건강하다는 증거이기도 합니다. 설사 회의를 진행하는 동안에는 확고했던 생각도, 회의를 마치고 복도를 걸어 나오며 다시 사람들과 결정한 사안에 대해서 이야기를 나누고, 회의에 참석하지 않은 사람들의 의견을 들어보기도 하고, 집에서 혼자 숙고해 보고, 그리고 잠을 자고 난(혹은 그 문제에 대해서 고민하느라 불면의 밤을 지새우기도 하면서) 다음 날은 문제를 보는 시각이 아주 달라질 수 있기 때문입니다. 인간의 사고는 이렇게 지속적으로 변할 수 있는 것이며 이는 의식이 건강하다는 반증이기도 합니다. 오로지 지키기 위한 약속처럼 한번 결정한 사안에 대해 재고하지 않는 것이 아니라 끊임없는 대화를 통하여 서로의 의견을 조율함으로써 인간의 자아감각은 건강하게 발달할 수 있습니다.

끝으로 감각기관을 이해하기 위한 다른 관점을 예로써 언급하려고 합니다.

인간의 감각기관들은 인간 존재가 소유한 능력입니다. 이 말의 뜻은 인간은 감각기관을 통하여 활동하며 살아간다는 것이고, 또한 감각기관들의 기능은 인간이 스스로 발달시킬 수 있는 잠재된 것이라는 의미입니다. 그런데 이 감각기관들의 능력은 개체의 발달과정에서(인간의 능력 발달은 태아의 단계에서 시작됩니다) 어느 특정한 위치에서 작용합니다. 예를 들면 시력은 눈을 통하여, 청력은 귀를 통하여 그 능력을 발휘합니다.

이제 다음의 실험을 한번 살펴보기로 하겠습니다. 여러분이 관현악이 연주되는 음악회에서 어느 한 순간 플루트의 소리만을 듣기 위해 정신을 집중한다면, 여러분은 플루트 소리를 단지 귀로만 감지하는 것일까요? 물론 음악을 듣기 위해서는 당연히 귀를 열어야 할 것입니다. 하지만 이 때 함께 작용하는 또 다른 감각기관이 있습니다. 그것은 바로 눈입니다. 우리가 눈으로 사물을 인식하는 것은 얼굴에서 단 한 곳, 즉 망막의 〈황반〉에 물체의 초점이 맺힘으로써 가능합니다. 오케스트라가 연주하는 관현악의 플루트 소리에 몰입하기 위해서 사실은 무의식적으로 〈눈을 귀에 꽂고〉 함께 초점을 맞추게 됩니다. 이것은 한 감각기관을 본래의 제 기능과는 다른 위치에서 사용할 수 있는 인간의 능력입니다. 이제 여러분은 우리가 귀를 통하여 보는 능력도 발휘함을 알 수 있습니다. 이와 마찬가지로 우리는 음식에 설탕이 얼마나 많이 들어갔는지를 혀로 보며 판단할 수 있고,

열감각을 통하여 뜨거운지 차가운지를 판단할 때도 정신을 집중하여 초점을 맞추며 볼 수 있습니다.

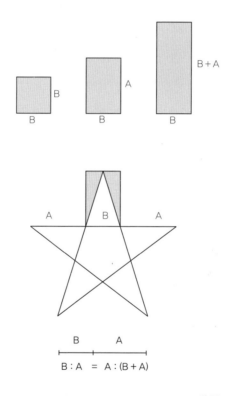

▲ 그림 22

짧은 변 B와 긴 변 A의 비율은 긴 변 A와 두 변을 합한 길이(B+A)의 비율과 같다.

그렇다면 이와 반대로 눈으로 무엇을 듣거나 경청하는 것도 가능할까요? 여러분에게 세 가지 형태의 사각형을 보여 드리겠습니다.(그림 22 위 참고) 여러분이 공책이나 책 한 권을 구입한다면, 이 중에서 어떤 형태의 것을 선택하시겠습니까? 아마도 가운데 놓인 사각형을 선택할 가능성이 가장 클 것입니다. 이 사각형은 수평과 수직이 조화로운 균형을 이루는 〈비례〉관계, 즉 황금분할을 이루고 있기 때문입니다. 황금분할은 꽃이나 생물체를 비롯한 자연 현상에도 흔히 나타나는데, 인간이 가장 안정되고 아름답게 느끼는 비율입니다. 여러분이 그림 22(아래)에서 보시는 오각형 별 모양에도 완벽한 황금분할의 비율이 내재되어 있습니다. 이 비율을 8 대 13과 같은 수치로 표현할 수 있는데, 이 수치는 눈으로 인식하지 못합니다. 왜냐하면 이 수치는 영혼감각기관인 눈으로 보는 것이 아니라, 정신 감각기관인 귀로 듣기 때문입니다.

이제 우리는 눈으로 들을 수도 있다는 것을 알 수 있습니다. 또 다른 예로 미술관을 방문하여 그림을 감상하는 자세에 대해 한번 생각해 봅시다. 한 점의 그림 앞에서 그 작품의 아름다움을 감상하기 위해 우리는 어떤 자세를 취하게 됩니까? 그림을 마냥 뚫어져라 쳐다보는 것이 아니고, 먼저 그림에서 몇 발짝 물러서서 고개를 약간 돌린 채 조용한 상태에서 그림을 응시합니다. 우리가 이런 자세를 취하게 되는 것은 그림에서 전체적인 구성의 조화를 귀로 〈듣고〉 판단하기 위해서입니다. 만약 우리가 눈으로만 그림을 감상한다면, 굳이 뒤로 물러서서 머리를 비스듬히 돌려 그림을 향하여 귀를 세우지는 않을 것입니다. 일상생활에서 아름다운 대상을 대할 때도 우리는 영혼감각기관인 눈으로만 보지 않고, 청각이라는 정신감각기관으로 함께 들으며 판단을 합니다. 그러므로 우리는 눈으로 그림을 감상하면서도 끊임없이 '이 그림이 나에게 전하는 메시지는 무엇일까?' '이 작품에는 화가의 어떤 사상이 스며 있을까?' '화가는 어떤 삶을 살았으며, 어떤 자아의식의 소유자일까?'와 같은 질문을 던지게 됩니다. 이러한 질문에 대한 답을 찾기 위해서 우리는 정신감각기관(이 경우에는 시각에 상응하는 청각)을 함께 사용하는 것입니다.

반 고흐의 유명한 「씨 뿌리는 사람」이란 작품을 여러분은 잘 아실 것입니다. 이 그림의 구도는 하늘과 땅으로 양분되어 있고 하늘과 땅이 만나는 지평선에 태양이 걸려 있습니다. 그리고 태양은 씨 뿌리는 사람의 머리 위를 비춥니다. 이 작품의 위대성은 바로 작가가 자신의 사고를 시각적으로 표출한 구성에 있습니다. 즉 불가분의 관계에 있는 태양과 인간 생산 활동의 연관성이 작품의 구성을 통해 표현된 것입니다. 이제 여러분은 시각이라는 영혼감각에 더 높은 차원의 정신감각이 함께 작용한다는 말의 의미를 좀 더 구체적으로 이해할 수 있을 것입니다.

정신적인 차원의 선악에 대한 의식은 좋고 나쁜 냄새를 육체적으로 경험하는 후각의 발달을 통하여 생긴다고 했습니다. 오늘날 아이들이 즐겨보는 그림 동화책에서 풍기는 냄새에 우리는 코를 틀어막지 않을 수 없습니다. 만화 영화는 말할 것도 없고, 아이들에게 무분별하게 제공되는 만화책의 내용은 거의 위험 수위에 달합니다. 전쟁이나 폭력을 주제로 한 충격적이고 잔인한 장면들이 난무하는가 하면, 메마른 상상의 세계에서 초인적 능력을 발휘하는 기계나 로봇이 영웅시되고, 그것이 엄청난 속도로 진행되며 아이들의 영혼을 좀먹고 있는 현실은 도무지 납득하기 힘듭니다. 차라리 광고가 아이들에게 더 유익할 정도입니다. 광고는 계속 반복되는 효과라도 있으니까요. 아이들이 정신적으로 소화해 낼 수 있는 양은 한계가 있습니다. 이 한계치의 양도 아이들이 반복함으로써 새롭게 인식할 수 있다는 사실을 오늘날 교육자들은 간과하고 있습니다. 우리가 한번 먹은 음식이라고 해서 두 번 다시 먹지 않는 것은 아니니까요.

감각기관들은 삶의 위대한 스승이며, 또 상호 협력하며 직용한다는 사실을 인식하는 것이 중요합니다. 이러한 인식을 바탕으로 우리는 더러움과 깨끗함을 판단하는 후각의 기능을 내면화하여 다른 감각기관의 작용에 함께 사용할 수 있는 것입니다. 예를 들면 겉으로 보기에 아무리 정교하고 훌륭해 보인다 하더라도, 그 예술작품이 진품인지 혹은 부도덕한 위조품에 불과한 지 식별하는 능력을 가질 수 있다는 것입니다. 도덕성이 결여된 천재성은 아무런 가치가 없습니다. 악마인 아리만Ahriman과 루시퍼Lucifer 역시 천재적인 능력을 소유했으니까요.

강연을 마치면서 앞으로도 여러분이 지속적인 관심을 가지고 공부할 수 있는 인지학의 다양한 주제를 열거해 보려고 합니다. 인지학의 영역은 마르지 않는 샘과 같이 무한합니다.

1. 용기와 생명감각

2. 용기와 열감각

3. 시각과 미각의 상호 협력 작용

4. 촉각과 눈의 상호 협력 작용

5. 촉각의 부드러운 성격과 자아감각의 투쟁적인 성격의 대비 관계

6. 인간과 동물(특히 박쥐와 부엉이를 중심으로)의 귓바퀴 비교 연구

7. 균형감각, 열감각 및 자아감각을 통한 자아체험

8. 눈으로 보는 것과 팔을 뻗는 동작의 보이지 않는 관계에 대한 비교
  (이 때는 눈을 어깨 관절로 간주)

9. 귀의 이소골과 두 다리의 비교: 수축되고 부러진 다리
  등골: 엉덩이뼈의 부분, 대퇴부의 절반과 유착
  침골: 대퇴부의 절반과 하퇴부의 절반, 휘어지고 유착
  추골: 하퇴부의 절반, 고막에서 발과 유착

10. 루돌프 슈타이너의 신비학에 관한 지식이 있는 분들을 위한 주제
  : 행성의 관점에서 본 지구의 시기와 감각기관의 상관관계
    토성(기) – 사자자리 – 열감각
    태양(기) – 전갈자리 – 생명감각
    달(기) – 물병자리 – 후각(본능감각)
    지구(기) – 황소자리 – 사고감각(희생감각)

저는 이 강연이 여러분에게 커다란 삶의 〈숙제〉를 남겼기를 바랍니다. 이 숙제는 각자의 〈가정〉이 아닌, 온 인류가 함께 사는 집, 즉 〈이 우주〉에서 우리 모두가 함께 풀어야 할 과제일 것입니다.

자아감각과 역사적 양심

거짓 그리스도와 거짓 예언자들이
나타나서 어떻게 해서라도 선택된 사람들마저 속이려고
큰 기적과 이상한 일들을 보여줄 것이다.

– 마태오의 복음서 24장 24절

인간에게 있어서 능력으로 발휘되는 감각기관 하나하나의 개별적인 발달도 중요하지만, 보다 궁극적인 것은 이 모든 감각의 통합체인 자아감각의 발달입니다. 개체와 개체의 만남에서 작용하는 자아감각을 통하여 인간은 서로 관계를 맺고 더불어 형성하며 한 시대를 살아갑니다. 또 인간은 자아감각을 통하여 서로의 의식을 일깨우고, 타인과의 관계 속에서 자신이 타고 난 삶의 과제를 인식하게 됩니다. 이런 자아감각이 작용하기 위해서는 두 가지의 조건이 필수적입니다. 발신자인 상대방의 자아 활동이 첫 번째 조건이고, 수신자인 자신의 자아 활동이 그 두 번째 조건입니다.

오늘날 사람들은 특별한 정신적 힘을 의미하는 〈카리스마〉라는 용어를 즐겨 사용합니다. 그런데 자연의 물질세계가 광물, 식물 그리고 동물로 다양하게 구분되듯이, 인간의 정신적 힘인 카리스마의 유형도 다양합니다. 인간은 상호 관계 속에서 타인이 자신과 근본적으로 다른 존재라는 경험의 축적을 통해 자아인식에 도달할 수 있습니다. 인간 〈존재〉라는 개념은 더불어 함께 살아가는 인간에 대한 끊임없는 인식 없이는 성립할 수 없으며, 따라서 자아감각을 우리는 〈존재감각〉이라고도 부를 수 있습니다. 몇 가지 예를 살펴봄으로써, 인간 상호간에 주고받는 영향을 통해 형성되는 인간의 자아에 대한 이야기를 해 보기로 하겠습니다.

수업을 진행하며 교사가 가장 세심하게 신경을 써야 하는 부분은 아이들이 깨어 있는 의식으로 수업에 참여하도록 하는 것입니다. 한 아이가 있습니다. 이 아이는 마치 선생님의 말을 하나도 놓치지 않으려는 듯 커다란 눈망울로 시종 선생님을 똑바로 쳐다봅니다. 하지만 이 아이는 방과 후에 복습을 도와주는 부모가 던지는 질문에 제대로 답을 하지 못합니다. 말하자면 아이는 선생님의 눈만 뚫어져라 쳐다보고 있었을 뿐 마음은 몽상의 세계를 거닐고 있었던 것이지요. 또 다른 한 아이는 수업 시간 내내 연필로 낙서나 하고 선생님은 쳐다보지도 않으며 전혀 수업에 집중하지 않습니다. 최소한 그렇게 보입니다. 그러나 선생님은 훗날 우연히 (몇 년 후가 될 수도 있습니다) 수업 시간에 다룬 내용이 이 아이의 일생에 결정적인 영향을 미쳤음을 알게 됩니다. 겉으로는 아이가 딴 짓을 하는 것처럼 보였으나 사실 이 아이는 온 마음으로 선생님의 가르침을 받아들이고 있었던 것입니다.

또 다른 예를 들어보겠습니다. 루돌프 슈타이너에게 정신적으로 지대한 영향을 끼친 스승들 중에 칼 율리우스 쉬뢰어Karl Julius Schröer라는 독문학자가 있습니다. 이 교수의 강의는 비인기 과목이어서, 최소한의 정원을 채우지 못해 강의가 취소되는 것을 막기 위해 슈타이너는 한동안 자신이 몸소 수강할 학생들을 찾아 다녔습니다. 하지만 슈타이너의 이러한 노력은 한계에 달하고 어느 날 홀로 강의실로 향했습니다. 슈타이너의 이러한 열정을 높이 산 교수는 그를 집으로 데리고 가 강의를 이어갔습니다. 교수의 집에서 진행된 강의를 통해 루돌프 슈타이너는 〈독일 오버우퍼 지역의 종교극〉을 접하게 되었고, 이러한 슈타이너의 체험은 해마다 발도르프학교 교사들이 학생들을 위해 공연하는 낙원극과 그리스도의 탄생극 그리고 중세의 종교극으로 결실을 맺게 되었습니다. 그렇다면 과연 쉬뢰어 교수를 카리스마를 지닌 인물로 평가할 수 있을까요? 여러분이 보시다시피 쉬뢰어 교수는 루돌프 슈타이너에게는 엄청난 카리스마의 소유자였지만 다른 사람에게는 전혀 그렇지가 못했던 모양입니다. 이 예화들을 통하여 우리는 삶의 커다란 문제점을 직시하게 됩니다.

일생 동안 우리는 얼마나 많은 시간을 의식이 깨어 있는 상태에서 함께 살아가는 사람들과 관계를 맺는 것일까요? 잠을 자는 동안이나 심한 우울증 혹은 극단적으로 불안한 심리상태에서는 당연히 불가능할 것입니다. 알코올 역시 인간의 의식을 마비시킵니다. 또 우리는 살아가는 동안 자주 집중력을 저하시키는 약을 복용해야 하기도 합니다. 스스로 환각제를 투입하는 사람들도 있습니다. 수많은 사람이 열광하는 스포츠 경기장에서 깨어 있는 의식을 갖는 것 또한 쉽지 않을 것입니다. 이와 마찬가지로 정치적인 혹은 종교적인 성격의 집회에서 인간은 쉽게 군중심리에 휘

말리기도 합니다.

또 우리는 살아가면서 많은 시간을 목표나 방향을 잃고 헤매며 허비하는 〈자아 이탈〉의 시간을 보내기도 합니다. 자아 이탈과 관련하여 최면은 인간의 의식을 가장 깊이 잠들게 하는 형태입니다. 최면은 인간의 의식을 마비시켜 깨어나면 아무 것도 기억하지 못합니다. 하지만 가벼운 명상도 〈자아 이탈〉에 영향을 미칠 수 있음을 잊어서는 안 됩니다. 긴장완화를 위한 많은 프로그램이 이에 해당합니다. 이러한 프로그램에서 진행자는 참가자들에게 아주 단조롭고 차분한 어조로 말합니다. 예를 들면 다음과 같습니다. "푸른 잔디 위에 편안하게 누워서 파란 하늘에 여러분을 완전히 맡긴다는 상상을 해 보십시오." 이러한 단련은 참가자가 자아를 망각할 정도로 연상되는 장면이나 그림에 몰입할 것을 요구합니다. 이런 단련들은 대부분 편안한 자세로 누워서 녹음된 기계에서 흘러나오는 소리에 몸을 맡기고 수동적으로 따르게 됩니다. 그러나 루돌프 슈타이너는 이런 〈긴장완화 훈련〉을 결코 권장하지 않습니다. 오히려 인간이 가치 있는 일에 몰두하고 정신을 집중하여 깨어 있기를 강조합니다. 인간의 의식은 3단계로 분류할 수 있습니다.(3단계의 인간 의식에 대해서는 나중에 다시 설명하겠습니다)

긴장완화 – 긴장/노력 – 경직

루돌프 슈타이너에 의하면 정신적인 긴장을 완화하는 것보다 무엇인가에 몰두하여 정신을 집중하는 것이 더 중요한 삶의 과제라는 것입니다. 기도나 경문을 기계적으로 암송하는 것도 또 다른 문제입니다. 외운 것을 기계적으로 반복하는 것은 오히려 집중력을 떨어뜨리고 인간을 기도의 도구로 전락시킬 수 있습니다.

다시 카리스마의 문제로 돌아가 보겠습니다.

그렇다면 히틀러라는 역사적인 인물을 강한 카리스마의 소유자로 평가할 수 있을까요? 수백만 명에 이르는 추종자들에 의하면 그는 분명 놀라운 카리스마의 소유자입니다. 그러나 히틀러의 신뢰를 한 몸에 받고 히틀러를 가장 가까이에서 받들었던 최측근 참모 중의 한 사람인 알베르트 슈페어Albert Speer에게 히틀러는 전혀 카리스마적인 인물이 아니었습니다. 많은 사람이 히틀러가 광채가 나는 파란 눈을 가졌다고 말합니다. 하지만 슈페어에게 히틀러의 눈은 텅 빈 공허함에 불과했습니다. 그런데 히틀러의 모습에서, 특히 그가 연설을 할 때는 마치 신들린 사람의 광기가 번득임을 볼 수 있습니다. 여기서 우리는 오히려 타인에게 완전히 지배당할 수 있을 정도로 자아가 결여된 존재의 대표적인 예를 볼 수 있습니다. 이른바 영매는 자아가 이탈한 자리를 타인의 자아가 완전히 지배하게 되는 사람을 정의하는 개념입니다. (혹자는 죽은 사람의 영혼이 산 사람의 몸을 빌려 말을 하는 것이라고도 합니다)

하지만 위대한 예술가가 다른 예술가의 세계에 몰입하는 것은 영매와는 정반대의 경우입니다. 예를 들어 피아니스트가 모차르트의 곡을 연주한다면, 그는 시공을 초월하여 인간에게 감동을 주는 모차르트의 영혼을 살려내기 위해 혼신을 다하여 집중하며 깨어 있어야 하는 것입니다.

외모가 자아감각의 발달에 영향을 미치기도 합니다. 사고나 질병으로 인한 후천적 요인이든 혹은 선천적 요인이든 간에 얼굴이 기형적으로 변형된 상태는 자아감각의 발달을 저해할 수 있습니다. 이와 반대로 뛰어나게 〈아름다운〉 얼굴이나 〈환상적인〉 몸매 역시 자아를 억압하는 요인이 될 수 있습니다. 헐리우드의 수많은 여배우들의 비극적인 사생활은 이를 증명하는 좋은 예입니다. 괴테의 대표작 『파우스트』는 다음과 같은 문장으로 대미를 장식합니다. 〈영원한 - 여성적인 것이 우리를 고양시킨다.〉 이 문장에서는 강조되는 부분에 따라서 중요한 의미의 차이가 생깁니다. 만약 〈여성적인〉 것에 강세를 둔다면, 단지 물질로서의 유한한 육체를 의미하게 됩니다. 〈영원한〉 것이 강조될 때, 비로소 자아감각의 의미가 부각되는 것입니다. 다행스럽게도 아이들은 우리 어른들에게, 알코올에 중독된 인생의 〈낙오자〉에게조차 밝은 영향을 주는 신의 축복과도 같은 카리스마를 느끼게 합니다. 또 장애아들의 순수한 모습은 밝고 힘찬 카리스마의 본보기라고 할 수 있습니다. 아이들이 가진 이런 밝은 힘의 카리스마는 태어나서 얼마 되지 않아 엄마를 바라보며 행복한 미소를 짓는 순간부터 그 효력을 발생하기 시작합니다.

개인과 개인의 만남에서 작용하는 자아감각만큼 항상 깨어 있어야 하는 감각도 없습니다. 타인의 자아를 인식하기 위해서 우리는 스스로 깨

▲ 그림 23

출처: 가이우스 율리우스 히기누스의 「De Sideribus Tractatus」(15세기 필사본)

어 있어야 하고, 끊임없이 깨어 있는 상태에서 자신의 모습을 성찰해야 합
니다. 이러한 특성은 별자리에서 자아감각을 상징하는 양이 뒤를 돌아보
는 모습에 묘사되어 있습니다.[32] 자아감각은 이렇게 타인의 자아를 인식
하기 위해 항상 깨어 있어야 하고, 또 깨어 있는 자신을 끊임없이 돌아볼
줄 알아야 합니다. 색이나 소리 혹은 냄새나 맛의 자극에 대해서 항상 정
신을 집중할 필요는 없지만, 자아감각이 작용하기 위해서는 깨어 있는 의
식이 절대적으로 필요한 조건입니다. 일상생활에서도 대화를 나눌 때 상

대방의 말에 주의를 기울이지 않는 것은 예의에 어긋나는 행동으로 간주합니다. 자아감각의 작용에서 무엇보다 중요한 것은, 사고나 판단 혹은 선입견을 철저하게 배제해야 한다는 것입니다. '너는 아버지를 참 많이 닮았어.'라는 판단은 자아감각의 작용과는 무관한 영역입니다. 인간은 서로 각기 다르고 고유한 자신의 방식대로 살아가는 존재입니다.

오랫동안 아기의 탄생을 지켜본 산파는 수많은 아기가 이 세상에 오는 것을 보았다고 말합니다. 또 어떤 사람은 많은 사람이 저 세상으로 가는 것을 보았다고 합니다. 그리고 우리는 아이들이 혹은 가족들이 잠을 자는 것을 본다고 합니다. 그런데 우리는 사람이 자는 것을 실제로 볼 수 있는 것일까요?

우리가 육안으로 보는 것은 단지 감각적으로 인식할 수 있는 육체적인 현상뿐입니다. 예를 들면 사람이 수면상태에서는 날숨의 형태가 달라지므로, 우리는 경험을 토대로 사람이 잠을 자고 있다는 판단을 하는 것입니다. 그러니까 이것은 하나의 사고이자 판단일 뿐, 결코 자아감각이 작용한 것이 아닙니다. 이와 마찬가지로 죽음과 탄생도 우리가 외적으로 나타난 육체적인 현상만 보고 판단하는 것입니다. 인간의 자아감각은 탄생과 더불어 작용합니다. 우리는 아기가 터뜨리는 울음소리로 아기의 탄생을 알게 되지만, 숨을 쉬는 순간 육화하는 아기의 자아를 직접 두 눈으로 볼 수는 없습니다. 이런 과정을 볼 수 있는 존재는 초인적인 능력의 소유자임에 틀림없습니다. 이와 마찬가지로 사망하는 사람의 자아가 육체를 떠나는 것도 우리는 육안으로 인식할 수 없습니다. 잠든 사람의 자아 역시 우리가 따라갈 수 없지만, 수면 상태의 자아는 일정한 시간이 경과하면 다시 육체로 돌아온다는 사실을 우리는 경험으로 알고 있습니다. 그런데 사망 이후의 혹은 탄생 이전의 자아에 대해서 언급하는 것이 아직은 많은 사람에게 강한 거부감을 불러일으킵니다.[33]

인간의 자아는 여러 겹의 껍질 속에 감추어져 있습니다. 예를 들면 개인은 피부색으로 결정되는 특정한 인종에 속하고, 한 가족의 일원이며 성으로 구별되는 〈태생적 조건〉에 규정됩니다. 또한 특정한 언어를 습득하게 되는 〈문화적 조건〉에도 구속을 받습니다. 그리고 특정한 시대를 살아가는 시대의 한 구성원이기도 합니다. 자아체는 이렇게 다양한 조건들을 가지고 있지만 이 조건들이 자아 자체는 아닙니다. 그렇다고 해서 이런 모든 조건들의 벽을 허물고 우리 모두 〈세계 시민〉이 되어야 한다는 말을 하려는 것이 아닙니다. 이러한 인간의 다양한 조건에 대한 폭넓은 경험과 이해는 오히려 자아 인식의 외연을 확장할 수 있는 힘입니다. 우리가 살아가는 시대도 이와 마찬가지입니다.

현 시대에 대한 더욱 깊고 진정한 이해는 과거의 역사 속에서 오늘을 되새겨 볼 때 가능할 것입니다. 선조들에게 유산으로 물려받은 것은 과연 무엇이며, 우리가 후세에게 남겨야 할 유산은 무엇이어야 할까요?

루돌프 슈타이너는 역사의 심오한 의미를 포괄적으로 밝혀내기 위해서 끊임없는 노력을 경주했습니다. 이에 관한 기본서로서 슈타이너의 저서 『신비학 개론』[34]을 권해 드립니다.

이 책에서 슈타이너는 고대 인도 시대, 고대 페르시아 시대, 이집트 시대와 그리스 로마 시대로 구분되는 인류 문화사의 각 시대가 갖는 중요한 의미에 대해서 상세히 기술하고 있습니다. 또 각 시대는 그 기간이 2160년에 달하며, 시대별로 인류의 정신사에 끼친 영향은 지대합니다. 고대 인도 시대는 마하바라타Mahabharata와 바가바드 기타Bhaga-vad-Gita의 대서사시와 같은 작품을 통해 위대한 문학적 유산을 남겼으며, 이러한 문학작품은 인류에게 인간을 창조한 신적 존재에 대한 의식을 싹트게 했습니다. 그리고 페르시아 문명은 인류에게 토지를 경작하여 풍요로운 생산을 거둘 수 있는 경작법을, 바빌론과 이집트 문명은 천문학을, 그리스 문명은 예술에 대한 감각과 철학적인 사고를, 로마인들은 법체계를 유산으로 남겼습니다. 이 모든 시대는 그 시대를 새롭게 하는 역동적인 힘과 쇠락하게 하는 어두운 그늘의 양면을 지니고 있습니다.

우리는 지금 루돌프 슈타이너가 의식혼의 시대(1413~3573)라고 명명한 시대를 살아가고 있습니다. 한 시대에서 다른 시대로의 이행은 결코 단속적으로 이어지는 것이 아닙니다. 이전 시대의 특징은 새로운 시대의 특징과 일정한 기간 혼재하다가 서서히 사라지게 됩니다. 현재 우리가 살고 있는 시점은 의식혼의 시대를 규정하는 전형적 특징이 확연하게 모습을 드러낸 상태입니다.

이 시대를 특징짓는 현상으로는 자아의 정체성을 확립하기 위한 외적인 근거가 사라졌다는 점을 들 수 있습니다. 서구 유럽 사회에서 오늘날 종교가 더 이상 사람들의 정신적 지주가 되지 못한다는 사실은 이러한 점을 여실히 증명해 줍니다. 또 탄생과 더불어 결정되던 사회적 신분이나 직업의 경계가 사라짐으로써 사람들은 진로를 택하기 위해 많은 고민을 합니다. 이런 점들이 현재 우리가 살아가는 시대를 특징짓는 예입니다.

예전과 달리 오늘날 이름에서 혈족 관계를 표기하는 성의 중요성이 점점 감소하는 것도 인간이 자아의 세계로 물러나 있음을 증명하는 것입니다. 이런 개인주의적인 현상은 필연적으로 인간의 소외를 초래하고 개인은 고독을 느낄 수밖에 없습니다. 따라서 고독으로부터 해방되려는 노력들이 이 시대의 중요한 이슈가 되는 것은 당연한 귀결이기도 합니다. 사람들은 각종 동호회나 사이비 종교 단체 혹은 대중 집회의 참여를 통하여 새로이 자신의 정체성을 확보하기 위해 노력합니다. 하지만 이 시대에도 여전히 사회적 신분이나 지위를 나타내는 사회적 간판은 중시됩니다. 유명인이나 권력층을 비롯하여 의사나 목사 혹은 법관의 신분은 기득권을 향유하는 특권층으로 간주되고, 이러한 범주의 사람들은 때로 자신들의 지위를 남용하기도 합니다. 그러나 사회적 지위에 억압된 이들의 자아는 불행히도 병들어 있습니다.

우리 시대의 〈역사적인 양심〉을 일깨우는 것은 참으로 중요한 과제입니다. 선조들이 이룩한 과거의 기반 위에 굳건히 설 수 있을 때, 비로소 우리는 아름다운 미래를 건설할 수 있는 것입니다. 역사는 나폴레옹과 같은 한 사람의 위대한 인물에 의해 새롭게 써지는 것이 아니며, 빅뱅과 같은 사건으로 시작되는 것은 더더욱 아닙니다.(우리는 이 〈빅뱅〉의 발생 시기를 정확히 말할 수 있습니다. 빅뱅은 자연과학자들의 주장처럼 수백만

년 전에 우주에서 발생한 대사건이 아니고, 바로 우리가 살고 있는 이 시대에 단지 몇몇 학자들의 뇌에서 일어난 사건에 불과합니다. 말하자면 과학적으로 아직 검증되지 않은 하나의 가설일 뿐인 것이지요)

우리는 역사 속에 이름을 남긴 훌륭한 위인들의 삶을 반추해 봄으로써, 자신의 존재가 지극히 작고 미미함을 깨달을 때가 있습니다. 이러한 인식은 위인들의 삶을 닮고 본받으려는 긍정적인 힘으로 작용하며, 삶에서 추구하는 이러한 이상을 통해 우리의 자아감각은 발달하는 것입니다.

한 시대를 풍미한 위대한 인물들은 그 시대의 구성원일 뿐 아니라 시간을 초월하여 영원히 살아 숨 쉬는 존재입니다. 그렇기 때문에 우리는 위대한 사상이나 예술작품 그리고 종교적인 사건이나 희생적인 행위에서 시공을 초월하여 영원히 존재하는 보편한 가치를 발견하는 것입니다. 일상생활에서도 우리는 배우자를 단지 〈나의 아내〉 또는 〈나의 남편〉으로 인식하지 않고 자아를 소유한 독립된 개체로 존중하는 법을 배울 필요가 있습니다. 또한 자식들도 단지 부모의 분신이라는 단면적 사고로 바라볼 것이 아니라 자아를 소유한 개별적인 존재로 존중해 줄 때, 진정한 자아감각의 발달을 기대할 수 있는 것입니다.

오늘날 자아의 발달은 여러 방면에서 위협을 받고 있습니다. 혼란한 시대를 살아가는 현대인은 참된 자아의 실현을 위한 새로운 정신적 지주를 아리스토텔레스Aristoteles의 철학에서 찾아볼 필요가 있습니다. 아리스토텔레스는 인간이 행복하기 위해 추구해야 할 최고의 덕목으로 중용의 도를 강조하고, 이를 실천함으로써 인간은 스스로 초경험의 세계로 고양할 수 있다고 봅니다. 따라서 아리스토텔레스는 인간 영혼의 활동에서 비겁함과 용기를 양극으로 이분화하지 않고, 예를 들면 비겁함 – 용기 – 만용과 같이 삼단계적인 사고를 통하여 중용을 실천하는 인간 이성의 정신 활동을 강조합니다. 몇 개를 예로 들어 보기로 하겠습니다

증오 – 사랑 – 지나친 사랑 (맹목적 사랑)
범죄 – 신성한, 경건한 – 위선
소리 지르다 – 논증하다, 검증하다 – 교사하다
불신 – 신뢰 – 미신
보수적 – 이성적 – 과격
단절 – 정신 공동체 – 군중 속으로 숨기

이 중에서 몇 가지만 선택해서 좀 더 자세히 설명해 보기로 하겠습니다. 〈소리 지르다〉의 의미는 강압적으로 누군가를 설득하려는 노력을 말합니다. 예를 들면 과대광고, 눈에 띄는 옷차림이나 외모로 과시하려는 도발적인 행위, 향수의 사용이나 충격요법 등이 이에 해당합니다. 〈교사하다〉의 의미는 대중 매체에 순간적인 감성자극을 삽입함으로써 무의식적으로 인간의 소비 심리나 가치관에 영향을 끼치는 교묘한 광고가 그 좋은 예입니다. 또한 다음과 같이 단순히 당위성만 강조하는 문구들도 마찬가지입니다. 〈인간은 고귀한 존재다.〉〈인간은 자연의 양분을 취해야 한다.〉〈인간은 사회적인 존재로 교육해야 한다.〉 등과 같은 표현들입니다. 〈무엇

을〉해야 한다는 당위성의 강조는 일종의 정신적인 세뇌일 뿐입니다. 도대체 무엇을 〈어떻게〉해야 한다는 것입니까?

루돌프 슈타이너는 아이들의 사회성을 향상시키기 위한 지침으로 교사들에게 의외의 방안을 제시합니다. 산술 시간에 자칫 이기심에 대한 의식이 싹트기 쉬운 덧셈부터 가르쳐서는 안 된다는 것이지요. 덧셈부터 가르치는 교육으로 오늘날 우리 사회는 이상을 추구하기 보다는 오히려 이상을 파괴하는 자기중심적인 사고가 만연되었다고 합니다. 따라서 산술 시간에 아이들에게 가장 먼저 가르쳐야 하는 것은 나눗셈입니다. 엄마가 아이들에게 케이크를 잘라 나누어 주는 것은 이와 같은 교육의 훌륭한 본보기라고 할 수 있습니다. 나눔을 의식화하는 교육 속에 진정한 사회적인 요소가 담겨 있는 것입니다. 이에 관해 더 많은 관심을 가진 분들은 슈타이너의 교육학에 관한 강연들을 참고하시기 바랍니다.

미신은 기적을 믿는 것을 말합니다.(눈물을 흘리는 성모상, 탁발승으로 등장하는 마법사, 기적을 행하는 사람들, 아무것도 없는 것에서 반지를 만들어 내는 마술사 등) 미신이란 개념은 초자연적인 존재가 외적, 물질적으로 형상화한 것도 포함합니다. 예를 들면 날개를 단 천사라든지 수염을 길게 늘어뜨린 노인으로 묘사된 신이 이에 속하며, 물을 포도주로 변화시키고 물위로 걸어가는 이적이나 오병이어 등의 기적들도 이에 해당합니다. 믿지 않는 사람들은 기적과 같은 사건들을 비웃을 수 있습니다. 하지만 이런 묘사들은 우리가 말 그대로 받아들일 것이 아니라, 고차원의 의식을 표현하는 상징성으로 이해해야 할 것입니다.

단절은 남들과 다르다는 선민의식을 갖는 것입니다. 사이비 종교나 근본주의자들의 태도 그리고 수도회의 기사단과 같은 비밀 종교단체가 전형적인 예입니다. 군중에 대한 믿음의 원칙은 다수가 옳다고 생각하는 것이 바로 진리라고 믿는 주의입니다. 정신 공동체의 개념은 공동의 정신적인 이상을 추구하는 인간 집단을 말합니다. 예를 들면 자연 보호단체라든가, 문화재나 문화유산의 보존을 위해 노력하는 자발적인 단체 등이 이에 속합니다. 또는 미래 지향적인 신념을 바탕으로 한 종교, 교육, 사회적인 개혁을 지향하는 단체나 모임, 영적인 학문의 발달을 도모하는 집단들도 이에 포함됩니다. 이런 정신적인 유대로 형성된 공동체와 관련하여 괴테는 다음과 같은 말을 했습니다.

"나는 천성적으로 사교적인 사람이다. 이런 성격으로 인하여 다양한 관심 분야에서 교류를 통한 수많은 정신적인 동지를 만났고, 나 역시 그들의 동지로서 우리는 서로의 영혼 속에 살아 숨 쉬는 자신의 모습을 보는 행복함을 만끽할 수 있었다."

—괴테의 『산문』 중에서

다음은 마지막으로 가장 중요한 영혼 활동의 3단계입니다.

외톨이와 같은 존재(기인, 자폐증 환자) – (지혜로운) 처세가 – 평범한 시민 루돌프 슈타이너의 자서전 『나의 생애』를 통하여 우리는 그가 생전에 얼마나 많은 사람들을 만나고, 또 이 만남들이 슈타이너의 생애에 얼마나 큰 영향들을 미쳤는지에 대해서 놀라움을 금하지 못합니다. 더욱이 그가 주관했던 수많은 강연과 저술에서 언급된 만남까지 합친다면, 이는 거의 상상을 초월할 정도입니다. 삶의 지혜로운 처세에 관한 자료는 우리 삶의 도처에 흩어져 있습니다. 루돌프 슈타이너는 삶의 위대한 스승이자 또한 이러한 지혜로운 처세를 실천하는 모범적인 학생이기도 했습니다.

　　인간 사이의 만남에서 중요한 것은, 다양한 역할을 수행하는 하나의 자아체가 다면적인 존재라는 것을 이해하는 것입니다. 예를 들어서 우리가 한 사람을 직장동료로서 알고 지낼 때와 어떤 계기를 통해 친해져서 이제는 친구로서 그를 경험하는 것은 사뭇 다를 수 있습니다. 또 교사가 한 아이를 학급 안에서 관찰하는 것과 수학여행에서 받는 인상은 아주 다를 수 있습니다. 한 사람에 대해서 경험한 점들을 다른 사람과 나누어 보는 것도 중요합니다. 그럼으로 해서 복합적인 성격을 지니는 개인을 더욱 깊이 이해할 수 있기 때문입니다. 행복한 결혼 생활을 하고 있는 자신의 배우자가 남들에게서는 악평을 받을 수 있고, 장례식에서 평소에 알던 지인의 모습이 전부가 아니라는 사실을 절실히 느낄 때도 있습니다.

　　자아감각의 발달에 있어서 적지 않은 위협이 될 수 있는 요인은 타인과의 만남에서 일종의 장기를 두는 듯한 태도를 취하는 것입니다. 예를 들어서 상대방이 이것을 말하면 나는 저것으로 막고, 또 상대방이 이렇게 말하면 나는 저렇게 대응하겠다고 미리 철저한 방어 태세로 무장을 하는 것입니다.

선입견이나 고정 관념으로 사람을 대하는 것은 자아감각의 발달을 저해하는 심각한 요인이 될 수 있습니다. 그런데 이보다 더 위험한 것은 형제애를 기본 정신으로 강조하는 집단인데, 이런 집단은 외견상 사회적인 성격을 띠는 듯 보입니다. 이들은 서로의 의견을 극도로 존중하여 결코 토론하는 법이 없으며 항상 친절하고 남을 기꺼이 돕습니다. 그런데 이렇게 획일적인 사고가 강요되는 집단 내에서 이상을 추구하는 자아의 발전을 과연 기대할 수 있을까요? 논쟁이나 이견과 같은 상호대립적인 관계 속에서 존재감이 가장 여실히 드러나는 자아감각의 발달은 이런 집단에서는 당연히 기대할 수 없습니다. 모두가 형제라는 강령 아래 자족하는 분위기 속에서 자아감각이 자극될 수 있는 동기는 사라지고 마는 것이지요. 자아가 마비되는 상황이라고 할 수 있습니다. 이와 반대의 경우로 누군가 우리를 거칠게 대할 때, 우리는 상대방이 이제야 본성을 드러낸다는 식의 속단을 하기 쉽습니다. 감정적으로 격한 상태에서 상대방의 진정한 모습을 보기는 어려우므로, 잠시 대화를 피하고 마음이 진정되기를 기다리는 것도 현명한 자세일 것입니다.

이제 마지막으로 다음과 같은 질문을 한번 던져 보겠습니다. 자아를 소유한 개체로서 인간은 과연 어디에 존재하는 것일까요? 보통 우리는 이러한 질문에 대해 "여기 이 지구 위에."라고 간단히 대답하기 쉽습니다. 하지만 〈바로 여기에〉 혹은 〈이 장소에〉라는 답이 과연 이 질문에 대한 정확한 답이 될 수 있을까요?

강의 첫날에 촉각을 다루면서, 우리가 〈여기에 존재한다는 느낌〉을 가지게 되는 것은 촉각을 통하여 육체의 경계를 의식하기 때문이라고 했습니다. 물론 시각의 도움이 필요하기는 합니다. 이렇게 〈자아가 육체 속에 존재한다.〉는 의미의 육화라는 개념은 촉각에만 적용되는 것입니다.

앞의 질문에 대한 더 정확한 답을 찾기 위해서는 우리의 의식이 촉각을 통한 육화의 경험에서 벗어나야 합니다. 자아의 주체로서 인간은 외적인 어떤 공간에 존재하는 것이 아니라, 특정한 정신적인 의식 상태나 의식의 영역에 존재하기 때문입니다. 그렇기 때문에 우리는 〈영혼의 세계〉 혹은 〈정신의 세계〉라는 표현을 사용하는 것이고 개개의 감각기관은 각기 특정한 의식의 영역과 관계하고 있는 것입니다.

영혼을 소유하는 인간은 삶의 일상적인 상황이나 물건을 지칭하고 표현하는 수단인 언어로 감정 내지 내적 체험을 표현하기도 합니다. 우리는 이러한 표현을 〈은유적〉 또는 〈상징적〉이라고 합니다. 예를 들어서 어떤 사람의 키가 〈크다〉라는 말은 물리적인 신체의 크기를 나타냅니다. 그러나 어떤 사람의 배포가 〈크다〉라고 표현한다면, 여기에서 크기는 단위로 측정 가능한 물질적인 것을 의미하지 않습니다. 먹는 음식의 무게는 측정이 가능하지만 〈무게 있는 사안〉이라는 표현에서 문제의 중요성을 의미하는 〈무게〉는 물질적인 단위로 측정할 수 없습니다. 또 다른 예로 〈책의 내용을 소화하다.〉, 〈지식을 흡수하다.〉, 〈의견이 충돌하다.〉, 〈낭떠러지에 서다.〉와 같은 표현들은 물질적인 차원을 의미하는 것이 아닙니다.

이렇게 물질을 초월한 차원의 사고를 통해 인간의 자아감각은 순화

될 수 있는 것입니다. 물론 우리가 누군가를 만나게 되면 우리의 눈앞에 분명 하나의 개체가 존재합니다. 하지만 이 존재의 진정한 자아는 여기 혹은 저기라는 외적 공간에 제약을 받는 것이 아닙니다. 우리가 호메로스의 서사시를 읽고 감동을 받았다면, 그것은 호메로스가 바로 우리 안(여기)에, 혹은 우리가 호메로스의 정신세계 안(저기)에 존재하는 기적이 생기는 것입니다.

다시 〈낭떠러지에 서다.〉의 예로 돌아가 보겠습니다. 이 말의 상징적인 표현은 상황을 실재로 표현하는 의미보다 더욱 절실한 느낌을 줍니다. 어쩌면 관광객의 입장에서 바라보는 기암절벽의 수려한 경관은 오히려 감탄을 자아낼 수도 있습니다. 하지만 내면에서 느끼는 위기나 그 끝을 알 수 없는 (절망이라는) 심연의 깊이는 마치 절벽 앞에 선 것과 같이 위험하고 절망적일 수 있는 것입니다.

앞에서 언급했던 상징적인 표현들, 즉 〈긴 수염을 늘어뜨린 하느님〉, 〈날개를 단 천사〉, 〈물 위를 걸어가는 예수 그리스도〉와 같은 표현들도 이렇게 상징적인 의미로 이해해야 합니다.

의식혼의 시대가 열린 후 지구상의 인간은 새로운 차원에서 서로를 발견하게 됩니다. 미지의 세계에 대한 탐험과 지리상의 발견으로 평면적인 세계관을 극복하고(지구는 구형이므로), 모든 인간은 하늘 아래 함께 살아가는 지구촌 마을의 공동 운명체임을 깨닫게 되었습니다. 이로 인해 인간에게는 두 가지 책임의식이 생기게 됩니다. 함께 살아가는 인간 상호간에 대한 책임과 인간이 살아가고 있는 자연에 대한 책임입니다.

서구의 중심 세계관인 〈기독교〉의 핵심은 〈하늘에 계신 우리 아버지〉(마태오의 복음서 6장 9절)라고 표현한 예수 그리스도의 말씀에서 찾을 수 있습니다. 여기에서 하늘에 계신 아버지는 육신의 아버지가 아닌 〈자아〉의 정신적인 아버지를 의미하며, 이 정신적 아버지는 모두가 인식할 수는 없지만 모든 사람에게 존재합니다. 또한 정신적 자아의 아버지는 유일무이한 존재이며 물질적인 육체와는 무관한 존재입니다. 우리가 하늘에 계신 〈우리 아버지〉라고 고백하는 정신적인 아버지에 대한 책임을 다하기 위해 온 인류는 서로 사랑하는 정신적인 형제애의 이상을 추구해야 합니다. 그리고 인간의 또 다른 책임인 자연을 경외하고 배려하는 것은 〈우리 어머니〉인 모성적 대지에 대한 책임입니다. 대지도 마찬가지로 영적인 존재입니다.

인류에게 요구되는 가장 절실한 책임 의식은, 예수가 (인간의 시간 개념으로 계산된) 33세의 나이에 두 명의 죄인과 함께 골고다 언덕에서 십자가에 못 박힌 역사적인 사건에서 찾아 볼 수 있습니다. 이 장면은 존재 감각, 즉 자아감각이 최고의 시험대에 서는 순간을 묘사하고 있습니다.

예수와 함께 십자가에 달린 죄수 중 하나도 예수를 모욕하면서 "당신은 그리스도가 아니오? 당신도 살리고 우리도 살려보시오!" 하고 말하였다. 그러나 다른 죄수는 "너도 저분과 같은 사형 선고를 받은 주제에 하느님이 두렵지도 않으냐? 우리가 한 짓을 보아서 우리는 이런 벌을 받아 마땅하지만, 저분이야 무슨 잘못이 있단 말이냐?" 하고 꾸

짖고는 "예수님, 예수님께서 왕이 되어 오실 때에 저를 꼭 기억하여 주십시오." 하고 간청하였다. 예수께서는 "오늘 네가 정녕 나와 함께 낙원에 들어갈 것이다." 하고 대답하셨다.

—루가의 복음서 23장 39~43절

이 역사적인 사건에 자아감각의 순화를 위한 중요한 열쇠가 있습니다. 분노를 극복하고, 남의 죄를 대속하며, 원수마저도 용서하고 사랑해야 하는 험난하고도 먼 길입니다. 또한 이 길은 인류의 죄를 대속하여 십자가를 지고 가신 예수 그리스도를 통해서만 갈 수 있는 길입니다. 그러므로 기독교인들은 그들에게 선사된 「주님의 기도」에 대해 자아를 넘어서는 〈찬미가〉로 답합니다.

"당신의 나라와 영광이 아버지께 영원히 있습니다. 아멘"

이 강연에서 우리는 일련의 감각기관에 대해서 살펴보았습니다. 가장 중요한 것은 촉각의 발달을 통한 자아의 실현입니다. 인간은 촉각을 통하여 인간의 근원인 낙원의 에덴동산에서 추방되었음을 느낍니다. 하지만 인간은 다시 자아감각을 통하여 정신적인 형제와 자매를 만나고 함께 새로운 문화를 건설합니다. 여기서 말하는 새로운 문화는 (『성서』에 기록된) 하늘로부터 내려오는 거룩한 도성, 새 예루살렘과 새 땅과 신부처럼 단장한 그리스도와 어린 양[35]입니다.

인지학 운동의 과거와 현재 그리고 미래에 대한 전망

인간은 종교를 통해 비로소 하나가 될 수 있다.
– 노발리스

인지학이라는 정신과학은 인간 생명의 원천을 세 가지로 분류합니다. 첫 번째는 고체나 액체로 구성되고, 측정 가능한 지상의 물질로부터 공급받는 육체의 양분입니다. 두 번째는 호흡의 원천인 대기입니다. 그리고 세 번째는 바로 이 강연의 주제이기도 한 감각기관입니다. 세 번째 생명의 원천은 비물질적이며 측정 불가능한 질적 세계와 관계됩니다. 따라서 인간이 감각기관을 통하여 취한 모든 경험은 〈빛〉과 〈반–중력〉의 세계로 표현할 수 있습니다. 물론 세 번째 생명의 원천이 인간에게 가장 중요합니다. 만약 인간이 먹고 호흡만 하는 존재라면 오늘 우리가 여기에 함께 모일 수도 없을 것입니다. 이렇게 인간이 함께 모여 공동의 관심사에 대한 이야기를 나눌 수 있는 것은 세 번째 생명의 원천인 감각을 통해 사물을 인식하며 의식을 발달시키기 때문입니다. 여기에서는 수면 상태나 사후의 인간 의식에 대해서는 언급하지 않기로 하겠습니다.

지상에서 활동하는 동안 인간은 감각기관을 통하여 끊임없이 환경을 지각하며 의식을 가지고 살아갑니다. 말하자면 감각기관의 작용은 인간의 영혼을 위한 일용할 양식인 셈입니다. 감각기관으로 지각한 내용을 인간은 다시 기억력을 통해 뇌에 저장하게 됩니다. 이렇게 인간은 정신적인 생명의 원천인 감각기관을 이용하여 인식의 지평을 넓혀가고 자신만의 고유한 세계를 구축하는 것입니다. 우리는 매일 식사를 하고 호흡을 함으로써 유한한 육체에 힘들이지 않고 생명력을 공급할 수 있습니다. 하지만 〈경험체〉라고도 부르는 불멸의 〈인간정신〉에 생명력을 공급하는 것은 스스로의 노력에 달려 있습니다. 날로 깨어나고 새로워진 의식을 가진 자아는 사후에도 도움을 주는 창조적인 존재로 발전할 수 있습니다.

인간은 앞에서 언급한 두 가지 생명의 원천이 파괴되는 것(그것이 공포에 기인하든지 혹은 자기보존 본능에 따른 반응이든지간에) 즉, 농토가 피폐해지고 수질과 대기가 오염되는 자연환경의 파괴에 대해서는 심각하게 우려하고 또 보호하려는 노력을 합니다. 하지만 세 번째 생명의 원천이 고갈되고 황폐해지는 상황에 대해서는 대체로 무심한 편입니다. 물론 다양한 방면에서 인간의 정신에 대해 〈더 많은 경외심〉을 가져야한다는 경종을 울리고는 있습니다. 하지만 이러한 우려의 목소리도 진정으로 인간

정신에 대한 경외심을 일깨우는 세계관을 향한 것이어야 합니다.

　인간이 단지 학습이나 탐구로 파악할 수 있는 존재라면(자연과학에서는 모든 것을 확고하게 측정하고 예측할 수 있다고 믿고 있습니다), 그러니까 우주의 모든 물질은 원자로 구성되고, 태초에 우주는 빅뱅으로 생성되어 언젠가 다시 소멸할 것이며, 인간의 뇌는 컴퓨터의 구실을, 심장은 펌프의 역할을, 간은 인체의 화학공장의 기능을 하는 것으로 분석하고, 인체와 관련한 모든 현상들을 유전이나 호르몬의 영향으로 설명할 수 있는 것이라면, 인간은 단지 공장에서 생산하는 제품에 다를 바 없는 물질적 존재에 불과할 것입니다. 그렇다면 공장에서 생산한 불량품과 마찬가지로 열등한 존재는 인간 사회에서 당연히 도태시켜야 하겠지요. 즉, 탄생 이전에 이미 유전인자의 조작으로 우성인자를 가진 인간만을 생산하고, 살아가면서도 제대로 기능하지 못하는 인간은 사회에서 자연스럽게 제거해야 한다는 논리입니다.

　놀랍게도 이러한 모든 논리를 우리는 독일의 유명한 진화론자인 에른스트 헤켈Ernst Haeckel(1834~1919)의 저서들에서, 예를 들면 『생명의 신비』와 같은 저서에서 상세히 접할 수 있습니다. 헤켈의 이론은 철저하게 물질주의적인 일원론을 바탕으로 깔고 있습니다. 의사였던 헤켈은 예술가, 위대한 자연철학가 등의 많은 수식어가 그의 이름 앞에 따라 다녔고, 인간적으로는 더할 수 없는 진실한 미소의 소유자였지만, 그가 제시한 세계관은 오늘날 대부분 허위와 오류로 판명되고, 단지 히틀러의 인종 정책을 정당화 하는데 기여했을 뿐입니다.

이와 같은 물질주의적인 세계관에 심령주의자들은 강력히 반박하고 나섭니다. 이들은 인간 존재의 본질은 정신이며, 죽은 영혼과의 대화를 통한 영매술이나 사진 촬영을 통해 영적 실체를 구체적으로 검증할 수 있다고 주장합니다. 심지어 차라리 일기예보와 같이 매일 예측되는 점성술의 운세를 따르라고 권유합니다. 물론 맹목은 금물입니다. 운명이나 미래를 예측하는 방법에 관한 강의를 제공하는 곳도 있습니다. 이러한 강의는 현생에서 발생하는 삶의 문제들은 전생의 업보에 기인한다고 말합니다. 단지 몇 번의 최면을 통해 인간의 전생을 읽어 내기도 합니다. 이러한 심령주의자들은 인간 존재의 본질을 정신에서 찾고, 우주의 정신과 합일하려는 노력을 해야 한다고 강조합니다.

오늘날 몰아의 황홀경에 가까운 물질 이면의 신비한 영적 체험을 숭배하는 성격의 모임들이 수없이 많습니다. 이들 모임에서는 스피커를 이용하여 가급적이면 기괴한 형태의 노래와 스윙 음악을 크게 틀기도 합니다.(스윙이란 충격의 효과를 내는 기계적이고 반복적인 리듬에 맞춰 무형식적인 팔 동작이 따르는 것을 의미합니다) 이러한 모임에서 신비적인 분위기를 연출하기 위한 유향이나 촛불 장식은 빠질 수 없습니다. 게다가 엉덩이를 흔들며 밸리 댄스Velly dance까지 출 수 있는 사람이라면 우주와 합일하는 〈행운〉을 쉽게 얻을지도 모릅니다. 또 이와 같은 모임에서 신성한 성구나 인도의 명상 요법에서 사용되는 주문 형식의 만트라Mantra 혹은 마약과 같은 환각제는 초자연적인 세계를 경험하기 위한 중요한 수단으로 사용하기도 합니다.

또 다른 사회 현상으로 오늘날 사람들은 그 누구도 능가하지 못하는 〈재능의 육성〉에 혈안이 되어 낯 뜨거운 언어의 남용과 충격적인 시도들을 거리낌 없이 행합니다. 점점 더 어린 아이들이 무대 위에서 〈쇼〉를 공연하기 위해 강도 높은 훈련에 시달리는 현실은 경악할 지경입니다. 여러 분야에 대해 이미 이런 경향에 대한 경고와 진단을 내렸고 교육의 근본적인 개선에 대한 요구의 목소리도 커졌습니다. 특히 빈민국 아동들의 교육

여건에 대한 현실적인 대책 마련이 절실하지만 바로 이런 제 3세계에 대한 교육 지원정책이 잘못된 방향으로 흘러가고 있습니다. 아이들이 가능한 한 편하고 빨리 습득할 수 있게 컴퓨터나 TV와 같은 대중 매체를 보급하는데 엄청난 자원을 사용하고 있기 때문입니다. 고지능의 컴퓨터에 미래 꿈나무들의 희망이 달려 있다는 것이지요. 오늘날 부모들은 아기들의 단계적인 신체 발달에 대한 중요성을 인식하기보다는, 가능한 한 빨리 일어서고 걸어서 남들보다 〈세상에서 앞서 가기를〉 원합니다. 제가 아는 또 어떤 분은 TV에서 중계하는 축구경기를 보며 죽음을 맞이했습니다. 열렬한 축구팬이었던 그 분은 죽는 순간에도 자신이 좋아하는 축구팀의 경기를 놓칠 수 없었던 것입니다. 올더스 헉슬리Aldous Huxley는 본성을 상실한 현대인의 이런 탈인간적인 모습을 『멋진 신세계』(1932)에서 이미 예견하고 있습니다. 하지만 건강한 개체로 성장하기 위해서 재능의 육성 못지않게 중요한 것은 다양한 형태의 운동을 통한 신체적인 발달입니다. 인간의 움직임에서 동작의 형태는 소중한 의미를 지닙니다. 이러한 동작에 대해서는 고유운동감각 편에서 개괄적이나마 소개한 바 있습니다.

삶을 지나치게 암울하게 바라보는 세기말적인 종말론자들은 시대를 막론하고 존재하는 법입니다. 이런 종교나 사상의 추종자들은 주로 집단 자살의 형태로 자신들의 극단적인 의식을 표출하기도 합니다.

지금까지 열거한 〈악의 없는〉 사회적인 현상들이 사실은 지극히 위험한 상태라는 것을 인식하고, 다양한 계층에 의한 건강한 인간 이성이 바탕이 되는 〈문화〉를 인류가 지구상에 건설하기까지는 아직 엄청나게 정신적인 투쟁을 해야 합니다. 루돌프 슈타이너는 이 투쟁을 〈천사 미카엘과 용의 싸움〉으로 표현했습니다. 『성서』의 「요한의 묵시록」에 이러한 내용이 아주 극적이고도 예언적으로 묘사되어 있습니다. 『성서』에는 악마의 존재가 자주 등장합니다. 낙원에서 인간을 유혹에 빠뜨린 뱀이나 「욥기」에 기록된 악마, 그리고 광야에서 그리스도를 시험한 사탄의 존재를 그 대표적인 예로 들 수 있을 것입니다. 또 기독교인들은 「주님의 기도」를 통하여 하느님께 사탄으로부터 지켜줄 것을 간구합니다. 현시대를 살아가는 인간을 유혹하는 악마의 속성은 인간 차별과 범죄의 상징인 배금주의일 것입니다.(마태오의 복음서 6장 24절과 루가의 복음서 16장 9절~13절 참조) 인류는 이미 오래 전에 노예 상태에서 해방되었다고 믿지만, 오늘날 새로운 형태의 노예상태(금전의 지배를 받는)가 부활한 것입니다. 모든 종교는 진정한 신의 존재에 대한 의식을 부각시키기 위해 언제나 그 대립적 존재인 악마의 역할을 필요로 합니다.

인지학 저서들을 접하다 보면 종종 인간의 본성에 내재한 아리만과 루시퍼의 이름을 보게 되는데, 그렇다면 이들은 어떤 존재일까요? 간단히 말하자면 아리만은 정신세계에 대해 지극히 냉소적이며 모든 것을 철저히 계산하는 물질주의를 상징합니다. 루시퍼는 교만하고 자만에 차 있으며 과도한 착각과 망상에 빠진 영을 말합니다. 이 두 존재는 홀로 혹은 협력하여 갖가지 교묘한 방법으로 인간의 자아에 영향을 미칩니다. 제가 비록 구체적으로 이름을 거론하지는 않았지만 강연의 전반에 걸쳐서, 특히 〈자아감각과 역사적 양심〉을 설명할 때 종종 이 두 존재에 대한 암시를 했습니다.

인지학이 궁극적으로 지향하는 것은 무엇입니까?

인간은 본질적으로 초감각적 세계와 결합하려는 원초적인 욕구를 가지고 있습니다. 이와 같은 인간의 본성을 루돌프 슈타이너는 인지학과 관련하여 다음과 같이 설명합니다.

"인지학은 인간의 정신을 우주의 정신으로 이끄는 인식의 방법이다."[36]

그러므로 개인과 개인의 만남에서 작용하는 자아감각의 발달은 모든 인간의 내면에 잠재하는 신의 속성을 볼 수 있는 능력을 키우는 것입니다. 이렇게 볼 때 우리는 단지 주일에만 신께 예배를 드리는 것이 아니고 인간의 삶 전체가 예배로 이어지는 신성한 나날임을 알 수 있습니다.

주일마다 행해지는 기독교의 예배는 모든 인간이 형제임을 강조하지만 기독교는 여전히 수많은 종파로 분열되어 갈등합니다. 또 인간이 경제 활동을 영위하는 직장에서는 세계가 하나의 거대한 자유시장이라는 기치 아래 세계화 시대의 무한 경쟁이라는 도그마가 지배합니다. 이러한 도그마는 경제적인 세력 확장을 위하여 기업합병이란 명분 아래 경쟁기업을 흡수하고 독점적 우위를 차지함으로써, 치열한 경쟁에서 살아남으려는 경제논리를 정당화하는 수단일 뿐입니다.

하지만 지구상에 커다란 재해가 발생하면 이 모든 경제 논리를 초월하여 전 세계는 그 지역에 대한 물심양면의 지원을 아끼지 않습니다. 지나친 물질주의도 마땅히 경계해야 하지만 접신을 시도하는 모임 등에서 하는 지나친 심령 추구도 마찬가지로 위험합니다. "우리의 삶은 전체로써 하나의 예배다."라고 독일의 낭만파 시인 노발리스는 말합니다. 이 예배의 삶은 제도화된 교회의 특정한 종파나 종교적인 단체에 속하여 신앙생활을 하는 것을 의미하는 것이 아니고, 예로부터 내려오는 전통적인 사상에 의거할 수도 있는 것입니다.

많은 사람이 한 시대를 지배하는 여러 가지 종교 내지는 정신적인 흐름이 평행선을 달리는 것에 대해 유감스럽게 생각합니다. 그들은 각 종교나 정신적인 사상은 진리를 추구하는 방식의 차이가 있을 뿐이고 나름의 장점을 가지고 있으므로 서로 관대한 자세로 화합하려는 노력을 해야 한다고 역설합니다. 하지만 이러한 생각은 착각입니다. 인간의 다양한 종교나 사상이 공존하도록 하기 위한 노력이 단지 수평선상에서만 이루어지기 때문입니다. 수직 방향인 우주를 향하여 고양하려는 노력을 할 때 비로소 인간은 정신적 실체에 도달할 수 있습니다. 이것이 곧 다양한 종교나 정신 사상에서 도그마적인 독선이나 사이비적인 요소를 발견해 낼 수 있는, 엄격한 통제의 기능으로도 작용할 수 있습니다.

루돌프 슈타이너는 언젠가 12개의 권능을 부여받은 세계관이 존재할 것이라고 했습니다.37 이 말은 인지학이 하나의 세계관이 아니라는 것을 입증하는 것입니다. 슈타이너에 따르면 인지학은 대상을 어떤 관점에서 진술할 것인가를 정확히 판단할 수 있는 가능성을 제공한다고 강조합니다. 일반적으로 사람들이 핵심을 겉도는 대화를 하게 되는 것은 각자의 견해가 확고하지 않기 때문입니다. 인간은 12개의 감각기관 중에서 어떤 상황에 어떤 감각기관을 사용해야 할지 정확히 판단할 수 있습니다. 그리고 어떤 감각기관도 단독으로 모든 상황에 대처할 수는 없습니다. 이를테면 12개의 감각기관은 성령 강림을 체험한 초대 교회 공동체의 모습을 하고 있습니다.

모든 종교가 각자 나름의 종교적인 도그마에 빠져 한계를 벗어나지 못하고 한 방향만 바라보듯이, 객관적인 절대성을 주장하는 자연과학도 가설과 환원주의로 한 쪽에 치우쳐 있습니다. 그러나 자연과학이 이룩한 독창적이고도 탁월한 업적에 대해서는 존경과 감사의 마음으로 인정해야 할 것입니다. 인류가 위대한 발명의 〈역기능과 순기능〉을 제대로 판단하고, 적용하는 이성적인 힘을 발휘할 것인가는 또 다른 차원의 문제이기 때문입니다.

루돌프 슈타이너와 관련하여 자주 듣게 되는 문장이 있습니다. "인지학은 정신과학"입니다. 이 문장에서 강조되는 것은 물론 〈정신〉입니다. 그런데 정신이란 신의 존재를 전제하는 종교와 무관할 수 없습니다. 슈타이너는 일찍이 인간의 건강한 사고는 결합시키는 힘이 있으며(결합을 의미하는 라틴어의 religere에서 종교를 뜻하는 religion이 유래합니다), 또한 인간의 건강한 사고는 결합의 연관성을 정신적으로 직관할 수 있는 능력을 가진다는 점을 시사했습니다. 〈현실(현상의 세계)에서 개념을 인식하는 것은 인간의 진정한 성찬 예식입니다.〉[38] 그러니까 인간이 사고를 하는 행위는 하나의 예배 의식이며, 〈세계관에 봉사하는 것입니다.〉[39] 이렇게 인간의 건강한 사고는 물질 속에 감추어진 신성을 드러내는 힘이며, 치유의 영과 함께 어떤 것을 관철하는 힘입니다.

모성의 대지 위에서 성령을 찾고자 하는 자는 도처에서 신의 계시를 발견할 수 있습니다. 매일 선물로 주어진 삶에서 신의 계시를 찾게 되는 것입니다.(이것이 「요한의 묵시록」의 의미입니다) 이것은 엄청난 책무이며, 동시에 수많은 오류를 범할 수 있는 일이기도 합니다. 수많은 오류가 발생하고 다양한 철학적인 사조가 대립하는 이유는, 서로 각자의 견해만 고수하려는 일방적인 태도에 있음을 인식할 필요가 있습니다. 사고는 정신적인 능력이므로 더 높은 세계에 도달하기 위하여 지속적인 발전을 도모해야 합니다. 이에 관한 기본서로서 슈타이너의 『고차세계의 인식으로 가는 길Wie erlangt man Erkenntnisse der höheren Welten?』40(2013, 밝은 누리)을 권해 드립니다. 이 책은 현실 도피에 관한 내용을 다루지도 않았고 고차원의 내세 지향적인 세계를 가르치지도 않습니다. 루돌프 슈타이너는 언제나 아이들에 대한 사랑과 경건한 마음을 강조했습니다.

　지금까지 12개의 감각기관을 살펴본 과정은 바로 우리가 일상에서 출발하여 이 일상에 영향을 미치는 정신적인 실체, 즉 고귀한 삶의 스승을 만나는 길을 걸어온 것입니다. 인지학은 루돌프 슈타이너의 방대한 정신적인 체계의 인식을 토대로 하는 학문입니다. 슈타이너의 사상은 사후 제자들에게 계승되어 보완되고 지속적으로 발달해 왔습니다. 또한 슈타이너의 인지학은 교육학, 치료예술, 언어조형, 무대예술, 동작예술(오이리트미), 건축(현재 인지학 정신 운동의 중추 역할을 하는 스위스 도르나흐 소재의 건축물인 괴테아눔의 설계에 루돌프 슈타이너가 직접 참여하였으나 1922년 12월 31일 방화로 소실되고 이후 재건됨), 생명역동농법 등의 다양한 분야에서 실천적으로 응용되고 있습니다. 물론 말처럼 쉬운 일은 아니겠으나 인지학은 과학과 예술과 종교를 하나의 단위로 통합해야 하는 과제를 안고 있습니다. 그렇다고 해서 이 분야들을 단순히 총망라한다는 의미가 아니며, 다양한 분야를 종합적으로 체계화시켜 더 높은 차원의 새로운 형태로 거듭나게 한다는 것입니다. "이 모든 것을 포괄하는 새로운 이해의 차원에서, 진정으로 인지학 운동은 배금주의와 같은 세속숭배가 아닌, 나날의 생활이 곧 하느님께 드리는 예배가 될 수 있는 것입니다. 이 예배는 개별적인 것을 통일하는 전체성을 지닙니다."[41] 이 말은 루돌프 슈타이너가 1923년 성탄 전야에 인지학 협회 회원들에게 한 강연의 요지입니다. 슈타이너는 회원들에게 이 말의 의미를 강림절의 묵상 주제로 삼아, 이 세상에 오신 그리스도의 재림을 진정한 신앙의 〈초석〉으로 삼기를 간곡히 부탁했습니다.

　매일의 삶을 예배로 경험하는 것은 그리스도가 재림하는 날에 완성되는 강림절의 기다림과 같습니다. 인지학은 기존 인문학의 학문적 성과에 새로 추가되는 정신과학의 한 부산물이 아닙니다. 또 인지학은 새로운 종교나 사상을 숭배하는 문화 운동도 아닙니다. 가장 혁신적이거나 최선의 정신 운동은 더더욱 아닙니다. 도덕적인 설교도 아닙니다. 인지학은 바로 생명과 사랑을 일깨우는 힘인 정신의 실체에 관한 것입니다. 정신에 대한 인식은 인간 영혼에 대한 자양분이기 때문에 이를 통해 인간의 존재는 정신의 본질에 연결됩니다. 다음과 같은 비유가 인지학의 정신과학을 이해하는데 도움이 될지도 모르겠습니다.

"지구상에 존재하는 12개의 종교가 하나의 원을 그리고 있습니다. 만약 한 종교에 속한 사람이 다른 종교를 믿는 사람의 눈에서 티를 보기 전에 자신의 눈 속에 있는 들보를 먼저 발견하기 시작한다면, 인간은 더 높은 차원의 정신세계에서 모두 함께 만날 수 있는 가능성을 갖게 될 것입니다." 이에 관해서는 괴테의 미완성 서사시인 「신비」를 참조하시기 바랍니다. 우리는 모든 것을 천편일률적으로 평가하는 경솔함에 빠지지 않도록 주의해야 할 것입니다.

〈길〉이라는 단어는 세 개의 자모로 구성되어 있습니다. 하지만 우리가 추구하는 〈길〉은 앞으로 적어도 3만년은 더 걸려야 도달할 수 있습니다. 예언자, 성인들, 순교자들, 수많은 〈이교도〉, 그리고 진정한 종교 개혁가들이 미래에 나타날 우리의 모범이 될 수 있습니다. 또 우리는 주변의 지인이나 가족 친지들(생존해 있거나 혹은 이미 정신세계로 떠났거나)도 잊어서는 안 됩니다. 그들은 비록 역사책에 이름을 남길 만큼 업적을 남긴 존재는 아닐지라도 (아마도 영생의 책에는 기록되겠지요) 우리에게는 소중한 존재였고, 정신적 차원에서 우리에게 모범이 되며 영향을 주고 있고, 또 주었던 존재이기 때문입니다. 그들로부터 받은 정신적인 자극을 계속해서 실현해 나가는 것도 나날의 예배 의식에 포함되는 것입니다.

인류는 거대한 위기에 직면하고 있습니다. 우리는 이러한 사실을 성서에 기록된 다음과 같은 그리스도의 말씀을 통해서만 경험할 수 있는 것은 아닙니다. "내가 세상 끝 날까지 항상 너희와 함께 있겠다"(마태오의 복음서 28장 20절) 사도 바울은 성서를 통하거나 예수님의 제자들처럼 그리스도를 직접 체험함으로써 기독교인이 된 것이 아닙니다. 스스로를 〈조산아〉에 비유했던 사도 바울은 원래 기독교를 탄압하러 다마스커스로 가는 길에 부활한 예수님을 만나는 초자연적 계시를 통해 기독교로 개종하게 됩니다. 1910년부터 루돌프 슈타이너는 우리 시대에 이러한 〈바울의 다마스커스-체험〉이 확산될 것이라는 점을 강조했습니다. 초기에는 소수로 출발하지만, 앞으로 수천 년에 걸쳐서 점점 더 많은 사람이 이런 신비한 체험을 하게 될 것이라고 합니다. 그렇다고 축복 받은 이 사람들을 성인으로 추대하는 시성식을 할 필요는 없습니다. 왜냐하면 오늘날 이미 과학적인 차원에서 연구될 정도로 이런 현상은 보편하게 많이 알려지고 있기 때문입니다. 예를 들면 근사체험近死體驗(George G. Ritchie와 D. Brinkley의 근사체험에 관한 보고는 전 세계적으로 유명합니다)을 하기도 하고, 혹은 완전히 깨어 있는 의식 상태에서 꼭 신앙인이 아니더라도 이러한 체험을 합니다. 위로와 빛으로 충만한 이런 체험은 삶의 결정적인 상황에서 발생하기도 합니다. 자살을 기도하는 순간에 그분이 모습을 드러내며 인간의 어리석은 행위를 만류하기도 합니다. 역사상 인류가 예수 그리스도를 직접 보고 들을 수 있었던 것은 단 한 번뿐이었습니다. 하지만 당시에도 보고도 보지 못하는 사람이 있었으며 듣고도 듣지 못한 사람이 있었습니다. 하물며 성령으로 부활하는 그리스도를 우리가 육안으로 보거나 귀로 체험할 수는 없을 것입니다.(고대 인도에서 지상으로 내려온 신의 화신과는 반대입니다)

현대는 분별력을 가지고 정신세계와 합일하려고 노력하는 사람들이 필요한 시대입니다. 루돌프 슈타이너는 이것을 〈전도된 예배 의식〉이라고 했습니다. 성직자는 높은 차원의 정신세계와 지상의 믿음공동체를 연결하는 중개자의 역할을 합니다. 하지만 새로운 시대는 인간이 높은 차원의 세계에 도달하기 위해 스스로 노력할 것을 요구합니다. 이것은 신에 대한 불손한 태도가 아니라 인간에게 부여된 책무이며 신의 요구에 대한 응답입니다. 루돌프 슈타이너가 인지학 운동을 창시한 이유가 바로 여기에 있습니다.

인지학 운동은 삼위일체의 예배의식입니다. 신비한 우주 만물과의 만남, 형제애로 함께 살아가는 인류와의 만남, 그리고 우리를 보호하는 영적 존재와의 만남을 통한 예배인 것입니다. 루돌프 슈타이너가 이러한 운동을 일으킬 수 있었던 것은 자신을 희생하며 부활한 그리스도의 정신적 원천에서 생명력을 얻었기 때문입니다.

"그리스도의 왕국은 지상에 존재하지 않지만 지상을 지배하며, 인간의 영혼은 지상에 존재하지 않는 그리스도 왕국에 도달하기 위한 수단이 되어야 합니다."[42]

인간 의식의 진정한 해방은 정신에서 정신으로 이어지는 정신적인 것에 의해서 가능한 것입니다.[43]

분류	12감각	별자리
육체감각: 자신의 육체를 향함	1.촉각	♎ 천칭자리
	2.생명감각 (체질감각)	♏ 전갈, 독수리자리
	3.고유운동감각	♐ 사수자리
	4.균형감각	♑ 염소자리
영혼감각: 인간-외부세계의 관계	5.후각	♒ 물병자리
	6.미각	♓ 물고기자리
	7.시각	♍ 처녀자리
	8.열감각 (온도감각)	♌ 사자자리
정신감각 혹은 사회적 감각: 인간내면을 향함/숨겨진 것이 드러남	9.청각	♋ 게자리
	10.언어감각	♊ 쌍둥이자리
	11.사고감각	♉ 황소자리
	12.자아감각	♈ 양자리

인지영역	정신영역의 근원
물질육체	
에테르체 생명체(체질/통증)	정신인간
아스트랄체 (감정표현, 적응)	생명정신
자아(중력에 대한)	정신자아
육체 물질 (직접적:본능)	의식혼 (의지의 성격) (선악 판단)
에테르 또는 생명 물질 (용해된 액체 상태)	오성혼 또는 감성혼 (감정의 성격) (건강에 대한 판단)
아스트랄 물질 (태양, 빛)	감각혼(사고력)
자신(자아)의 열 (주변 환경의 열에 대한)	아스트랄체 (관심)
물질적인 것 (단단한 물질)	천사 (사회적 기능)
에테르적인 것 (타인의 정신적인 상태)	대천사
아스트랄적인 것 (내적 태양체, 타인의 진실 여부)	예수의 존재 (보편한 인간정신)
자아(타인의 존재)	...

〈12감각 간의 대비 관계〉

4개의 육체감각기관은 4개의 정신감각기관과 대비 관계에 있다. 그리고 4개의 영혼감각기관은 각각 한 쌍으로 대비를 이룬다.

1. 촉각 자아의 경계에 대한 의식	**12. 자아감각** 타인과의 경계 허물기
2. 생명감각 자신의 육체적 체질의 생성/소멸	**11. 사고감각** 타인의 정신세계의 진실/허위
3. 고유운동감각 활동 및 자신의 육체를 통한 표현	**10. 언어감각** 언어를 통한 타인의 정신세계의 표현 및 활동
4. 균형감각 중력계에서 방향잡기(창조된 세계)	**9. 청각** 물질세계가 정신세계로 고양 (창조하는 힘)
5. 후각 육체가 비워지고 채워짐(물질적 차원)	**8. 열감각** 관심을 외부 세계로 발산 (비물질적 차원)
6. 미각 측정가능한 물질의 통제: 소우주인 인간 육체를 구성(내적으로 향함)	**7. 시각** 측정 불가능(태양/빛의 작용)한 것을 대우주인 자연 속에서 체험함(외부로 향함)

▶ 각 감각기관을, 별자리를 표시한 원 위에 배치해 보면 어떤 특정한 모양의 형태가 나타난다. 루돌프 슈타이너의 메모장에 그려진 스케치(1977년 가을에 발간된 슈타이너 전집 GA58/59에서 인용)에서도 이 형태를 발견할 수 있다. 그런데 이 스케치에서는 감각기관의 순서를 그린 형태가 원이 아니고, 쌍엽 곡선의 모양을 나타내고 있다. 다음은 슈타이너의 스케치와 그것을 가공한 그림이다.

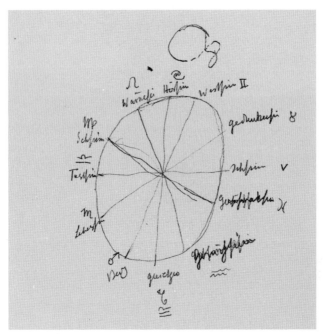

루돌프 슈타이너의 스케치

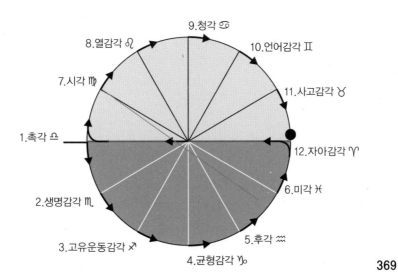

〈4개의 영혼감각의 대비 관계〉

시각
- 뇌에서 바깥으로 돌출된 부분의 끝 (위)
- 측정 불가능 (빛)
- 열린 눈

미각
- 소화기관의 출발지점 (아래)
- 측정 가능 (음식물)
- 닫혀진 입

후각
- 국소에서 작용
- 중심부에서 작용
- 측정 가능한 물질 (냄새나는 물질)
- 공기를 흡입

열감각
- 신체의 전면에 분포됨
- 주변부에서 작용
- 측정 불가능
- 관심으로 발산

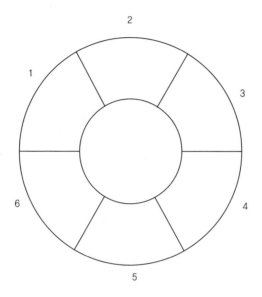

보통 빨간색이라고 부르는 색은 원색이 아니다. 다음의 간단한 실험을 통하여 한번 살펴보기로 하자. 색연필이나 사인펜에서 원색인 자색(마젠타색이나 짙은 분홍색, 적색이나 심홍색이 아님), 청록색(프러시안 블루) 그리고 노란색(카나리아색)을 선택한다. 위에 그려진 원형에 먼저 1번, 2번, 3번 구역에 자색을 칠하고, 다음으로 3번, 4번, 5번 구역에 청록색을 칠하고, 5번, 6번, 1번 구역에 노란색을 칠한다. 그러면 이차색이 나타나는데, 1번에는 빨간색, 3번에는 남보라 그리고 5번에는 녹색이 나타난다. 즉, 자색의 대비색이 녹색임을 알 수 있다.

주석

1 Rudolf Steiner, 『Geistige Wirkenskräfte im Zusammenleben von alter und junger Generation』 Pädagogischer Jugendkurs, GA 217, 1922년 10월 3일자 강의

2 Rudolf Steiner, 『Anthroposophie, Psychosophie, Pneumatosophie』 GA 115

3 Rudolf Steiner, 『Weltwesen und Ichheit』 GA 169

4 로마서 8장 18절에서 23절 참조

5 루돌프 슈타이너는 7가지의 생체 활동, 즉 본능적인 감정을 불러 일으키는 신체 기관들의 작용에 대해 자주 언급하고 있다. 여기에서는 감각 체험과 본능적인 신체 기관의 느낌 사이의 차이와 그 상호작용에 대해서는 다루지 않기로 한다. 그 자체만으로도 한 권의 책에 달할만한 분량이기 때문이다. 이 주제에 대해서는 Karl König의 『Sinnesentwicklung und Leiberfahrung』(4. Aufl. Stuttgart, 1995)을 참조할 것을 권한다.—생체 활동에 대해서 루돌프 슈타이너는 그 예를, 1916년 8월 12일 강의에서 다루고 있다; 『Das Rätsel des Menschen. Die geistigen Hintergründe der menschlichen Geschichte』 GA 170

6 Rudolf Steiner, 『Weltwesen und Ichheit』 GA 169, 1916년 6월 20일자 강의

7 Nora von Baditz가 저자에게 구두로 전달한 내용

8 Rudolf Steiner, 『Die Brücke zwischen der Weltgeistigkeit und dem physischen des Menschen』 GA 202, 1993, 1920년 11월 26일자 강의

9 Rudolf Steiner, 『Grundelemente der Esoterik』 GA 93a, 1905년 9월 28일자 강의

10 Rudolf Steiner, 『Aus der Akasha-Chronik』 GA 11

11 플라톤은 『대화편』 중 「Timaios」 와 「Kritias」에서 아틀란티스에 대하여 자세히 묘사하고 있다.

12 Rudolf Steiner, 『Mysterienstätten des Mittelalters』 GA 233a, 1924년 1월 11일과 12일자 강의

13 Chakra(챠크라)는 국제적으로 용인된 표기법에 따라 [cakra]라고 발음한다. [c]는 〈쉬〉가 아닌 〈취〉로 소리난다. 산스크리트어로 챠크라는 바퀴, 원, 원반이라는 의미를 가진다.

14 루돌프 슈타이너는 인간 의식의 진화 과정에서 출현하는 정신적인 적대 세력에 대해서 아주 구체적으로 서술하고 있다. 이와 관련하여 그의 저서 중에서 특히 다음의 저서를 참조하기 바란다; 『Die Geheimwissenschaft im Umriss』 GA 13

15 『Das Buch Tobias』, 삽화 Walther Roggenkamp, Stuttgart, 1986

16 괴테는 『색채론』에서 색의 생성을 빛과 어둠의 근원적인 현상으로 설명하고 있다. 10장, 색의 굴절 §§ 145~177. 루돌프 슈타이너 주석판, Stuttgart, 2003

17 거울은 물체가 실제로 있느냐 혹은 없느냐에 따라서 물체가 비치기도 하고 다시 사라지기도 한다. 이와 마찬가지로 우리가 얼이 빠지면, 우리의 눈은 마치 아무런 물체도 비치지 않는 거울처럼 텅 빈 상태가 된다. 묘하게도 인간의 영혼이 육체와 분리되는 수면 상태에서 영혼의 거울인 눈은 감기게 된다.

18 심장과 사지의 상관관계에 대해서는 Karl Friedrich Burdach(1776~1847)가 저서 『Vom Baue und Leben des Gehirns』(Leipzig, 1826, Band 1)에서 아주 독창적으로 묘사하고 있다.─해부학에 관한 서적임에도 불구하고 신(§ 1)과 세계(§ 2), 에너지와 물질(§ 3) 그리고 무생물과 생물에 관한 언급들이 눈에 띈다. 이 책에서는 〈생명은 독창적이다〉라는 입장을 분명히 하고 있다. 이런 류의 서적들을 통하여 우리는 과학이 일반적으로 정신의 세계에서 얼마나 벗어나 있는 지 경험할 수 있다. 다음에 인용된 세 구절을 통하여 이 책에 대한 인상을 느껴보기로 한다.

"신경계의 활동은 인간의 물리적인 육체를 지배하는 역동적인 힘이다. 신경계의 활동은 어떤 외적 변화로 나타나는 것이 아니다. 근육이 경련을 일으키고 혈관에 피가 흐르고 내분비선이 변화하는 것은 볼 수 있지만, 신경계에서 출발하고 또

신경조직이 작용하는 어떤 변화나 움직임은 우리가 눈으로 인지할 수 없다. 신경계의 작용은 겉으로는 고요하지만, 내적으로는 은밀한 생명력이 지배하며 스스로 인지하는 힘이다." (23 페이지)

"신근(펴짐근)의 활동은 사지를 뻗는 작용에 관계하고, 고유한 형태로 발달하며 상황에 따라 자유로운 반응을 나타낸다. 보통 생명력이 충만하거나 근육의 힘이 강해지면 신근이 두드러져 보이는데, 자부심이나 용기 등의 내적 자신감이 충만할 때도 신근은 두드러져 보인다. 비단 사회적 지위나 물질적 재산과 같은 (아마도) 세속적인 권력에서 우러나는 자부심뿐만 아니라, 정신적인 우월감이나 도덕적인 순수함에 의해서도 목을 쭉 펴게 된다. 뇌와 근육의 유기적인 힘은 세속적인 능력에 대한 생각이나 심리적인 힘에 의해 영향을 받는다고 볼 수 있을 것이다. 이와 반대로 굴근(굽힘근)의 활동은 미발달 상태나 휴식 상태, 혹은 결핍된 상태를 표현한다. 따라서 배 속의 태아, 휴식상태, 수면상태, 근육무력증 그리고 근육피로의 상태에서 이러한 굴근의 작용을 관찰해 볼 수 있다. 또 불완전한 것, 한계, 공포, 상심, 허무, 굴종 등의 심리상태에서는 굴근의 작용이 지배적이다. 이렇게 상반된 성격의 두 근육이 어느 한 쪽으로 지나치게 치우치게 되면, 움직임의 조화가 깨어지는 부자연스러운 상태가 되고 생명의 흐름이 원활하지 못하여 사지의 발달이 왜곡되어, 심리상태와 표정동작에 있어 극단적인 형태가 나타나게 된다. 즉, 자만심에 차거나 교만한 심리상태에서는 머리를 위로 높이 치켜드는, 마치 후궁반장 (Opisthotonus: 전신 경련 시 환자의 목과 등이 경직되어 활모양으로 휘어지는 증상)의 증상을 보이는 자세로 나타나고, 비굴한 태도와 같은 노예근성의 심리상태에서는 전만경련(Emprosthotonus)의 증상과 유사한 형태의 자세로 나타난다. 용기와 확신에 찬 사람은 발걸음을 힘차게 내디디고, 절망적인 사람은 두 팔을 축 늘어뜨리고 무릎이 꺾인 채 힘겹게 걷는다. 환대나 친절, 사랑이나 열망 그리고 호기심 등을 느낄 때 사람은 몸을 앞으로 뻗지만, 이와 반대로 혐오감을 느낄 때 사람은 몸을 뒤로 움츠리며 물러서게 된다. 또한 깜짝 놀랄 때는 사고의 흐름이 정지되고 몸이 갑자기 경직되지만, 기쁨을 느낄 때는 명료한 사고의 단계를 넘어 환희에 젖어 풀쩍 풀쩍 뛰게 된다. 부당함에 대한 분노를 참거나, 육체적인 체벌을 하려는 생각을 억누르면, 주먹을 불끈 쥐며 침착성을 잃고 온 몸을 부들부들 떨게 된다. 이렇게 인간의 감정은 육체적인 활발한 움직임으로 표출되는 반면, 인간 정신의 작용은 이와 반대로 나타난다. 인간의 사고는 내면으로 향한다. 어떤 대상에 대해서 생각하거나 혹은 어떤 것에 대한 판단이나 고유한 견해를 찾느라 고심하게 되면, 근육은 긴장이 풀린 상태로 안쪽으로 당기게 되는데, 주로 팔짱을 끼고 몸체를 구부리는 등 모든 것이 안쪽으로 향하게 된다. 즉 굴근이 작용하는 것이다. 이와 반대로 자유로운 상상을 하게 되면, 예를 들어 무서운 상상으로 인한 불안감이 근육에 영향을 미치게 되면 자기도 모르게 펄쩍 뛰어오르기도 하는데, 이런 경우는 신근의 활동이 활발해지게 된다." (236페이지)

"수의근은 양 극단의 성격을 가지고 있고, 변화와 움직임를 추구하고 이를 통해서 감정과 긴밀한 관계를 맺고 있다는 점에서 심장과 공통적인 면이 있다. 그러나 심장은 인체의 전반을 관할하는 근육으로서, 그 생명활동은 인체의 모든 기관에 영향을 미친다. 또한 수의근은 심장의 기능이 연장된 심장의 일부분으로 간주할 수 있다. 감정 상태가 내적으로는 심장을 자극하게 되는데, 감정도 일반적으로 움직이며 사로잡는 성격이 있기 때문이다. 반면에 육체적인 움직임은 감정의 무의식적인 외적 반응이고, 이러한 이유로 수의근을 심장의 주변부라고 할 수 있는 것이다." (603 페이지)

19 미주 10번 참조

20 Rudolf Steiner, 『Welt, Erde und Mensch』 GA 105, 1908년 8월 11일과 12일자 강의

21 송과체에 관해서는 미주 20번에 인용된 루돌프 슈타이너의 강의과 Grete Bockholt, 〈〈Eine Gralsburg im Gehirn〉〉, Natura I, 75 쪽 참조

22 Dante Alighieri, 『Die Göttliche Komödie』의 〈Inferno〉 3장

23 Rudolf Steiner, 『Wahrspruchworte』 GA 40

24 로렌쬬의 이 대사는 5막 1장에서 발췌한 것이다. 원문은 다음과 같다.

How sweet the moonlight sleeps upon this bank!
Here we will sit and let the sounds of music
Creep in our ears: soft stillness and the night
Become the touches of sweet harmony.
Sit, Jessica. Look how the floor of heaven.
Is thick inlaid with patines of bright gold:
There's not the smallest orb which thou behod'st
But in his motion like an angel sings,
Still quiring to the young-eyed cherubins;
Such harmony is in immortal souls;
But whilst this muddy vesture of decay
Doth grossly close it in, we cannot hear it.

25 Christian Morgenstern, 〈Licht ist Liebe〉, 출처: 『Wir fanden einen Pfad』.-루돌프 슈타이너는 그의 저서 『Die Geheimwissenschaft im Umriss』 (GA 13)에서 지구와 인류의 진화에 대해서 상세히 다루고 있다.

26 음악과 감각신경 그리고 의지의 상관관계에 대해서 루돌프 슈타이너는 1920년 9월 21일에 행한 강연 중에서, 세번째 강의인 〈〈Meditativ erarbeiteten Menschenkunde〉〉에서 언급하고 있다. 출처: 『Erziehung und Unterricht aus Menschenerkenntnis』, GA 302a - 그 중 한 구절을 인용해 보면 "귀의 감각조직은 아주 섬세한 방식으로, 생리학에서는 일반적으로 운동신경이라고 부르지만 실제로는 감각신경과 동일한, 모든 신경조직과 연관되어 있다. 우리가 인식하는 모든 소리는 사지의 기관에 퍼져 있는 신경돌기에 의해 감지된다. 모든 음악적인 것은 먼저 신체 조직 깊숙이 파고 들어오는 것임에 틀림없는데, - 귀의 신경은 이미 그렇게 조직되어 있다 - 그러니까 음악적인 것은 먼저 신체 조직에 파고 들어 운동신경을 자극하는 것임에 분명하다."

27 Rudolf Steiner, Ursprungsimpulse der Geisteswissenschaft. Christliche

377

Esoterik im Lichte neuer Geist-Erkenntnis, GA 96, Dornach 1989, 1906년 10월 19일자 강의 참조

28 Helmut Knauer, 『Erdenantlitz und Erdenstoffe』, Dornach 1961, 참조

29 A. C. Harwood, The Golden Blade, London1953. ⟨It was like listening to an air played on a number of successive in struments, though of course the transition was not abrupt but organic.⟩

30 Rudolf Steiner, 『Anthroposophie, Psychosophie, Pneumatosophie』 GA 115, 1909년 10월 26일자 강의

31 Rudolf Steiner, 『Allgemeine Menschenkunde als Grundlage der Päda-gogik』 GA 293, 1919년 8월 29일자 강의

32 Rudolf Steiner, 『Anthroposophie als Kosmosophie-2부: Die Gestaltung des Menschen als Ergebnis kosmischer Wirkungen』 GA 208, 1921년 10월 28일자 강의

33 프랑스의 대표적인 계몽사상가인 볼테르(1694~1778)는 놀랍게도 환생을 너무나도 당연하게 생각했다. "환생에 관한 주장은 터무니없지도 그렇다고 무익하지도 않다. 두 번 태어난다는 것은 오히려 한 번 태어난다는 사실보다 덜 놀라운 일이다. 자연의 모든 생명은 부활한 것이다.La metempsychose surtout n'est ni absurde ni inutile. Il n'est pas plus surprenant de naître deux fois qu'une. Tout est résurrection dans la nature."

34 Rudolf Steiner, 『Die Geheimwissenschaft im Umriss』 GA 13

35 어린 양(Lamb) 역시 별자리의 양과 같이 자아감각을 상징한다. 새 예루살렘에 관하여는 요한의 묵시록 21장 참조. "그 뒤에 나는 새 하늘과 새 땅을 보았습니다.…"

36 Rudolf Steiner, 『Anthroposophische Leitsätze. Der Erkenntnisweg der Anthroposophie-Das Michael-Mysterium』 GA 26, Erster Leitsatz

37 Rudolf Steiner, 『Der menschliche und der kosmische Gedanke』GA 151, 1914년 1월 21과 22일자 강의

38 Rudolf Steiner, 『Goethes Naturwissenschaftliche Schriften』GA 1, 3. Aufl. VI. Goethes Erkenntnis-Art.

39 〈Das Denken im Dienste der Weltauffassung: 세계관에 헌신하는 사고〉는 루돌프 슈타이너의 저서 『Die Philosophie der Freiheit. Grundzüge einer modernen Weltanschauung-Seelische Beobachtungsresultate nach naturwissenschaftlicher Methode』. GA 4의 제목이다.

40 Rudolf Steiner, 『Wie erlangt man Erkenntnisse der höheren Welten?』GA 10

41 Rudolf Steiner, 『Die Weihnachtstagung zur Begründung der Allgemeinen Anthroposophischen Gesellschaft 1923/24』GA 260, 1924년 12월 24일자 강연

42 Rudolf Steiner, 『Bausteine zu einer Erkenntnis des Mysteriums von Golgatha』GA 175, 1917년 2월 6일자 강의

43 루돌프 슈타이너의 조력으로 성직자들을 중심으로 한 기독교 공동체가 결성되었다. 루돌프 슈타이너는 이 공동체를 언제나 〈우리의 기독교 공동체〉라고 불렀다. 이 공동체는 정신 과학의 신념에서 출발하기 보다는, 기독교적인 신앙을 가지고 이 세상을 살아가는 영혼들을 위한 공동체이다.

옮긴이의 글

독일에서 잘 알려진 발도르프 교육이 국내에도 소개되어, 새로운 교육의 모델로서 점점 더 많은 사람들의 관심을 불러 일으키고 있다. 인지학은 육체, 영혼 그리고 정신이라는 인간 존재의 삼원적인 구조에 기초하여, 인간에 대한 본질적인 이해를 통해, 전인적인 교육을 도모하는 발도르프 교육학의 근간이 되는 이론이다.

인지학을 창시한 루돌프 슈타이너는 우리가 일반적으로 알고 있는 것과는 달리, 인간의 감각기관을 12개로 분류하고 있다. 이 12개의 감각기관은 다시 인간 존재의 삼원적 구조를 토대로 삼분된다: 하위감각인 촉각, 생명감각, 고유운동감각 그리고 균형감각이라는 육체감각기관을 통하여 인간은 자신의 물리적인 육체를 의식하게 되고, 중위 감각인 후각, 미각, 시각 그리고 열감각이라는 영혼감각기관을 통하여 외부세계와 소통함으로써 외부세계에 대한 의식을 갖게 된다고 한다. 또한 상위감각인 청각, 언어감각, 사고감각 그리고 자아감각이라는 정신감각기관을 통하여 인간은 사고하며 인식하는 존재로 발달할 수 있다고 한다. 자아감각이란 개념은 다소 생소하게 들릴 수도 있겠지만, 인식과 존재의 감각이라는 점에서 오히려 사고하는 존재로서의 인간 본질을 가장 잘 설명하는 부분으로 이해된다.

「감각론」은 슈타이너 인지학의 핵심을 이루는 사상 중의 하나로서, 인간이 12개의 감각기관을 가지는 것에는 그 어떤 상징성이 내포되어 있다. 12라는 수는 황도 12궁의 별자리, 일년의 주기인 12개월, 기독교의 예수를 추종한 12제자 등의 수와 일치한다. 즉 〈12〉라는 수는 대우주인 신적 근원과 소우주인 인간 정신간의 본질적 유사성이나 통일성의 의미를 담고 있는 것이다. 또한 서구의 신비주의적인 전통과도 맥이 닿아 있는 인지학은 초감각적인 세계를 전제하고, 인간은 감각기관의 단련을 통해 초감각적인 세계를 객관적 실재로서 체험할 수 있다고 설명하고 있다. 인지학이 지닌 이러한 신비주의적인 색채가 때로 비판의 대상이 되기도 한다. 하지만 슈타이너의 인지학은 자연의 법칙뿐 아니라, 검증될 수 없는 정신의 세계에 이르기까지 존재계 전체에 작용하는 예지와 창조 및 진화의 비밀을 포괄하여, 인간에 대한 폭넓은 이해를 가능케 하는 정신과학이다.

인간생명과 우주생명의 조화를 추구하고, 인간존재의 본질을 정신적인 가치에서 찾는 인지학적 인간상에 대한 이해는, 비단 대안적 교육의 모델뿐만 아니라, 생태학적 위기가 곳곳에서 감지되고 물질적 가치에 지나치게 매몰된 현대를 살아가는 우리에게 대안적 삶의 모델이 될 수도 있지 않을까라는 생각을 해 본다.

저자도 누누이 강조하다시피 이해하기 쉽지 않은 인지학에 대한 내용을 우리말로 옮기는 작업은 쉽지 않았다. 하지만 최선을 다했다는 말로 있을지 모를 오역에 대한 넓은 이해를 구하고자 한다.

2007년 1월 서유경

감각활동이 멈출 때 사람의 생명도 멈춥니다. 감각작용이 우리의 존재 양식을 결정한다 해도 지나친 표현이 아닙니다. 다양한 감각기관들은 생활 속에서 아주 자연스럽게 복합적으로 작용하므로, 마치 사람들이 공기를 대하듯 이에 대한 특별한 인식 없이 살아갑니다.

그런데 시대 변화를 세심히 읽어내며 미래 사회를 내다보는 사람이라면, 교육의 방향과 관련하여 생명작용에 부지불식간 큰 비중을 차지하는 복합적인 감각활동에 새롭게 주목해 볼 필요가 있습니다. 이것은 오늘날 성장기 아이들이 겪는 소소한 어려움 뿐 아니라 사회상의 문제를 접근하는데 하나의 실마리를 찾을 수 있기 때문입니다. 몇 가지 예시만 보더라도 감각 발달의 걸림돌들이 쉽게 드러납니다.

첫째, 정교한 기술의 발달과 디지털 미디어 환경이 우리에게 진짜와 똑같은 '가짜' 세상을 끊임없이 제공합니다. 영유아는 주변을 탐색하며 세상을 알아갑니다. 이 시기의 감각적 자극들은 미래에도 지속적인 영향을 미치는데, 가상세계의 지나친 노출과 넘치는 감각인상들을 어린아이들은 어떻게 소화하고 있을까요?

둘째, 가까운 미래에 제 4차 산업혁명이 우리 일상에 해일처럼 밀려

올 것이라고 말하며, 이로 인해 인공지능과 로봇기술은 삶 속에 아주 깊숙이 파고들 것이라고 누구나 전망합니다. 이미 2016년 봄 우리 사회는 이세돌 신드롬을 체험하면서, '인간다움'의 가치와 그 필요성을 간파했습니다. 현 교육의 부작용으로 나타나는 비인간적인 성향, 상생보다 경쟁의식의 부추김, 이기심과 폭력성을 교육자들은 어떻게 접근할 수 있을까요?

셋째, 영유아 뿐 아니라 아동, 청소년이 흔히 겪는 문제인 언어발달장애, 유사자폐증, 틱 장애, 정서불안증, 주의력결핍증, 행동과잉장애와 같은 증상이 예사롭지 않게 증가하고 있습니다. 개인 문제의 차원을 넘어서 사회-교육적 환경이 미치는 영향을 간과할 수 없다는 진단입니다. 이에 대한 예방책은 없을까요?

끝으로 네 번째 문제는 성인들에게 더 많이 해당합니다. 최근 몇 년 사이 사회문제로 자주 등장하는 분노조절 장애나 상식을 뛰어넘은 감정노동의 피해 사례가 꾸준히 늘어납니다. 이런 사회적 분위기는 개인의 의식구조를 지배하는 인성에서 출발한다고 지적합니다. 병리적으로 진척된 이상 행동의 원인이 그 사람의 실재 모습에 이미 깊이 자리 잡고 있지만, 변화를 위한 근본적인 개선책은 없을까요?

이런 현상들은 최근 몇 년 사이 우리 사회에 '시대병'처럼 퍼져가고 있습니다. 이것을 치유하고 예방하려면, 무엇보다 사람의 본성에 대한 포괄적인 이해가 긴요합니다. 어쩌면 생명의 근원과 존재 양식에 대한 물음 속에서 우리는 하나의 답을 찾을 수도 있습니다. 이를 위한 구체적인 단초로 루돌프 슈타이너가 파헤친 12감각론은 커다란 보물창고가 될 것입니다.

　　정신과학을 바탕으로 한 12감각론의 내용이 쉽지 않지만, 다행히 〈12감각〉의 저자 알베르트 수스만은 의사로서 감각기관의 작용들을 아주 쉽게 설명합니다. 나아가 소우주인 사람의 존재가 대우주와 어떤 관계에 있는지를 생동감 있게 전개하므로, 독자는 감각론 뿐 아니라 방대한 인지학의 세계를 문턱 없이 진입할 수 있습니다. 개정판으로 새롭게 선보이는 이 책은 우리 교육의 현안들과 사회적으로 뿌리 깊게 자리 잡은 여러 난제를 고민하는 모든 분에게 스스로 답을 찾는 든든한 디딤돌이 되리라 확신합니다.

2016년 12월, 목천에서

(사)한국 루돌프 슈타이너 인지학 연구센터 이정희

감각기관은 바깥이 내 안으로 들여오는 통로입니다. 눈, 코, 귀, 입, 피부 등을 통해 세상에서 일어나는 일들을 받아들일 수 없다면 우리는 아마 새로워질 수도 없고, 배울 수도 없을 것입니다. 그런데 요즘 칠판에 그려진 그림과 글씨를 정확하게 보지 못하는 아이들, 선생님의 말 소리를 잘 듣지 못하는 아이들, 몸의 움직임과 균형이 부조화한 아이들이 늘고 있습니다. 배움이 어려운 아이들이 늘고 있다는 것입니다. 부모로서, 교사로서 우리는 감각에 대한 이해가 더 많이 필요한 시대에 살고 있습니다. 혹시 수업에서 아이들과의 관계에서 어려움이 있거나, 배움이 어려운 아이들과 만나고 있다면 이 책을 권합니다.

이 책의 저자는 루돌프 슈타이너 박사가 제시한 12감각의 내용을 '감각기관이 신체만이 아닌 영혼과 어떻게 연결되고 작용하는지' 풍부한 설명과 실례들로 풀어놓았습니다. 그리고 그 내용들은 '감각론'의 영역을 넘어서 '인간에 대한 이해'와 함께 '삶의 자세'를 돌아보게 해주었습니다. 수업에서 배움이 어려운 아이들을 만났을 때, 함께 일하는 동료에 대해 이해하기 어려운 상황에 놓였을 때, 이 책은 저에게 눈과 마음을 열어주는 열쇠가 되어주었습니다. 감각에 대한 이해를 통해 인간에 대해 눈을 뜨게 한 책입니다.

섬돌출판사에서 출판한 12감각이 절판이 된 후, 아쉬워하시는 분들이 많았습니다. 다행히 도서출판 푸른씨앗에서 재 출간을 결정하여 옷을 갈아입고 독자분들을 만나게 되어 무엇보다 빚을 덜어낸 느낌입니다. 감사합니다.

섬돌출판사 대표, 동림자유발도르프학교 교사 전현선

함께 읽으면 좋은 ——
푸른씨앗 **책**

발도르프학교의 형태그리기 수업
한스 루돌프 니더호이저·마가렛 프로리히 지음 푸른씨앗 옮김

생명력과 감각, 형태그리기와 기하학의 관계를 비롯해 도덕성과 사고 능력을 강하게 자극하는 형태그리기 수업의 효과에 대해 설명한다. 루돌프 슈타이너가 제안한 형태의 원리와 의미를 수업에 녹여 내는 방법과 수업 경험을 실었다.

210×250 | 100쪽 | 15,000원

청소년을 위한 발도르프학교의 연극 수업
데이비드 슬론 지음 이은서·하주현 옮김

연극은 청소년들의 상상력을 살아 움직이게 한다. 또한 연극을 만드는 과정은 예술 작업인 동시에 진정한 공동체를 향한 사회성 훈련이기도 하다. 연극 수업뿐 아니라 어떤 배움을 시작하든 학생들이 수업에 몰입할 수 있도록 도와주는 교육 활동 73가지를 담았다.

150×193 | 308쪽 | 20,000원

발도르프학교의 미술 수업_1학년에서 12학년까지
마그리트 위네만·프리츠 바이트만 지음 하주현 옮김

독일 발도르프학교 연합 미술 교사 세미나에서 30년에 걸쳐 연구한 교과 과정 안내서. 담임 과정(1~8학년)을 위한 회화와 조소, 상급 과정(9~12학년)을 위한 흑백 드로잉과 회화에 대한 설명과 예술 작품, 괴테의 색채론을 발전시킨 루돌프 슈타이너의 색채 연구를 만날 수 있다.

188×235 | 272쪽 | 30,000원

살아있는 지성을 키우는 발도르프학교의 공예 수업
패트리샤 리빙스턴 & 데이비드 미첼 지음 하주현 옮김

공예 수업은 "의지를 부드럽게 깨우는 교육"이다. '의지'는 사고와 연결된다. 공예 수업을 통해 아이들은 명확하면서 상상력이 풍부한 사고를 키울 수 있다. 30년 가까이 공예 수업을 한 교사의 통찰을 바탕으로 발도르프학교의 1~12학년 공예 수업을 만날 수 있는 책

150×193 | 308쪽 | 25,000원

7~14세를 위한 교육 예술
루돌프 슈타이너 강의 최혜경 옮김

루돌프 슈타이너의 생애 마지막 교육 강의. 최초의 발도르프학교 전반을 조망한 경험을 바탕으로, 7~14세 아이의 발달 변화에 맞춘 혁신적 수업 방법을 제시한다. 생생한 수업 예시와 다양한 방법으로 교육 예술의 개념을 발전시켰다. 전 세계 발도르프학교 교사들의 필독서이자 발도르프 교육에 대한 최고의 소개서

127×188 | 280쪽 | 20,000원

첫 7년 그림
잉거 브로흐만 지음 심희섭 옮김

태어나서 첫 7년 동안 아이들이 그리는 그림 속에는 생명력의 영향 아래 형성되는 신체 기관과 영혼의 발달이 숨겨져 있다. 아울러 이갈이, 병, 통증의 징후도 발견할 수 있다. 덴마크 출신의 발도르프 교육자인 저자는 양육자와 교사에게 아이들의 그림 속 비밀을 알아볼 수 있도록 풍부한 자료를 제시한다.

118×175 | 246쪽 | 18,000원

e북

발도르프학교의 아이 관찰_6가지 체질 유형 미하엘라 글렉클러 강의 하주현 옮김
학교 보건 문제에 관한 루돌프 슈타이너와 교사 간의 논의 최혜경 옮김

괴테아눔 의학분과 수석인 미하엘라 글렉클러가 전 세계 발도르프 교사, 의사, 치료사를 대상으로 한 강의. 학령기 아이들이 갖는 6가지 체질 유형을 소개하고, 아이를 관찰하는 방법과 치유 방법을 인지학적 관점으로 제시하고 있다.

105×148 | 188쪽 | 12,000원

백신과 자가 면역

토마스 코완 지음 김윤근·이동민 옮김

건강을 위해 접종하는 백신이 오히려 만성적인 자가 면역 질환을 유발할 수 있다면? 급성이던 아동기 질환이, 평생 안고 살아가야 하는 만성적 자가 면역 질환으로 성격이 변하고 있다. 백신과 자가 면역, 아동기 질환의 연관성에 대해 수십 년에 걸쳐 연구한 저자는 그 내용을 정리하면서 코완식 자가 면역 치료법을 소개한다.

136×210 | 240쪽 | 15,000원 e북

김준권의 생명역동농법 증폭제

김준권 지음

50년 가까이 유기 농업을 지켜 온 농부 김준권이 <생명역동농법>의 실천을 통해 건강한 농업의 미래를 제시하는 책. 증폭제를 만들고 농사에 적용한 경험을 사진과 그림으로 엮어 생소한 생명역동농법을 누구나 실천할 수 있도록 소개하고 있다.

188×235 | 228쪽 | 25,000원

재생 종이로 만든 책

이 책은 재생 종이에 콩기름 잉크로 인쇄합니다.

겉지_ 한솔제지 인스퍼에코 210g/m²
속지_ 전주페이퍼 Green-Light 80g/m²
인쇄_ 도담프린팅 ㅣ 031-945-8894